Das Buch

Über menschenunwürdige Zustände in Pflegeheimen diskutieren wir seit Jahrzehnten. Heimbetreiber wollen Geld verdienen. Gewinnmaximierung und Menschlichkeit gehen aber nicht zusammen. Wollen wir weniger Vernachlässigung in Heimen, müssen wir als Erstes dafür sorgen, dass es weniger davon gibt.

Leider erleben wir das Gegenteil, immer neue Heime werden gebaut. Der Autor zeigt, wie finanzstarke Lobbyisten Druck auf die Politik machen, damit das Geld der Pflegeversicherung auch in Zukunft reichlich in die Heime fließt, und warum sich die Kommunen so wenig wehren gegen eine lückenlose »Versorgungskette im Pflegemarkt« aus betreuter Wohnanlage und angrenzendem Heim.

Dabei ist ein selbstbestimmtes Leben auch für über 80-Jährige möglich, die meisten könnten bis zu ihrem Lebensende in den eigenen vier Wänden bleiben. Wie das gelingt, steht auch in diesem Buch. Christoph Lixenfeld hat Vorbilder und Beispiele aus ganz Deutschland gefunden und sagt, was politisch und gesellschaftlich in diesem Land passieren muss, damit wir der drohenden »Heimsuchung« entgehen.

Der Autor

Christoph Lixenfeld arbeitet seit 1994 als freier Journalist in Hamburg. Seitdem schrieb er für das *Handelsblatt*, die *Süddeutsche Zeitung*, den *Spiegel* u. a., produzierte Hörfunk-Features für den NDR und für *Deutschlandradio Kultur* sowie TV-Beiträge für ARD-Magazine. Mit dem Thema Altenpflege beschäftigt er sich seit vielen Jahren.

Christoph Lixenfeld

Niemand muss ins Heim

Menschenwürdig und bezahlbar – ein Plädoyer
für die häusliche Pflege

Ullstein

Besuchen Sie uns im Internet:
www.ullstein-taschenbuch.de

Umwelthinweis:
Dieses Buch wurde auf chlor- und säurefreiem Papier gedruckt.

Aktualisierte und erweiterte Ausgabe
im Ullstein Taschenbuch
1. Auflage Juni 2009
© Ullstein Buchverlage GmbH, Berlin 2008/Econ Verlag
Umschlaggestaltung: HildenDesign, München
(nach einer Vorlage von Büro Jorge Schmidt, München)
Titelabbildung: © Manchan/Getty Images
Satz: LVD GmbH, Berlin
Gesetzt aus der Sabon
Druck und Bindearbeiten: CPI – Ebner & Spiegel, Ulm
Printed in Germany
ISBN 978-3-548-37276-1

Inhalt

Vorwort von Markus Breitscheidel 9

Die erwünschte Illegalität 11
  »Mit dem Risiko muss ich leben.« 11
  Info: Der Staat zieht sich zurück 19

Der demographische Wandel 20
  Warum wir der Vergreisung nicht entgehen 20
  Die Pyramide wird zur Vase:
  Die Folgen des Pillenknicks 28
  Info: So wenige Babys wie nie 30
  Info: Immer mehr Menschen landen
    im Heim 32

Menschlichkeit nach Verrichtungskatalog 34
  Pflegekräfte und Patienten unter Druck 34
  Info: Überlastung in der ambulanten Betreuung . . 37
  »Das muss ja messbar sein.« – Ein Besuch
    des MDK 38
  Info: Die Geschichte der Pflegeversicherung 42
  Info: Was die Pflegeversicherung bezahlt 48
  Die neuen Regelungen: halbherzig und
    an der Realität vorbei 53

Wer bezahlt für die Pflege? 55
  Große Last auf schmalen Schultern 55
  Info: Warum die Pflegeversicherung ein
    Einnahmenproblem hat 57

Willkommen auf dem Verschiebebahnhof 62
  Die Trennung zwischen Kranken- und Pflege-
    kasse und ihre menschenverachtenden Folgen . 62
  »Jeder hat das Recht auf einen Sturz.« –
    Interview mit Prof. Volker Großkopf 74
  Ambulante Pflege und Krankenkassen:
    Einladung zum Betrug 76
  Auch die Ärzte wollen nicht ins Heim 79

Zukunftsbranche und Milliardenmarkt 84
  »Pflegefälle« sind ein gutes Geschäft 84
  Info: Was ein Altenheimplatz kostet 86
  Info: Von staatlicher Mildtätigkeit zum
    Milliardenmarkt 90
  Info: Palliativpflege als neue Einnahmequelle
    der Heime 93
  Die Reform der Pflegeversicherung: Gut gemeint,
    schlecht gemacht 96
  »Die Heime hängen am Tropf der Pflegever-
    sicherung.« – Interview mit Peter Dürrmann . 97
  Immobilienfonds kurbeln den Heimbau an 99
  Info: Wie Investoren und Betreiber die Kosten-
    träger über den Tisch ziehen können 103
  Info: Versicherung, Pflege und Beerdigung
    aus einer Hand 105

**Die jüngste Pflegereform und die Siege
der Lobbyisten** 107
  Heißer Draht ins Parlament 107
  Info: Der bpa: Die Lobbyorganisation kämpft
    für das Wohl der Heime – mit dem Geld der
    Versicherten 110
  Politik und Pflege: Wie Lobbyarbeit wirkt 118
  Angstmache und Desinformation: Ein kleiner
    Einblick in die Pressearbeit der Pflegelobby . . 122

Der Kampf gegen die »Illegalen« 126
  Seriöse Vermittler und Menschenhändler 126
  Info: Rund-um-die-Uhr-Betreuung statt Heim . . 130
  Info: Selbstständig statt angestellt –
  E-101-Bescheinigung 145
  »Die sollen doch den Leuten ihren Wunsch
    erfüllen.« 146
  Hausdurchsuchung wie bei der Drogenmafia . . 151
  Info: Die Arbeitsamts-Lösung 154
  Kaum jemand sprach deutsch 157
  Raus aus der Illegalität! 159
  »Schwarzarbeit steigert den Wohlstand.« –
    Interview mit Prof. Friedrich Schneider 162

Pflege zu Hause 164
  Die Familie allein kann es nicht richten 164
  Ein Zurück in die »gute alte Zeit« gibt es nicht . . 170
  Familienarrangements: Perfekt organisiert,
    aber auf Kante genäht 172
  Wer Karriere machen will, muss zum Umzug
    bereit sein 177

Niemand muss ins Heim 181
  Wie Selbstbestimmung im Alter funktioniert . . . 181
  Berlin-Friedrichsfelde: »Dann haben die auch
    nicht so viel Zeit für ihre Zipperlein.« 181
  Rendsburg: »Die pflegeheimlose Stadt.« 191
  Bielefeld: »Besser leben kann man nicht.« 198
  »Wir müssen uns auf individuelle Wünsche
    einlassen.« – Interview mit Werner Stede . . . 203
  »Das Thema Pflege gehört in die Mitte
    der Gesellschaft.« – Interview mit
    Prof. Thomas Klie 210
  Erfurt: »Es läuft alles so, wie ich es mir
    wünsche.« 214

Unna: Geringer Aufwand, millionenschwere
  Wirkung 216
»Es gibt viele Wohnungen, in denen es
  geradezu nach Unfall riecht.« – Interview
  mit Hans Zakel 217
»Es geht darum, Menschen aus der Isolation
  herauszuholen.« – Interview mit
  Martin Behmenburg 220

Resümee: Weg mit den Heimen! 223
  Legebatterien bleiben Massentierhaltung,
    auch mit Qualitätszertifikat 223
  Die Pflegeversicherung als Problemquelle 233

Ausblick: Dänemark, du hast es besser! 243
  Eindrücke aus einer anderen (Pflege-)Welt 243

Nachwort 249
Danksagung 250

Anhang 253
  Aktuelle Rechtslage für die Beschäftigung von
    Osteuropäerinnen in der häuslichen Pflege 255
  Adressen 263
  Anmerkungen 273

Vorwort

Es gibt ein neues Nachdenken über menschenwürdiges Altern in unserer Gesellschaft.

Im Zentrum der Debatte steht ein einfacher Wunsch: Mögen uns Pflegebedürftigkeit und ein Ende im Heim erspart bleiben. Die Angst vor dem Ausgeliefertsein, vor Entmündigung und gesundheitsgefährdenden Zuständen in zahlreichen Pflegeeinrichtungen sitzt tief und berührt uns existenziell. Fast jeder kennt mindestens eine Geschichte dazu – durch eigene Angehörige, aus Erzählungen von Freunden oder Bekannten. Von Kollegen weniger. Obwohl es inzwischen auch zahlreiche Medienbeiträge und öffentliche Diskussionen zu diesem Thema gibt, scheint es in unserer Arbeitswelt noch immer tabuisiert zu sein. Angesichts der demographischen Entwicklung wird die Betreuung von Familienmitgliedern jedoch nicht länger nur Privatsache bleiben können. Sie ist schon heute eine gesellschaftliche und arbeitsorganisatorische Herausforderung, der wir uns stellen müssen: Pflegende Kinder brauchen ebenso Zeit und Unterstützung wie frischgebackene Eltern. Denn auch in der Betreuung zu Hause, die oft als Alternative zum Heim und bessere Lösung gesehen wird, entfaltet die fehlkonstruierte Pflegeversicherung ihre menschenfeindliche Wirkung – wie dieses lesenswerte und hoch informative Buch anschaulich zeigt.

Christoph Lixenfeld beschreibt umfassend die Ursachen, Entwicklungen und verheerenden Folgen eines ambulanten Pflegesystems, das vor allem die politischen und wirtschaftlichen Interessen von Lobbyisten bedient und unbescholtene

Bürger in illegale Aktivitäten drängt. Er deckt die Hintergründe eines täglichen Systemversagens auf und benennt dessen stabilisierende Kräfte.

Die Antwort auf die gegenwärtig unhaltbare Situation kann nur eine schnellstmögliche und komplette Neuausrichtung der Pflege im Sinne des Artikels 1 unseres Grundgesetzes sein. Die Würde des Menschen ist nicht plötzlich antastbar, nur weil jemand alt und schwach ist oder nicht in die weit verbreitete, aber eindimensionale Vorstellung von Leistung und Arbeitskraft passt. Christoph Lixenfeld belässt es daher auch nicht bei einer Zustandsanalyse. Er macht ebenso deutlich, dass die Kasernierung einer ganzen Bevölkerungsgruppe vermeidbar ist. Mit konkreten Vorschlägen zeigt er, wie eine menschenwürdige Pflege gelingen kann, wenn sie zu einem gesellschaftlichen Anliegen wird. Er stellt unter anderem gut funktionierende Initiativen und Projekte für ein selbstbestimmtes Leben im Alter vor oder gibt legale Tipps, was zu beachten ist, wenn eine osteuropäische Pflegekraft die Familie unterstützt.
Der Wunsch, nicht in ein Heim zu müssen, könnte also vielen Menschen erfüllt werden.
Hier sind in erster Linie auch unsere Volksvertreter gefordert, die entsprechende Gesetze ausarbeiten und beschließen können. Unsere Aufgabe besteht darin, sie regelmäßig daran zu erinnern, wer heute und in Zukunft ihre Jobs sichert.

Markus Breitscheidel
Autor des Bestsellers
Abgezockt und totgepflegt

Die erwünschte Illegalität

»Mit dem Risiko muss ich leben.«

Das wuchtige Pflegebett steht an der hinteren Wand des Wohnzimmers, daneben ein Stuhl. Es riecht nach Franzbranntwein und Penatencreme. Von der stählernen Stange am Kopfende des Bettes baumelt ein großes Dreieck aus Kunststoff. Ursprünglich diente der Griff Anni Rollkötter* dazu, sich aufzusetzen oder zumindest ein Stückchen hochzuziehen. Damit sie sich drehen kann und nicht immer auf derselben Stelle liegt. Doch alleine schafft die 83-Jährige das nicht mehr.

    Eine Frau, die etwa halb so alt ist wie sie, kommt aus der Küche. Sie hat eine Schnabeltasse in der Hand, setzt sich neben das Bett und drückt auf den kleinen Schalter an der Unterseite des stählernen Gestells. Mit leisem Surren hebt sich das Kopfende ein Stück, und damit es mit dem Trinken noch etwas besser klappt, schiebt die Helferin die linke Hand ganz vorsichtig unter den Kopf der Pflegebedürftigen, mit der rechten führt sie die Tasse an ihre Lippen. Anni Rollkötter trinkt ein paar Schlucke, dann bedeutet sie mit den Augen, dass sie genug hat. Als die Helferin ihren Kopf wieder langsam ins Kissen sinken lässt, huscht ein Lächeln über das Gesicht der alten Dame.

---

* Dieser und alle im Folgenden mit * gekennzeichneten Namen von Personen, Orten oder Einrichtungen sind geändert.

»Na, hast Du heute gut geschlafen?«

Ein Fremder, der die Szene beobachtet, käme niemals auf die Idee, dass es sich bei den Rollkötters um Kriminelle handeln könnte. Eher um eine mustergültige Familie. Eine von denen, die wir uns nach dem Willen der Politik zum Vorbild nehmen sollten. Weil sie es schafft, die Mutter zu Hause zu pflegen, statt sie ins Heim zu geben.

Doch was hier passiert, ist verboten. Und wenn es auffliegt, droht den Beteiligten zumindest eine Geldstrafe.

Anni Rollkötter ist zwar hilfsbedürftig und bettlägerig, aber sie ist nicht ohne Lebensgeister. Morgens, wenn sie vergleichsweise beieinander ist, kann sie sogar noch ein wenig am Gespräch teilnehmen, dann sagt sie Sachen wie: »Na, hast Du heute gut geschlafen?« Fast so, als wäre nicht sie die Gepflegte, sondern ihre Helferin. Anni Rollkötter hört auch Radio und sieht fern, wobei natürlich niemand genau sagen kann, wie viel sie von alldem noch versteht.

Die beiden erwachsenen Enkelinnen erkennt sie jedenfalls noch. An den Wochenenden kommen sie abwechselnd zu Besuch, halten ihre Hand und erzählen von der Uni oder dem neuen Freund. Anni Rollkötter verwechselt zwar ihre Namen, aber der Freude tut das keinen Abbruch. Von dem Stück Leben, das der alten Dame noch bleibt, scheint sie sich so schnell nicht trennen zu wollen.

Die Gewissensbisse würde sie nicht ertragen können

Dabei hat sie Glück gehabt, viel Glück. Denn eigentlich war schon fast alles zu Ende, damals, vor fünf Jahren. Sie blieb mit dem Fuß im Kabel der Stehlampe hängen, griff beim Versuch, sich zu befreien, instinktiv nach ihr und riss sie im Fallen mit um. Diagnose: Oberschenkelhalsbruch.

Bis zu diesem Unfall kam Anni Rollkötter weitgehend

alleine klar. Sie hatte jemanden zum Putzen und Hilfe beim Einkaufen, kochte aber noch selber, wusch und zog sich selbstständig an. Wie aber sollte das funktionieren, wenn sie nicht laufen konnte? Ob sie es jemals wieder lernte, darüber gaben die Ärzte lieber keine Prognose ab. Die Operation verlief zwar gut, aber in den Tagen danach zeichnete sich schnell ab, dass Anni Rollkötter die Klinik als Schwerkranke verlassen würde, dass sie von nun an jeden Tag ihres Lebens auf Hilfe angewiesen sein würde. So viel war sicher.

Natürlich wollte sie zurück in die eigene Wohnung. Nur: Wer sollte sich da um sie kümmern? Ihre Tochter Heike, berufstätig und nach ihrer Scheidung alleinstehend, wohnte 20 Kilometer entfernt. Sie wandte sich an einen ambulanten Pflegedienst, schließlich ist so einer für solche Fälle zuständig. Die werden ihr jemanden schicken, der sich tagsüber, wenn sie arbeitet, um die Mutter kümmert, so dachte sie. Doch die Bedingungen, die ihr die örtliche Caritas nannte, waren ernüchternd: Vom Geld der Pflegekasse – wenn es denn kommt – könnten die Helferinnen dreimal am Tag für eine halbe Stunde erscheinen. Maximal.

Die Mutter zeigte Verständnis – aber sie weinte

Heike Rollkötter* stellte eine Menge Fragen, auf die ihr niemand eine befriedigende Antwort gab: »Wenn die Pflegerin morgens um 9 Uhr wieder weg ist und um Viertel nach 9 ist Mutters Windel voll, soll sie dann bis mittags in ihrem Kot liegen? Wer gibt ihr zwischendurch zu trinken? Wer kocht, schließlich reicht die halbe Stunde, die der Pflegedienst mittags da ist, bestenfalls fürs Füttern? Soll ich meinen Job aufgeben? Wovon lebe ich dann?«

Die Tochter erlebte eine Woche voller Verzweiflung. Ihre Mutter wollte auf keinen Fall ins Heim, das wusste sie. Und wie viele andere Kinder hatte sie ihr vor einigen Jahren versprochen, sie niemals dorthin »abzuschieben«. Die Gewissensbisse würde Heike Rollkötter nicht ertragen können.

Sie sprach mit ihrem Arbeitgeber über einen Halbtagsjob, der die Idee nicht, wie befürchtet, rundheraus ablehnte. Aber inklusive Fahrzeit war sie dann immer noch fünf Stunden außer Haus. Zu viel. Außerdem würde das Geld vermutlich dann nicht reichen.

So sehr sie sich quälte und alle Optionen noch mal und noch mal durchrechnete und prüfte: Sie hatte keine Wahl. Was die Caritas vom Geld der Pflegekasse bieten konnte, reichte nicht, um eine bettlägerige Frau zu versorgen. Ihren Job aufzugeben, konnte sich Heike Rollkötter nicht leisten. Und vom eigenen Geld eine Ganztagsbetreuung zu bezahlen, erst recht nicht.

Die Mutter musste ins Heim, und jenen Tag, an dem die Tochter ihr das sagte, bezeichnet sie noch heute als »den wahrscheinlich schlimmsten in meinem Leben«. Anni Rollkötter war ihr nicht böse, das sagte sie jedenfalls, und dass sie Verständnis habe. Aber sie weinte.

Als das Krankenhaus Anni endgültig loswerden wollte, hatte die Tochter bereits einen Heimplatz gefunden. Die Mutter übergangsweise noch mal nach Hause zu holen, hielt sie für keine gute Idee. Das hätte die Situation noch schmerzhafter gemacht, und die war ohnehin schon deprimierend genug.

Mit damals 78 Jahren kam Anni Rollkötter also in ein Heim ganz in der Nähe. Das Haus hatte einen guten Ruf, und wer weiß, vielleicht würde es ihr ja dort besser gefallen als von allen befürchtet. Doch es wurde nichts besser, im Gegenteil. Anni hatte schon im Krankenhaus, auch das eine Folge ihres Oberschenkelhalsbruches, mental abgebaut. Jetzt, in der unbekannten Umgebung des Heims mit lauter fremden Gesichtern, war sie völlig überfordert. Sie trank nicht regelmäßig und aß zu wenig, nahm rapide ab. Der Arzt, der sie nach acht Wochen Heimaufenthalt besuchte, sah sie besorgt an und sagte: »Sie wollen nicht mehr, habe ich Recht?« Anni Rollkötter blickte ihn nur apathisch an.

Die Tochter kämpfte mehr denn je mit Selbstvorwürfen. Wenigstens sterben sollte ihre Mutter zu Hause dürfen, das war sie ihr schuldig. Die Wohnung war zwar fristgerecht gekündigt, aber noch bezahlte sie die Miete, und zum Ausräumen hatte Heike Rollkötter ohnehin noch keine Kraft gehabt.

Sie nahm sich Urlaub und holte die Mutter aus dem Heim. Bei der Nachbarin arbeitete eine polnische Haushaltshilfe, die wollte zwischendurch einspringen. Alles andere würde sich finden.

Kataryna L.* aus Lodz brauchte das Geld, das sie mit dem Job verdiente, aber sie tat dafür viel mehr, als die Familie erwartet hatte und kümmerte sich aufopferungsvoll um die Mutter. Als Heike Rollkötter nach drei Wochen wieder arbeiten musste, zog Kataryna bei Anni ein, damit sie immer da sein konnte, wenn die alte Dame sie brauchte.

Das Erstaunlichste war, dass sich die Mutter zusehends erholte. Zwar blieb sie inkontinent und stand selten auf, aber sie aß wieder und nahm allmählich zu. Außerdem heilte nach und nach die vom Liegen geschundene Haut, weil Anni Rollkötter gut versorgt wurde und wieder mehr trank.

Irgendwann war allen klar, dass es nicht mehr darum ging, einer Sterbenden noch ein paar erträgliche Wochen zu schenken. Anni Rollkötter hatte sich entschieden weiterzuleben, wie lange auch immer.

Doch Kataryna konnte nicht ewig bleiben, das hatten alle von Beginn an gewusst. Sie schlug vor, zu telefonieren und sich um Ersatz zu kümmern. Nach vier Tagen und vielen Absagen ein Hoffnungsschimmer: Eine Bekannte mit guten Deutschkenntnissen, ausgebildete Krankenschwester, sei bereit zu kommen.

Erst jetzt wurde ihr klar, dass sie etwas Illegales tat

Heike Rollkötter war überglücklich. Sie hatte zwei schlaflose Nächte hinter sich, Angst, noch einmal vor derselben grausamen Gewissensentscheidung zu stehen wie vor einigen Monaten. Und eigentlich erst jetzt, ganz allmählich, machte sie sich klar, dass sie die ganze Zeit etwas Verbotenes tat. Und weiter tun würde. Sie, die alles, was nicht »sauber« war, immer abgelehnt hatte, sie, die immer »den graden Weg« gehen wollte.

Doch der war verbaut, Heike Rollkötter sah keine Alternative. Also wurde sie kriminell, und sie ist es bis heute. Denn Mariya P.*, die Helferin, die der Mutter mit der Schnabeltasse zu trinken gegeben hat und ihr jetzt die Hand hält, arbeitet schwarz. Sie hatte Kataryna L. abgelöst und pflegt Anni Rollkötter jetzt – mit Unterbrechungen – seit fast fünf Jahren. Sie ist eine von etwa 100 000 Osteuropäerinnen, die in Deutschland illegal pflegebedürftige Menschen betreuen. Andere Schätzungen gehen sogar von doppelt so vielen »Haushaltshilfen« aus, die genaue Zahl kennt niemand.

Mariya P. einfach offiziell anzustellen, geht nicht. Schließlich gäbe es ja genügend deutsche Bewerberinnen für so einen Job. Die wären allerdings wesentlich teurer und dürften nur 38,5 Stunden pro Woche arbeiten, außerdem würden sie vermutlich nicht bei Anni Rollkötter einziehen. Wenn Mariya P., die jetzt mit dem Mittagessen aus der Küche kommt, alle paar Monate nach Hause fährt, dann vertritt eine Bekannte sie für zwei bis drei Wochen.

Einen Profi-Pflegedienst für die Rund-um-die-Uhr-Betreuung zu engagieren, würde bedeuten, dass Anni Rollkötter es ständig mit drei verschiedenen Ansprechpartnern zu tun hätte, mindestens. Abgesehen davon, dass dies ungefähr 10 000 Euro pro Monat kostet ...

Die Betreuerinnen aus dem Ausland bekommen 900 Euro im Monat plus Kost und Logis. »Das ist ungefähr viermal so viel, wie eine Krankenschwester in Polen verdient«, sagt Mariya P., während sie Anni Rollkötter dabei hilft, Kartoffeln und Spiegeleier zu essen.

Sie erledigt hier absolut alles, einschließlich Windeln wechseln, Waschen und Eincremen. Würde Anni Rollkötter beziehungsweise ihre Tochter dafür zusätzlich zwei- bis dreimal täglich die Profis von der Caritas rufen, würde das gesamte Geld der Pflegeversicherung dorthin oder an einen entsprechenden anderen Dienst gehen. Verzichtet sie darauf, bekommt sie 410 Euro bar auf die Hand. Mit diesem Geld lässt sich ein Teil des Lohns für Mariya bezahlen.

Die Rollkötters müssen scharf rechnen. Anni bekommt nur eine winzige Rente, weil sie selber nie sozialversicherungspflichtig gearbeitet hat. »Schon deshalb haben wir keine andere Möglichkeit, als es so zu machen, illegal hin oder her«, findet ihre Tochter Heike.

Mit Mariya P. ist nicht nur sie zufrieden. »Der Arzt sagt jedes Mal: Besser könnte sie auch im Heim niemand pflegen. Die Mutter hat eine super Haut und keinerlei offene Stellen. Und wenn sie nachts manchmal ruft, ist eben immer jemand da.«

Allerdings kommt das nicht oft vor, meistens schläft Anni Rollkötter durch. Ihr Tagesablauf entspricht ihren Wünschen, aber er ist sehr regelmäßig: 7.15 Uhr wecken, 8 Uhr frühstücken, 12 Uhr Mittagessen, 14.30 Uhr ihr geliebtes, seit Jahrzehnten praktiziertes Kaffeetrinken, 18 Uhr Abendessen. Durch den verlässlichen Rhythmus funktioniert ihre innere Uhr noch einigermaßen – anders als bei vielen anderen Alten. Anni Rollkötter weiß meistens, wie spät es ungefähr ist.

Mariya bewohnt ein eigenes Zimmer und ist längst Teil der Familie. Alle im Umfeld der Rollkötters kennen sie und wissen, dass ihre Arbeit eigentlich illegal ist – auch wenn niemand offen darüber spricht.

Mariya P. versteckt sich nicht

Anfeindungen gibt es nicht. Im Gegenteil, die Familie erfährt viel Unterstützung.

Der Arzt hat Mariya seine Mobil-Nummer gegeben; er wird ihr helfen, wenn sie krank wird, obwohl sie nicht versichert ist. Sogar die Physiotherapeutin, die mittlerweile einmal in der Woche mit Anni Gymnastik macht, toleriert die Situation. Schließlich ist die Firma den Auftrag los, wenn die Patientin im Heim landet.

Alle sitzen in einem Boot, und das gilt im Falle der Rollkötters sogar für den Sozialstaat. Denn der spart durch die Arbeit von Mariya P. eine Menge Geld: Muss sie ins Heim, überweist die Pflegekasse pauschal knapp 1300 Euro an die Einrichtung. Insgesamt kostet der Platz aber etwa doppelt so viel, die Differenz zahlt der Bewohner von der Rente. Wenn die nicht reicht und alle Vermögenswerte aufgebraucht sind, springt die Sozialhilfe ein.

Weil sich Familie Rollkötter gegen das Heim und für den illegalen Weg entschieden hat, sparen Pflegekasse und Sozialamt also etwa 16 000 Euro im Jahr.

Die Tochter sagt: »Was wir machen, ist nicht nur im Sinne der Mutter, sondern es haben alle etwas davon. Mariya ist zufrieden und ihre Familie in Polen, weil ihr Sohn studieren kann. Ich kann weiter arbeiten, wovon sollte ich denn auch sonst leben?«

Angst, angeschwärzt zu werden, hat Heike Rollkötter nicht. »Mit dem Risiko muss ich leben. Weil wir keine andere Wahl haben, denke ich aber auch nicht groß darüber nach.«

Mariya P. versteckt sich nicht, auch nicht, wenn Fremde im Haus sind. Mit einer Ausnahme: Kommt der MDK, der Medizinische Dienst der Krankenversicherung, dann geht sie einkaufen. Doch selbst diese Vorsichtsmaßnahme ist im Grunde überflüssig, glaubt Heike Rollkötter: »Die sind ja

> **Der Staat zieht sich zurück**
>
> Kosten verursacht das Altern der Gesellschaft vor allem im Gesundheitswesen: Eine Gemeinschaftsaufgabe aller, für die auch der Staat mit Steuergeldern einstehen muss – sollte man meinen.
> Tatsächlich aber hat sich die öffentliche Hand in den vergangenen Jahren immer stärker aus der Finanzierung zurückgezogen, Gesundheit wird zunehmend zur Privatangelegenheit. Die Gesamtkosten inklusive Pflege wuchsen 1995 bis 2004 um 47 Milliarden Euro, drei Viertel dieser Mehrkosten bezahlten die privaten Haushalte, so das Statistische Bundesamt.
> Der Staat dagegen sparte durch den Aufbau der Pflegeversicherung Sozialhilfe, und die Arbeitgeber zahlten weniger, weil sich in diesen Jahren weit weniger Menschen krank gemeldet hatten als vorher. Die Ausgaben der Bürger stiegen in erster Linie durch höhere Zuzahlungen für Medikamente und Hilfsmittel oder dadurch, dass die Krankenkasse vieles überhaupt nicht mehr übernimmt.[1]

nicht blöd. Das geht jetzt fünf Jahre so, und mittlerweile hat garantiert jeder begriffen, was hier läuft.«

Die Illegalität, um die es hier geht, ist gesellschaftlich erwünscht, auch wenn das kein Politiker offen zugeben würde. Und wenn doch, dann will er später nichts mehr davon wissen (siehe Seite 121).

Denn Fakt ist: Eine bezahlbare, hundertprozentig legale Möglichkeit, Menschen wie Anni Rollkötter im eigenen Zuhause zu pflegen, gibt es in diesem Land nicht.

Warum das so ist und welche Wege es aus dieser verfahrenen Situation gibt, davon handelt dieses Buch.

Der demographische Wandel

Warum wir der Vergreisung nicht entgehen

Dass wir seit einigen Jahren so ausführlich über Altenpflege diskutieren und dass so viele Schwarzarbeiterinnen alte Menschen versorgen liegt schlicht auch daran, dass in Deutschland immer mehr Alte und immer weniger Junge leben. Um sich die Folgen vor Augen zu führen, braucht niemand wissenschaftliche Studien zu lesen. Es genügt ein Spaziergang durch irgendeine Stadt. Zum Beispiel die eigene.

Mülheim an der Ruhr, Ende Mai 2007: ein Heimatbesuch

Wie eine Mauer begrenzt das blassrote Monstrum von 1912 die Rückseite des Pausenhofs, rechts davon im Anbau die Turnhalle, links ein freistehendes Haus mit Toiletten und Hausmeisterbüro. Äußerlich hat sich fast nichts verändert, außer, dass neben dem Eingang jetzt Martin-von-Tours-Schule steht.

1967 kam ich hier in die erste Klasse, damals hieß sie noch Eduardschule. Es gab viele Kinder und wenige Pädagogen. Als eine meiner Klassenlehrerinnen einen Autounfall hatte, fiel wochenlang ungefähr die Hälfte des Unterrichts aus, weil es niemanden gab, der sie hätte vertreten können.

Den Pausenhof teilten wir, die Katholischen, mit der evangelischen Muhrenkampschule. Die Gebäude trennen nur etwa 50 Meter und eine fast unsichtbare Linie auf dem

Asphalt. Im Winter, wenn Schnee gefallen war, zog sie irgendwer mit dem Schuh auf ganzer Länge nach. Die Protestanten mussten auf ihrer Seite bleiben und wir auf unserer, dann begann eine Massenschneeballschlacht. Das Spiel nannten wir Nordirland.

Ganz davon abgesehen, dass im Mai kein Schnee liegt: Für so etwas gäbe es heute zu wenige Kinder. Nur fünf oder sechs Grüppchen verlieren sich an diesem Vormittag auf dem riesigen Hof, obwohl Pausenzeit ist.

Die »Gemeinschaftsgrundschule am Muhrenkamp«, die mittlerweile städtisch ist, wäre keine schlechte Kulisse für einen Heinz-Rühmann-Film: Kleine Türmchen überragen das spitze Dach des dunkelroten Klinkerbaus. Durch hohe Fenster fällt der Blick in ebenso hohe Klassenräume, über der Tür steht: »Gebaut im Jahre 1888«. Innen führen gewundene Holztreppen mit lackierten Geländern nach oben. Mittelbraune Klassentüren sind unten mit Blechen abgesetzt, dahinter Parkettböden und viel Licht.

Die Klassen scheinen klein zu sein, viele Pulte und Stühle gibt es nicht, dafür niedrige Regale, in denen Buntstifte, Blöcke und anderes Unterrichtsmaterial lagern. Eine Tür weiter die Mini-Kantine, schließlich sind wir in einer Ganztagsschule. Rechts eine Zeile mit modernen Küchengeräten aus Edelstahl, davor ein Bord, links der rechteckige Tisch mit 17 Tellern und ebenso vielen bunten Plastikbechern darauf.

Aus dem Nebenzimmer sind Kinderstimmen zu hören. Einige Schüler basteln am Tisch, andere toben lautstark in einer gepolsterten Spielecke. Dazwischen ein ergonomischer Computertisch mit drei PC-Arbeitsplätzen und modernen Flachbildschirmen.

Die meisten Kinder hier stammen aus Migrantenfamilien, haben sprachliche und andere Lerndefizite. Mit speziellen Kursen und Betreuungsangeboten versucht die Schule, sie dennoch fit zu machen für die schulische und berufliche Zukunft und ihnen Selbstbewusstsein mitzugeben. Im Flur gibt es ein riesiges Bild, auf dem Kinder verschiedener Hautfarbe die Erde wie Sonnenstrahlen umrahmen. Darüber steht: »Alle Kinder haben Rechte«.

»Wat willze, Schätzeken?«

Eine halbwegs heile Welt, könnte man meinen. Doch spätestens im kommenden Jahr wird die Schule geschlossen – wegen Kindermangel. Insgesamt besuchen nur noch etwa 80 Schüler die Klassen. In den 1960ern lernten hier fast 350 Kinder, 45 bis 50 pro Klasse.

Mülheim, Großstadt zwischen Essen, Duisburg und Düsseldorf, geht der Nachwuchs aus – wie dem Rest der Republik auch: Anfang der 1960er zählten die Mülheimer Grundschulen 14 700 Kinder, 2005 waren es noch etwa 6200, also deutlich weniger als die Hälfte.[2] Eine Umkehr der Entwicklung ist nicht in Sicht. Auf der anderen Seite gibt es immer mehr Alte: 1970 waren nur 14 Prozent der Mülheimer über 65 Jahre alt, heute sind es mehr als 23 Prozent.[3]

Direkt neben den Schulen lag Tante Kriegers Gemischtwarenladen, wir Kinder kauften hier Weingummi und Esspapier. »Wat willze, Schätzeken«, fragte sie in typischer Ruhrgebietsdiktion, bevor sie uns das Gewünschte mit Engelsgeduld in ein Tütchen zählte. Geblieben ist davon nur ein leerer gekachelter Raum mit dem Schild »zu vermieten« im Fenster, wer kauft schon Weingummi, wenn es keine Kinder mehr gibt.

Alte Leute gehen wenig aus

»Mutter Anna«, direkt gegenüber, trägt trotz unterschiedlicher Pächter denselben Namen wie vor Jahrzehnten. Oder besser gesagt trug; denn »Mutter Anna« ist ebenfalls geschlossen, seit ungefähr zwei Monaten. Um 1980, als die geburtenstarken Jahrgänge auf die Piste gingen, war der Laden eine Goldgrube. Mit 18 verbrachte ich hier mehr Zeit als zu Hause.

Lange vorbei: In den vergangenen Jahren hielten die Pächter die Kneipe nur noch mühsam am Leben. Einer von ihnen versuchte es mit einem kleinen Biergarten hinterm Haus. Aber für so etwas bräuchte man erst recht junge Gäste.

Das nächste Opfer der Vergreisung liegt nur 100 Meter die Straße hoch: Der »Bergalte«, wie das Restaurant lange hieß, servierte leckere Hausmannskost. Nachdem er schließen musste, pachtete eine griechische Familie die Räume und versuchte es unter dem Namen »Philoxenia« mit »Griechischer & Internationaler Küche«. Auch dieser Versuch scheiterte, alte Leute gehen wenig aus.

Der Weg in die Mülheimer Innenstadt führt wieder an den beiden Schulen vorbei, dahinter durchbricht ein Fußweg die Häuserzeile, und dieser Fußweg gibt den Blick frei auf die schrecklichste Bausünde, die die Stadt zu bieten hat: Betonfarben ragen fünf etwa 20-stöckige Hochhäuser in den Himmel. In den 1970ern gebaut, galten sie jahrzehntelang nicht gerade als Nobeladresse, mittlerweile sind in einem der wuchtigen Klötze keine Wohnungen mehr, sondern städtische Ämter.

Im »Forum« unterhalb der Hochhäuser sieht es genauso aus wie in allen anderen modernen Einkaufspassagen: vergleichsweise großzügig und freundlich, im Keller der Supermarkt, im hellen Obergeschoss das Café, dazwischen die üblichen Bekleidungsketten und Drogeriemärkte. Am Samstag kaufen die Familien ein, unter der Woche sind es vor allem Rentner, die auf den Bänken sitzen und ein Schwätzchen halten, hier ist es warm und trocken. Von Pleiten und Niedergang ist im »Forum« nichts zu spüren, die Geschäfte laufen gut.

Die Beliebtheit der Stadt ist auch ein Fluch

Von der Schlossstraße kann man das nur bedingt sagen. Die Fußgängerzone, eine Verlängerung der überdachten Passage, kam vor etwa 30 Jahren zu einer gewissen Berühmtheit, weil sie zum Schauplatz wurde für einige Hörspiele des Vorzeige-Mülheimers Helge Schneider.

Heute leidet sie unter denselben Problemen wie ihre unzähligen Pendants in anderen Städten des Ruhrgebiets: Call-Shops verdrängen traditionelle Fachgeschäfte, Ladenlokale wechseln häufig den Pächter, bis einige dauerhaft leer bleiben. Am Morgen hat die Lokalzeitung über eine Frau berichtet, die gegen die geplante Schließung eines Lebensmittelgeschäfts kämpft; 1000 Unterschriften sammelte sie in nur vier Wochen.

Dass Ladenbesitzer aufgeben müssen und Kneipen keine Chance haben, liegt nicht nur an der Demographie, aber sie hat ihren Anteil daran. Das Ruhrgebiet schrumpft, und das gilt auch für Mülheim. Die Stadt hat 171 160 Einwohner (Stand: 31.12.2006). Ihre Zahl sinkt seit 1993; allerdings war der Bevölkerungsrückgang in den zurückliegenden drei Jahren sehr moderat.[4] Mülheim steht besser da als die meisten anderen Ruhrgebietsstädte. Denn gut verdienende Essener oder Düsseldorfer ziehen gerne in den grünen, weitläufigen Mülheimer Süden. Außerdem hat die Stadt einiges getan, um junge Familien zum Bleiben zu bewegen, auf der »Saarner Kuppe« etwa entstand ein riesiges Neubaugebiet mit Eigenheimen.

Allerdings ist die Beliebtheit in gewisser Weise auch ein Fluch: Wer herzieht oder baut, der bleibt für immer. Mülheim hat deshalb jetzt besonders viele Rentner und irgendwann besonders viele Greise.

Es gehen immer die Falschen

Schrumpfende Städte gibt es im Ruhrgebiet schon seit langem, doch für bundesweite Schlagzeilen sorgte das Phänomen erst mit der Wiedervereinigung und den Problemen der neuen Bundesländer. Drastische Folgen hat der Bevölkerungsverlust deshalb, weil es immer die Falschen sind, die gehen: Junge, gut Ausgebildete, die ihr Glück woanders in der Republik versuchen. Oder beruflich Erfolgreiche mit Familie, die sich irgendwann eine bessere Wohngegend leisten können und wollen. Dabei werden nicht unbedingt ganze Städte zu Absteigern, oft sind es nur bestimmte Viertel. Die Wohnungsunternehmen in Nordrhein-Westfalen warnen mittlerweile vor einer »Verslummung«, Abrissprämien nach dem Vorbild der neuen Bundesländer sind in der Diskussion.

Die hat der Bevölkerungsschwund noch heftiger – und vor allem plötzlicher getroffen als das Ruhrgebiet. Viele Städte der ehemaligen DDR haben seit der Wende mehr als ein Fünftel ihrer Menschen verloren. Wichtige Angebote lassen sich aber nur bei einem Minimum an Nachfrage aufrechterhalten: Schulen, Schwimmbäder, Büchereien, Krankenhäuser.

Und mit dem Abwandern junger Familien verlieren die Gemeinden nicht nur Schulkinder, sondern auch Steuerzahler. Hält der aktuelle Trend an, wird die Bevölkerung im erwerbsfähigen Alter in Ostdeutschland bis 2050 voraussichtlich um mehr als 50 Prozent zurückgehen.[5]

Die gut Ausgebildeten gehen in der Regel als Erste, dadurch besteht die Gefahr einer verheerenden Abwärtsspirale: Wenn kein qualifiziertes Personal verfügbar ist, investieren Unternehmen weniger, es entstehen insgesamt weniger Arbeitsplätze, weitere Menschen wandern ab. Zurück bleiben die schlecht oder gar nicht Ausgebildeten. Und natürlich Alte und Hilfsbedürftige.

Und: Wenn weniger Junge da sind, gibt es auch weniger Kinder. Außerdem war in Ostdeutschland Mitte der 1990er Jahre die Gebärfreude der vor Ort gebliebenen auf ein historisches Tief gefallen.[6] Diese niedrigen Geburtenraten sind für 60 Prozent des Bevölkerungsrückgangs verantwortlich. All das bedeutet, dass in Deutschlands neuen Bundesländern die Bevölkerung deutlich schneller altert als im Westen, schneller als im übrigen Europa.[7]

Auch die Ruhrgebietsstadt Mülheim ist auf den demographischen Wandel schlecht vorbereitet. Bei einer Bürgerversammlung zum Thema »altersgerechte Stadt« beklagten die Redner vor allem das Fehlen geeigneter Wohnungen. Und was es gebe, sei viel zu teuer.

Mit Alten ist eben gutes, mit mehr Alten wie in Mülheim sehr gutes Geld zu verdienen.

Auch dieser Aspekt des demographischen Wandels lässt sich im Zentrum der Stadt hautnah miterleben. Wer von der Fußgängerzone aus die Einkaufspassage durchquert und sie auf der Rückseite wieder verlässt, steht nach einigen Schritten vor dem Sommerhof. Die riesige Anlage mit über 90 Wohnungen liegt direkt an einer viel befahrenen Umgehungsstraße.

Betreutes Wohnen soll hier für »Freude und Geborgenheit« sorgen, und der vorgebliche Luxus hat seinen Preis. Ein kleines Appartement von 56 Quadratmetern kostet insgesamt 1024 Euro, fast doppelt so viel wie eine vergleichbare Wohnung in dieser Gegend. Das Essen ist in diesem Preis ebenso wenig enthalten wie der Hausmeisterservice, Fahrdienste, Reinigung der Wohnung und der Wäsche; extra bezahlt werden muss auch die Nutzung des Gästeappartements und der Tiefgaragenplatz. Der Sommerhof bietet Autogenes Training an, Reiki oder Progressive Muskelentspannung – all das gegen Aufpreis.[8] Mit der »Servicemiete« bezahlt ist dagegen der 24-Stunden-Notruf: Fühlt sich eine

Bewohnerin schlecht, leistet eine Mitarbeiterin sofort erste Hilfe oder ruft den Notarzt. Wer ständig Pflege braucht, kann den hauseigenen ambulanten Dienst bemühen. Nur für 20 Tage pro Jahr ist das in der Miete inbegriffen, dauert der Einsatz länger, muss der Bewohner ihn selbst bezahlen – es sei denn, er bekommt das Geld von der Pflegeversicherung.

Auch für diejenigen, die sich gar nicht mehr selbst organisieren können, gibt es eine Lösung: Direkt gegenüber des Sommerhofs liegt das Bonifatius Senioren- und Pflegezentrum, ein riesiges Haus mit 269 Plätzen, 230 davon in Doppelzimmern.[9] Betreiber ist die private Maternus-Gruppe, bekannt für ihre selbstbewusste Preisgestaltung. Ein Platz in der höchsten Pflegestufe schlägt hier mit mehr als 3600 Euro zu Buche. Einzelzimmer sind teurer.[10]

Dass es in Mülheim bei der Altenarbeit Nachholbedarf gibt, räumt mittlerweile auch die Politik ein. Die Stadt hat ein »Handlungskonzept Seniorengerechte Stadt« entwickelt, das »allen älteren Menschen ein weitgehend selbstbestimmtes und sozial eingebundenes Leben« ermöglichen soll.[11]

Ob das mit dem selbstbestimmt und sozial eingebunden für alle so schnell gelingt, darf allerdings bezweifelt werden. Mülheim gehört bundesweit zu den Städten mit den meisten über 60-Jährigen, und dieses Potenzial scheint Investoren anzulocken. 2007 entstand der Wohnpark Dimbeck, eine »Seniorenwohnanlage der gehobenen Ansprüche«.[12] Mülheim an der Ruhr, Mai 2007: Willkommen in der altersgerechten Stadt. In der es genug Heime und betreute Wohnanlagen gibt, aber zu wenig Unterstützung für jene, die bis zum Schluss in den eigenen vier Wänden bleiben wollen.

Die Pyramide wird zur Vase: Die Folgen des Pillenknicks

Wir sprechen bis heute von der Bevölkerungspyramide, wenn wir uns die Altersverteilung der Gesellschaft vorstellen wollen. Aber es ist schon sehr lange her, dass dieses Bild etwas mit der Wirklichkeit zu tun hatte. Eine Pyramide ist bekanntlich unten breit und oben schmal. Bezogen auf die Menschen heißt das, dass es viele Junge und wenige Alte gibt, und dass ein 50-Jähriger weit weniger Altersgenossen hat als ein 5-Jähriger.

Diese Verteilung verändert sich nicht erst seit 20 oder 50, sondern seit weit mehr als 100 Jahren: 1881 war der letzte Geburtsjahrgang in Deutschland, der sich mit der Anzahl seiner Kinder selbst ersetzt hat. Seitdem war jeder Kinderjahrgang in Deutschland zahlenmäßig kleiner als der Elternjahrgang. Jahrzehntelang ergaben sich daraus allerdings nur moderate Veränderungen.[13]

Der eigentliche Ausgangspunkt unserer heutigen Probleme liegt in den 1960er Jahren des vergangenen Jahrhunderts. Damals trafen zwei Phänomene aufeinander: Der Pillenknick und der Anstieg der Lebenserwartung.

Die Geburtenrate war in Deutschland bereits Ende der 1960er – und damit früher als in anderen Ländern – eingebrochen.[14] Zur Erinnerung: In der Ruhrgebietsstadt Mülheim gab es 1961 fast zweieinhalbmal so viele Grundschüler wie 1981.[15]

Seit Mitte der 1970er bekommt jede Frau in Deutschland – statistisch gesehen – nur noch etwa 1,4 Kinder. Notwendig wären aber 2,1, damit die Bevölkerungszahl konstant bleibt.[16] Ein Mädchen, das 1975 nicht geboren wurde, konnte im Jahre 2000 aber nicht Mutter werden. Anders gesagt: Der Kindermangel von 1975 ist der Elternmangel des Jahres 2000. Weil es aber immer weniger Eltern gibt, sinkt die Anzahl der Neugeborenen auch dann, wenn – statistisch gesehen – jede potenzielle Mutter weiterhin 1,4 Babys zur Welt bringt.[17]

Deutschland hat also in erster Linie wegen des Pillenknicks der 1960er zu wenige Kinder. Und nicht etwa, weil Frauen heute alles der Karriere unterordnen oder weil Akademikerinnen so oft ohne Nachwuchs bleiben.

Und in Deutschland ließ nicht nur die Geburtenfreudigkeit, sondern auch die Sterbefreudigkeit außerordentlich zu wünschen übrig, wie die ehemalige Familienministerin Ursula Lehr einmal formulierte.[18] Beides – Geburtenrückgang wie Verlängerung des Lebens – sind einzigartig in der Menschheitsgeschichte: Fast zwei Jahrtausende lang hatte sich die Lebenserwartung in Europa wenig verändert. Zu Zeiten Napoleons lebten die Menschen nicht maßgeblich länger als im alten Rom.[19] Die Alterungsschübe kamen erst in den vergangenen 100 Jahren: Das Leben eines um 1900 geborenen Europäers dauerte nur etwa halb so lang, wie das eines im Jahre 2000 Geborenen dauern wird.[20] Am drastischsten veränderte sich die Situation seit Mitte des vergangenen Jahrhunderts: Im Jahre 2000 gab es allein in Hamburg fast so viele 100-Jährige wie 1962 in der gesamten alten Bundesrepublik und der DDR zusammen.

Das bedeutet, dass immer mehr Generationen gleichzeitig auf der Welt sind. Über 60-Jährige kennen ihre Großeltern nur aus der eigenen Kindheit, Urgroßeltern aus Erzählungen. Bei den Neugeborenen von heute dagegen leben zum Teil die Urururgroßeltern noch. Wer Anfang der 1960er Jahre geboren wurde, der scheidet um das Jahr 2040 aus einer deutlich veränderten Welt: Bis dahin halbiert sich der Anteil der unter 20-Jährigen nahezu, jener der über 60-Jährigen verdoppelt sich.[21] Die Bevölkerungspyramide ist dann schon längst keine mehr. Bereits heute gleicht ihr Bild eher einer Baumkrone mit stark verdickter Mitte, in einigen Jahrzehnten wird sie zur kelchförmigen Vase mutieren.

So wenige Babys wie nie

Wie aktuell die Vergreisungs-Diskussion ist, zeigen die Zahlen von 2006: Nie wurden in den vergangenen 60 Jahren weniger Kinder geboren. Mit 673 000 waren es 13 000 weniger als 2005, ein Rückgang von 1,9 Prozent innerhalb von nur einem Jahr. Die höchste Geburtenzahl gab es 1964 mit 1,36 Millionen.
822 000 Menschen starben 2006, das sind 149 000 mehr als geboren wurden. Weil aber Menschen zuwanderten, sank die Bevölkerung nicht ganz so stark, sondern genau um 123 000 Menschen. Am stärksten war der Rückgang mit 101 000 in den ostdeutschen Bundesländern, Zuwachs gab es am anderen Ende der Skala in Bayern, Berlin, Hamburg und Bremen.[22]

Natürlich steht Deutschland mit dem Problem nicht alleine da, in fast allen westlichen Staaten sieht die Lage genauso aus. Und selbst Schwellenländer, die lange für Kinderreichtum standen und noch immer Sinnbild von Überbevölkerung sind, schlagen langfristig denselben Weg ein. China zum Beispiel wird in 40 Jahren eine noch ältere Bevölkerung haben als Europa.[23] Grund zur Sorge bietet die Vergreisung aus mehreren Gründen. Eine alte Gesellschaft arbeitet weniger als eine junge, produziert also weniger Reichtum.

Der Bevölkerungswissenschaftler James W. Vaupel prognostiziert für Deutschland einen Rückgang der Gesamtarbeitsstunden von 9 Prozent zwischen 2003 und 2025, vorausgesetzt allerdings, die Arbeit verteilt sich weiter so wie bisher: Viel für die wenigen Jungen, wenig für die vielen Alten.[24] Dieses Prinzip ist bei uns seit Jahrzehnten ehernes Gesetz, in kaum einem anderen Land setzen sich die Menschen so früh zur Ruhe wie in Deutschland. Schuld daran ist auch die von der Politik – auf Kosten aller – geförderte Frühverrentung, die sich verheerend auswirkte auf die Mentalität von Arbeitnehmern wie Arbeitgebern. Weiterbildung zum

Beispiel gibt es für Ältere oft deshalb nicht, weil Vorstände nach dem Motto handeln: »Mit 55 ist der nicht mehr da, was soll ich da jetzt noch in ihn investieren?«

Wer nicht mehr arbeitet, wird vom Beitragszahler zum Rentner. Damit sind wir beim zweiten Nachteil der Überalterung: Die Sozialkassen nehmen weniger ein und geben zugleich mehr aus. Das Geld dafür aber müssen, jedenfalls nach der Logik unserer Versicherungssysteme, die Jungen erarbeiten, und davon gibt es nicht mehr genug.

Die dritte Sorge hängt damit zusammen, dass viele sehr alt werden, dabei aber leider nicht sehr gesund bleiben. Das Risiko, pflegebedürftig zu werden, steigt statistisch ab dem 80. Lebensjahr deutlich an. Je mehr über 80-Jährige wir haben, desto mehr Menschen brauchen also Hilfe. Diese Hilfe müssen wir organisieren und bezahlen.

Mehr Kinder bekommen, länger arbeiten – ganz gleich, wie wir gegensteuern und was die Politik für Maßnahmen ergreift: Aufzuhalten oder gar umzukehren ist das ungewöhnlich starke Altern der Gesellschaft nicht. Auch und erst recht nicht durch Einwanderung, auch wenn das auf den ersten Blick eine ebenso einfache wie überzeugende Lösung ist. Auf den zweiten Blick ist sie abwegig, wie der Sozialforscher Meinhard Miegel einmal vorgerechnet hat: Wollten wir die gegenwärtige Altersstruktur aufrechterhalten, müssten in den kommenden 44 Jahren sage und schreibe 181 Millionen Menschen zu uns kommen ... [29] Nichts gegen Einwanderung, aber unsere demographischen Probleme sind damit nicht zu lösen. Außerdem stellt sich natürlich die Frage, ob die vielen Menschen, die wir bräuchten, überhaupt zu uns kommen wollten.

Weil die Entwicklung nicht aufzuhalten ist, täten wir also gut daran, sie zu akzeptieren. Natürlich könnte die Geburtenrate in den kommenden Jahren drastisch ansteigen und damit die Altersverteilung verändern. Sehr wahrscheinlich

Immer mehr Menschen landen im Heim

Ende 2005 – aus diesem Jahr stammte die letzte verfügbare Pflegestatistik – bekamen in Deutschland 2,13 Millionen Menschen Geld aus der Pflegekasse, ein Drittel mehr als vor zehn Jahren. Die Zahl der wirklich Hilfsbedürftigen ist allerdings weitaus höher; zu ihnen zählen auch die Demenzkranken, von denen viele durch das grobe Bewertungsraster der Versicherung fallen und deshalb keine Leistungen bekommen.

Mehr als zwei Drittel der Leistungsempfänger werden zu Hause versorgt, 677 000 in Heimen. 1999 gab es 573 211 Heimbewohner, das heißt ihre Anzahl ist innerhalb von nur sechs Jahren um 18 Prozent gestiegen. Der Anteil der Heimbewohner an allen Pflegebedürftigen stieg zwischen 1999 und 2005 von 28,4 auf 31,8 Prozent.[25] Mit anderen Worten: Statt der Umsetzung des von der Politik seit Jahren propagierten Grundsatzes »ambulant vor stationär« gibt es einen Trend zu immer mehr Heimunterbringung!
Wie viele Pflegebedürftige in einem Land leben, hängt von der Anzahl der sehr alten Menschen ab. Denn mit jedem Jahr, das wir leben, steigt statistisch auch die Wahrscheinlichkeit, dass wir einmal auf Hilfe angewiesen sein werden: Zwischen dem 70. und dem 75. Lebensjahr liegt das Pflegerisiko bei 5 Prozent, von den 90- bis 95-Jährigen sind dagegen 60 Prozent pflegebedürftig.[26]

Im Jahre 2050 wird die Pflegeversicherung voraussichtlich 3,7 Millionen Menschen unterstützen müssen.[27] Wie viele es genau sind, hängt auch davon ab, welche Leistungen Demenzkranke bekommen werden.
Deren Zahl steigt ebenfalls im Gleichschritt mit der Lebenserwartung, und das bedeutet, dass in Zukunft immer mehr Menschen darunter leiden werden. Forscher der John-Hopkins-Universität im amerikanischen Baltimore rechnen vor allem mit einem dramatischen Anstieg bei der Demenzkrankheit Alzheimer: Derzeit sind nach Schätzungen weltweit rund 27 Millionen Menschen betroffen, im Jahre 2050 sollen es 106 Millionen sein. Diese Prognose gaben die Forscher im vergangenen Jahr auf einer Konferenz zum Thema Demenz in Washington ab.[28]

ist das nicht, und eine betagte Gesellschaft blieben wir allein wegen der weiter steigenden Lebenserwartung auch dann.

Wenn immer mehr Menschen sehr alt werden, dann gibt es – wie bereits gesagt – auch immer mehr Pflegebedürftige. Um die besser versorgen zu können, entstand Mitte der 1990er Jahre die Pflegeversicherung. Die Betroffenen sollten weniger von ihren Kindern und erst recht nicht vom Sozialamt abhängig sein, wenn sie Betreuung brauchen.

Eigentlich eine gute Idee. Nur leider entpuppt sich die »Fünfte Säule der Sozialversicherung«, wie die Pflegeversicherung von ihren Vätern zärtlich genannt wurde, als traurige Fehlkonstruktion.

Menschlichkeit nach Verrichtungskatalog

Pflegekräfte und Patienten unter Druck

Vom Geld der Versicherung können alte Menschen einen ambulanten Pflegedienst bestellen oder ihr Zimmer im Pflegeheim – zumindest teilweise – bezahlen.

Im Prinzip ist das natürlich erfreulich. Das Problem ist nur, dass die Vorschriften der Versicherung und ihr bürokratischer Aufwand oft dazu führen, dass die Pfleger ihre Klienten abfertigen müssen wie am Fließband, wollen sie ihr tägliches Pensum schaffen. Was das für die Menschen bedeutet, verdeutlichen zwei Fälle – einer aus der ambulanten und einer aus der stationären Pflege.

»Na kommen Sie schon.«

Es ist 7.15 Uhr, als Angelika Huberti* in einem Vorort von Hamburg die Wohnungstür von Dietrich Buschmüller* aufschließt. Der alte Mann liegt noch im Bett und blinzelt sie verstört an. »Morgen! Gut geschlafen?« Dietrich Buschmüller erwidert nichts, doch die Pflegerin kennt die Antwort auf diese Frage. Er hat nicht gut geschlafen, und er hat auch keine Lust aufzustehen. So gern sie es täte – Angelika Huberti kann darauf keine Rücksicht nehmen. »Na kommen Sie schon«, sagt sie, womit sie eigentlich »Los, wir haben keine Zeit zu verlieren!« meint. Denn außer Dietrich Buschmüller stehen bis zum Nachmittag noch 15 weitere Klienten auf ihrer Liste. Abzüglich der Fahrtzeiten bleiben ihr im Schnitt ziemlich genau 20 Minuten für jeden. Damit der Zeitplan nicht bereits in der Frühe durcheinander gerät, muss es jetzt schnell gehen, jeder Handgriff muss sitzen. Dietrich Buschmüller weiß das, und er versucht auch, sich zu beeilen. So gut er kann. Nach nur zwei oder drei Minuten Zureden richtet er sich mit Hilfe der Pflegerin auf, jetzt sitzt er auf der Bettkante. Der 80-Jährige leidet unter Arteriosklerose, er ist verwirrt, bekommt schlecht Luft, und die Knie machen auch nicht mehr richtig mit. Außerdem hat er Angst, zu fallen, deshalb bewegt er sich in seiner Wohnung nur mit einem Rollator vorwärts.

An dem zieht er sich jetzt mühselig vom Bett hoch; als er steht, muss er sich kurz ausruhen. Angelika Huberti führt ihn ins Bad, auch das geht nur Schritt für Schritt und mit Verschnaufpausen. Sie hilft ihm auf die Toilette und wieder herunter, dann stellt sie ihn vor das Waschbecken, zuerst hält er sich mit der linken Hand daran fest, dann mit der rechten, während die Pflegerin ihm das Unterhemd auszieht und ihn wäscht. Nachdem sie sich versichert hat, dass Dietrich Buschmüller heute stabil genug steht, drückt sie ihm den Rasierer in die rechte Hand, sich zu rasieren schafft er meistens noch allein. Jeder Teil dieser Choreographie ist Dutzende Male erprobt, und eigentlich läuft es heute nicht schlecht. Trotzdem wird Angelika Huberti schon bei ihrem ersten Klienten – wieder einmal – zehn Minuten in Rückstand geraten. Damit das nicht passiert, müsste Dietrich Buschmüller schon vor dem Waschbecken stehen, wenn sie die Tür aufschließt.

Keine Chance, dass er das alleine schafft.

Die Tochter schlug vor, das Kämmen einzusparen

Angelika Huberti rechnet ihre Arbeit nach »Leistungskomplexen« ab, so will es die Pflegeversicherung, welche die Hilfe für Dietrich Buschmüller bezahlt. »Transfer«, so heißt das Begleiten vom Bett ins Bad, macht 1,76 Euro. Teilwäsche wird mit 11 Euro vergütet, Mund- und Zahnpflege kosten 2,20 Euro, Kämmen 88 Cent, Bettenmachen 2,20 Euro, Hilfe bei der Blasen- und Darmentleerung 4,40 Euro.

Und während Dietrich Buschmüller im Bad noch mühselig versucht, sich zu rasieren, bereitet die Pflegerin in der Küche das Frühstück vor (ebenfalls 4,40 Euro): Kaffee kochen, Brote schmieren und belegen, anschließend in kleine Stücke schneiden. Wenn sie es ihm nicht mundgerecht serviert, das weiß Angelika Huberti, wird er nichts essen. Nach wenigen Minuten steht alles auf dem Tisch. Als sie zurückkommt ins Bad, hält sich Dietrich Buschmüller noch immer krampfhaft am Waschbecken fest. Rasieren hat einigermaßen geklappt, dass er sich auch die Zähne putzen sollte, hat er allerdings wieder vergessen.

Angelika Huberti hilft ihm. Er will nicht, obwohl es jetzt wirklich schnell gehen müsste. Doch was heißt schon schnell bei einem kranken 80-Jährigen. Noch im Bad zieht sie ihm die Hose an, das Unterhemd, dann machen sich beide wieder auf den langen, zeitraubenden Weg zurück durchs Wohn- und Schlafzimmer, schließlich in die Küche. Die Pflegerin setzt Dietrich Buschmüller auf einen Stuhl, zieht ihm das Hemd an, kämmt ihn. Damit er frühstücken kann, schiebt sie nicht den Stuhl Richtung Tisch, sondern den kleinen Tisch zum Stuhl, das geht leichter. Vor Dietrich Buschmüller steht jetzt seine Tasse mit dem Kaffee, daneben der Teller mit zwei zerteilten Broten.

> **Überlastung in der ambulanten Betreuung**
>
> Die DAK – Deutsche Angestellten-Krankenkasse – untersuchte im vergangenen Jahr detailliert die Arbeitsbedingungen in der ambulanten Pflege. Ergebnis: Die ohnehin hohen Belastungen sind in den vergangenen drei Jahren weiter gestiegen. Hauptgrund ist die Zunahme von Arbeitstempo und Dokumentationsaufwand.
> Arbeiten unter ständigem Hochdruck und die Hetze von Termin zu Termin hat erschreckende Folgen: Jeder zehnte Mitarbeiter von ambulanten Diensten erlitt innerhalb von 12 Monaten mindestens einen Autounfall.
> Außerdem werden ambulante Pflegekräfte überdurchschnittlich oft krank, meistens fehlen sie wegen Muskel-, Wirbelsäulen- oder psychischen Problemen. Letztere treten generell ebenso häufig auf wie bei den Kollegen in der stationären Pflege, einzelne Beschwerden sogar noch häufiger.[30]

Eigentlich hat Angelika Huberti für Dietrich Buschmüller genau eine halbe Stunde Zeit, so die Kalkulation ihrer Firma. Tatsächlich hat sie aber wieder 40 Minuten gebraucht. Eigentlich müsste der Klient die fehlenden zehn Minuten aus der eigenen Tasche bezahlen, doch das kann er nicht. Angelika Huberti hat das Problem mit Buschmüllers Tochter besprochen, die abends für eine halbe Stunde zu ihrem Vater kommt. Sie schlug vor, das Kämmen aus dem Leistungskatalog herauszunehmen, dann seien ja schon mal ein, zwei Minuten gespart. Doch Angelika Huberti bringt es nicht fertig, Buschmüller zerzaust in seiner Wohnung zurückzulassen.

Die zehn Minuten müsste sie bei den anderen Klienten durch noch mehr Tempo wieder herausholen. Aber die sind ja nicht besser zurecht als Dietrich Buschmüller, einige schlechter. Also wird sie, wie so oft, später Feierabend haben, eine halbe Stunde oder mehr, das ist normal. Die zusätzliche Zeit muss ihr Arbeitgeber bezahlen. Eigentlich.

Aber Angelika Huberti weiß genau, dass der Chef ihr in solchen Fällen grundsätzlich sagt, sie müsse halt mit der veranschlagten Zeit hinkommen, irgendwie. Sie wird die Überstunden wieder unter den Tisch fallen lassen.

Als Angelika Huberti sich bei Dietrich Buschmüller im Flur den Mantel überstreift, ist es fast 8 Uhr. Durch die geöffnete Tür sieht sie den alten Mann von hinten am Küchentisch sitzen. Er starrt vor sich hin, bisher hat er weder den Kaffee noch ein Stück Brot angerührt. Während sie sich mit links die Knöpfe des Mantels zumacht, geht sie noch mal in die Küche, legt ihm die rechte Hand auf die Schulter. »Tschüss, ich gehe jetzt. Und schön essen.« Dietrich Buschmüller sagt nichts. Er reagiert auch nicht, als nur Sekunden später die Wohnungstür ins Schloss fällt.

»Das muss ja messbar sein.« –
Ein Besuch des MDK

Bevor Menschen wie Angelika Huberti zum Einsatz kommen, besucht ein Gutachter des Medizinischen Dienstes der Krankenversicherung (MDK) den Antragsteller. Er hat in der Regel ein eng beschriebenes Formular dabei, auf dem in drei Oberrubriken – Körperpflege, Ernährung und Mobilität – haarklein aufgelistet ist, welche Hilfen ein Pflegebedürftiger brauchen darf.

Eine Unterrubrik für »Teilwäsche Unterkörper« gibt es ebenso wie jeweils eine für »Wechsel/Entleeren des Urinbeutels« und »Stuhlgang«. »Essen von Hauptmahlzeiten« ist ebenso aufgeführt wie »Verlassen und Aufsuchen der Wohnung (nur zu Ärzten, Apotheken, Behörden u. ä.)«. Der MDK schreibt auch vor, wie lange jeder dieser Vorgänge zu dauern hat. Für »Wasserlassen (incl. Intimhygiene/Reinigung)« sind beispielsweise höchstens drei Minuten vorgesehen.

Ob ein Betroffener eine Pflegestufe und damit Geld aus der Versicherung bekommt, hängt maßgeblich davon ab, was im Formular des Gutachters steht, wenn der wieder geht. Glaubt er, dass ein alter Mensch täglich Hilfe beim Waschen (25 Minuten), bei der Zahnpflege (5 Minuten), beim Wasserlassen (3 Minuten), beim Ankleiden (10 Minuten) und beim mundgerechten Zubereiten der Mahlzeiten (3 Minuten) braucht, dann macht das insgesamt 46 Minuten Hilfebedarf. Damit ist die Pflegestufe I erreicht. Kann sich der Betroffene in diesem Beispielsfall die Zähne aber noch selber putzen, dann sind es nur 41 Minuten. Diesen Zustand nennen Bürokraten dann Pflegestufe 0. Das heißt in ihrer Sprache: Wir wissen zwar, dass er Hilfe braucht, aber die Schwelle, ab der gezahlt wird, ist noch nicht überschritten.

Die beim Waschen oder Ankleiden zugrunde gelegten Zeiten beruhen keineswegs auf wissenschaftlichen Untersuchungen, sondern großenteils auf Schätzungen.

Sabine Bartholomeyczik, heute Professorin für Pflegewissenschaft an der Universität Witten/Herdecke, hatte Ende der 1990er Jahre im Auftrag des Bundesgesundheitsministeriums untersucht, ob die Vorgaben realistisch sind. Ergebnis: Die gemessenen Zeiten sind stark unterschiedlich, und die empfohlenen »Korridore« umfassen meist viel weniger als die Hälfte der Breite der im Rahmen der Untersuchung gemessenen Zeiten. Insgesamt hält die Wissenschaftlerin feste Zeitvorgaben für Dinge wie Körperwäsche nicht für sinnvoll. Bartholomeyczik: »Die Gesamtsituation des Pflegebedürftigen ist ausschlaggebend. Pflege ist kein Handwerk an toten Gegenständen, bei dem bestimmte technisch zu definierende Handlungsabläufe immer gleich sein sollten. Dann wird sie sinnentleert und bringt dem Pflegebedürftigen nichts.«[31]

Hinzu kommt, dass sich viele Pfleger noch deutlich weniger Zeit nehmen als jene 46 oder 60 Minuten, die der MDK-Gutachter als Hilfebedarf ausgerechnet hat. Denn ambulante Dienste machen nicht selten auf der Basis des bewilligten Zeitbudgets ihre ganz eigene Rechnung auf: Hinter jedem Minutenwert steht ein Geldbetrag, für eine Stunde Hilfe bekommt der Pflegedienst beispielsweise etwa 26 Euro von der Kasse. Für 26 Euro können aber viele ihre Mitarbeiterinnen unmöglich eine ganze Stunde arbeiten lassen, weil sie dann zu wenig verdienen oder sogar Verluste machen würden.

Eine Dreiviertelstunde vielleicht, mehr aber ist laut Kalkulation nicht drin. Damit muss der Patient dann zufrieden sein, völlig egal, wie viel Pflegezeit der Medizinische Dienst bewilligt hat. Diese Art der Berechnung kann bedeuten, dass große Organisationen weniger Zeit für die Pflegebedürftigen haben als kleine. Auch die Verwaltung muss von dem finanziert werden, was die Pflegekasse für jede Stunde Einsatz beim Kunden bezahlt. Ist die Administration aufgebläht und damit teuer, entsteht Kostendruck, der nicht selten zu Lasten der Pflegebedürftigen geht.

Weil viele Pflegedienste in der beschriebenen Weise ihre eigene Rechnung aufmachen, ist es auch fraglich, ob die Erhöhung der Sätze ab Sommer 2007 tatsächlich gänzlich den Pflegebedürftigen zugutekommen wird. Ein Teil könnte auch dazu dienen, diese Vermutung liegt jedenfalls nahe, die Bilanzen der Dienstleister zu verschönern.

Auch deshalb wäre es für die Betroffenen vermutlich besser, im Rahmen der aktuellen Reform das direkt an den Pflegebedürftigen bezahlte Pflegegeld stärker zu erhöhen als die Sachleistungen – also die an professionelle Dienste gezahlten Beträge. Das bedeutet allerdings: Mehr Pflegegeld statt mehr Sachleistungen wäre auch die wesentlich teurere Lösung.

Bei der Beurteilung durch den MDK geht es in erster Linie um körperliche Gebrechen. Demenzkranken wird eine so mechanische Betrachtung des Menschen nicht gerecht, viele von ihnen fallen deshalb durch das Raster. Wolfgang Lohmann, ehemaliger Vorsitzender der Arbeitsgruppe Gesundheit der Unionsfraktion, sagte 2001 über die Ursachen für diese Art der Berechnung: »An so Wischiwaschi wie vom ganzheitlichen Menschen kann man sich materiell nicht orientieren, das muss ja messbar sein. Geld ist etwas, was mit Messzahlen zu tun hat.«[32] Und Norbert Blüm im selben Jahr: »Ich hab den Katalog ja nicht gemacht. Aber ich will mich auch nicht davonstehlen und sagen: Hab ich nichts mit zu tun. Aber es war so, dass die Angst, dass wir mit dem Geld nicht zurechtkommen, groß war.«[33]

Und sie ist es bis heute. Deshalb wird sich für die meisten Demenzkranken auch mit der jüngsten Reform der Pflegeversicherung vermutlich nicht viel ändern.

Kein Geld für Spaziergänge und deshalb auch keine Zeit

Angelika Huberti arbeitet seit 20 Jahren in der Altenpflege. Es war ihr Traumberuf, weil ihr »das Helfen irgendwie in die Wiege gelegt ist«. Vor Einführung der Pflegeversicherung, findet sie, war der Job leichter. Sozialhilfeempfänger bekamen zum Beispiel eine Stunde Hilfe pro Tag vom Amt genehmigt, und was in dieser Zeit geschah, darüber verständigte sie sich ganz spontan mit dem Klienten. Damals konnte sie sagen: »Wie wärs, wenn wir heute aufs Rasieren und Bettenmachen verzichten und stattdessen zusammen eine Tasse Kaffee trinken?«

Das geht heute nicht mehr, weil die Dienste dafür kein Geld bekommen. Sich über die Regeln hinwegzusetzen, was nicht wenige Pflegerinnen tun, ist riskant. Mitarbeiterinnen

Die Geschichte der Pflegeversicherung

Zu Beginn der 1990er Jahre entbrannte ein heftiger Parteienstreit um die »fünfte Säule« der Sozialversicherung, für die insbesondere Norbert Blüm, langjähriger Arbeits- und Sozialminister der Regierung Kohl, schon seit den 1980er Jahren kämpfte. Die Alten sollten nicht als Bittsteller beim Sozialamt vorstellig werden müssen, wenn sie alleine nicht mehr zurechtkamen und Hilfe brauchten.

Um diese Versicherung zu finanzieren, sollten Beiträge von Arbeitnehmern und Arbeitgebern zu gleichen Teilen bezahlt werden. Darüber waren sich die großen Parteien im Grunde einig, doch die CDU regierte nicht mit der SPD, sondern mit der FDP. Und die favorisierte ein Kapitaldeckungsverfahren, bei dem – vereinfacht ausgedrückt – jeder Versicherte monatlich einen Betrag anspart, der nach einigen Jahren oder Jahrzehnten für die Pflege zur Verfügung steht.
Bei diesem Modell hätte es jedoch einige Jahre gedauert, bis genug Geld für die Pflegebedürftigen in der Kasse gewesen wäre. Was aber sollte in der Zwischenzeit mit denjenigen geschehen, die sofort Hilfe brauchten?
Im Oktober 1993 verabschiedete der Bundestag mit den Stimmen der Regierung schließlich die Pflegeversicherung. Als Ausgleich für den Arbeitgeberanteil und als Zugeständnis an die FDP sollten zwei Feiertage gestrichen werden. Die SPD-Mehrheit im Bundesrat ließ das Gesetz zwei Monate später durchfallen.
Dennoch waren die Sozialdemokraten ebenfalls an einer Lösung interessiert: 1994 standen neben den Bundestagswahlen noch zwei weitere Urnengänge an. Niemand wollte als Totengräber der Pflegeversicherung dastehen, die Sache musste also rechtzeitig vor den Wahlen vom Tisch.
Im März 1994 einigten sich Regierung und Opposition darauf, für die Pflegeversicherung nur einen Feiertag, nämlich den Buß- und Bettag, zu streichen. Ab dem 1. Januar 1995 zahlten Arbeitnehmer und Arbeitgeber gemeinsam ein Prozent vom Bruttoeinkommen in die Pflegekasse ein, Auszahlungen gab es in den ersten drei Monaten dieses Jahres noch nicht. Dadurch entstanden jene Reserven, von denen die Kasse bis heute zehrt. Seit April 1995 bezahlt sie Leistungen für die häusliche und seit Juli 1996 auch für die stationäre

> Pflege. Dabei übernimmt die Kasse jedoch nicht die entstandenen Kosten, sondern bezahlt einen immer gleichen Zuschuss, der – auch dies ist Teil des Kompromisses – auf einer bestimmten Höhe festgeschrieben wurde. Anders als bei der Krankenversicherung passt er sich also nicht dynamisch den Ausgaben an.
> Von der Gründung der Versicherung bis zur jüngsten Reform blieb auch der Beitragssatz immer gleich. Lediglich für Kinderlose stieg er zum 1. Januar 2005 um 0,25 Prozent. Ab dem 1. Juli 2008 soll er – für alle – um weitere 0,25 Prozent wachsen.
>
> Gleichzeitig stiegen die Kosten der Pflege aber deutlich, vor allem in den Heimen. Die Schere zwischen dem, was die Pflegekasse bezahlt, und dem, was die Betreuung kostet, öffnet sich deshalb immer weiter. Deshalb nimmt auch seit einigen Jahren die Anzahl derer wieder zu, die neben Pflegegeld und Rente auch noch Sozialhilfe brauchen, um das Heim bezahlen zu können. Genau diese Abhängigkeit hatte Norbert Blüm durch die Pflegeversicherung aber beenden wollen.

eines Pflegedienstes in Norddeutschland waren jahrelang mit einem alten Mann spazieren gegangen, weil er sich das wünschte, in die Dokumentation schrieben sie Waschen oder Bettenmachen, irgendetwas, das abrechenbar war. Als die Sache herauskam, forderte die Kasse 25 000 Euro zurück, eine Pflegedienstleiterin wurde entlassen. Weil sie es gewagt hatte, dem Kunden seinen Wunsch zu erfüllen und ihn glücklich zu machen …

Der alte Mann kündigte dem Pflegedienst, als er davon erfuhr. Er hatte offenbar keine Lust, sich behandeln zu lassen wie die kaputte Kühltruhe einer Tankstelle, die der zuständige Servicetechniker in möglichst kurzer Zeit wieder instand setzen muss. Und dieser Vergleich ist keineswegs übertrieben: Servicetechniker arbeiten mit so genannten PDAs, mobilen Computern, mit denen ihre Einsätze minutengenau geplant, dokumentiert und abgerechnet werden. Dieselbe

Technik ist seit einigen Jahren teilweise auch in der ambulanten Altenpflege im Einsatz ...

Der Arbeitgeber von Angelika Huberti hat solche Geräte zwar noch nicht eingeführt. Doch der Zeitdruck hat auch hier in den vergangenen Jahren immens zugenommen, und nicht jede Mitarbeiterin will sich dem noch aussetzen: Vor einem Jahr hat die erste Kollegin gekündigt, vor sechs Wochen eine weitere. Seitdem liest auch Angelika Huberti samstags die Stellenanzeigen.

*Das Ende des Lebens:
einsam, aber perfekt dokumentiert*

Das Ambiente im Haus Edith*, einem kirchlichen Altenheim in Niedersachsen, erinnert an ein Krankenhaus der 1960er Jahre. Die engen Gänge sind blassgelb gestrichen, breite Holzleisten ziehen sich in Hüfthöhe an den Wänden entlang, matt schimmert das braune Linoleum im Licht der schwächlichen Beleuchtung.

Auf drei Etagen leben 75 Menschen, eine von ihnen ist Anne Tänzer*. Ihr Zimmer im Erdgeschoss teilt sich die 85-Jährige mit einer anderen Dame, Einzelzimmer bekommen im Haus Edith nur die »Selbstzahler«. Zu denen gehört Anne Tänzer schon lange nicht mehr; seit ihre Ersparnisse aufgebraucht sind, ist sie auf einen Zuschuss und ein Taschengeld vom Sozialamt angewiesen.

Laufen kann sie noch leidlich, aber ihr Gedächtnis hat stark nachgelassen, außerdem sieht sie schlecht. Mit dem Schlafen klappt es noch vergleichsweise gut, jedenfalls bis zehn nach 6. Dann ist die Nacht für Anne Tänzer vorbei, ob es ihr passt oder nicht. Pünktlich reißt Heidrun Dieter*, eine der Pflegerinnen aus der Frühschicht, die Zimmertür auf, ruft »Guten Morgen«, weckt anschließend auch die Bewohner in den beiden Nachbarzimmern. Nach circa drei

Minuten kommt sie zurück. Anne Tänzer hat sich mittlerweile aufgesetzt, und sie steigt auch ohne Hilfe aus dem Bett. Sich wie ihre Zimmernachbarin fünfmal bitten und am Ende vielleicht ausschimpfen zu lassen, dazu hat sie keine Lust. Heidrun Dieter führt sie ins Bad und setzt sie auf die Toilette, dann ist nacheinander je eine der Damen aus den Nachbarzimmern an der Reihe. Die Abläufe im Haus Edith sind die einer modernen Fließbandproduktion: Anne Tänzer hat für ihr Geschäft genau so lange Zeit, wie die Pflegerin braucht, um zwei andere vom Bett auf die Toilette zu kriegen. Dann ist wieder sie an der Reihe: Runter vom Klo, ran ans Waschbecken. Heidrun Dieter drückt ihr einen nassen Waschlappen mit Seife in die Hand, die 85-Jährige soll sich oben rum alleine waschen. Das kann sie eigentlich auch noch ganz gut, wie sie selber findet. Nur braucht sie eben ihre Zeit. Mehr Zeit, als die Pflegerin hat.

Eigentlich sollte die sich freuen, wenn eine Bewohnerin noch die Energie und den Willen hat, selbstständig zu bleiben und nicht jeden Handgriff dem Personal zu überlassen. Offiziell sind alle Heime in Deutschland dem Grundsatz der »aktivierenden Pflege« verpflichtet. Das heißt, die Mitarbeiter sollen anleiten und unterstützen, Hilfe zur Selbsthilfe leisten, statt den Bewohnern alles abzunehmen. Denn wer selber noch Verantwortung trägt, bleibt aktiv und gibt sich nicht auf.

Bis 9.30 Uhr in den vollen Windeln

Mit Zeigen und Anleiten statt Selbermachen würde Altenpflegerin Heidrun Dieter ihr morgendliches Pensum jedoch niemals schaffen. Als sie zurückkommt, nimmt sie Anne Tänzer den Waschlappen aus der Hand und wäscht sie zu Ende, dann führt sie sie halb bekleidet aus dem Bad. Schließlich muss ihre Zimmergenossin vor dem Frühstück auch noch fertig werden. Die will wie immer nicht aufstehen. Sie schimpft, während Heidrun Dieter ihr hilft, und aus dem Nachbarzimmer ruft eine Bewohnerin »Kommen Sie, kommen Sie!«

Doch erst muss die Pflegerin Anne Tänzers Mitbewohnerin auf die Toilette setzen. Dann rennt sie ins Nebenzimmer. Eine der Damen ist aus dem Bad gekommen, ohne sich zu waschen. Heidrun Dieter bringt sie zurück, muss sich zusammenreißen, um nicht mit ihr zu schimpfen. Schnell zurück zu Anne Tänzer und ihr beim Anziehen helfen. Die alte Dame sieht einfach zu schlecht, um alleine die richtigen Kleidungsstücke zu finden und sich beim Zuknöpfen nicht zu vertun.

Um 8.45 Uhr hat es Heidrun Dieter geschafft: Ihre Bewohnerinnen sitzen gewaschen und gekämmt im Frühstücksraum, eine der Kolleginnen deckt gerade den Tisch. Gemeinsam schenken sie Tee ein und reichen Aufschnitt oder Käse an. Sie schmieren Brote und helfen denjenigen beim Essen, die zu verwirrt sind oder zu schwach, um es alleine zu tun.

Die Pflegerinnen bringen einige erneut zur Toilette, dann kümmern sie sich um die Bettlägerigen. Vor dem Frühstück ist dazu keine Zeit. Dass Schwerstpflegebedürftige deshalb bis mindestens 9.30 Uhr in ihren vollen Windeln liegen müssen, finden auch die Mitarbeiter des Heims bedrückend. Aber der Dienstplan lässt einfach keinen anderen Ablauf zu.

Um 11 Uhr sind schließlich alle gewaschen und beköstigt, und jetzt stehen die Bewohner von Haus Edith vor ihrer größten Herausforderung: Sie müssen irgendwie den Tag rumbringen. Heidrun Dieter könnte Anne Tänzer zum Beispiel etwas vorlesen oder mit ihr eine Runde durch den Garten drehen. Stattdessen setzt sie sie im Flur vor das geöffnete Fenster, so kann die alte Dame wenigstens dem Gezwitscher der Vögel zuhören.

Die Bürokratie kostet anderthalb Stunden pro Schicht

Die Pflegerin hat noch nicht mal Zeit für ein Gespräch, das über die kurzen, im Alltag unvermeidlichen Dialoge hinausgeht. Denn jetzt, um 11 Uhr, muss sie Buch führen über alles, was sie in den vergangenen fünf Stunden gemacht hat. Jeden einzelnen Handgriff der so genannten Grundpflege muss sie vermerken: »Ganzwaschung einmal vormittags« steht dann zum Beispiel in den Bögen und »Teilwaschung mittags«, nachdem die Bewohnerin auf der Toilette war. Anziehen, Bettmachen, Essen und Trinken verabreichen, jede kleinste Hilfe wird in den Bögen abgezeichnet. Die Pflegekasse verlangt es so.

Dazu kommt die medizinische Dokumentation: Welche Salben hat die Pflegerin gegeben, musste sie eine Spritze setzen? Was gab es für Besonderheiten? Hat sich die Bewohnerin wundgelegen? Es gibt Anamnesebögen, Aufnahmebögen und Verlegungsberichte, wenn ein Bewohner ins Krankenhaus kommt. Wie war sein Zustand vor der Verlegung, wie der Zustand bei seiner Rückkehr ins Heim? Die Mitarbeiter dokumentieren das Gewicht der Bewohner und die »Ein- und Ausfuhrmengen«: Wie viel hat ein Bewohner getrunken, und wie viel davon genau wieder von sich gegeben? Die Liste ließe sich fast endlos fortsetzen, die Ausführungsbestimmungen zur Pflegeversicherung füllen Hunderte von Seiten.

Fast ein Viertel seiner Arbeitszeit verbringt das Personal im Haus Edith mit dem Ausfüllen der Bögen, Heidrun Dieter braucht täglich anderthalb Stunden, um den Irrsinn zu bewältigen. Wertvolle Zeit, in der sie sich den Heimbewohnern zuwenden könnte. Der Morgen von Anne Tänzer, die die ganze Zeit im Flur am Fenster saß, ist jetzt ebenso haarklein dokumentiert, wie es ihr Nachmittag und ihre Nacht sein werden.

Menschliche Zuwendung nur mit Ehrenamtlichen

Im Haus Edith ist nur eine einzige Mitarbeiterin dafür zuständig, sich jenseits der Satt-und-sauber-Pflege mit den alten Menschen zu beschäftigen. Auf jeden der 75 Bewohner entfallen pro Tag also etwa 6 Minuten. Nur ehrenamtlichen Helfern ist es zu verdanken, dass es dennoch gelegentlich Singnachmittage gibt. Und auch das Café im Eingangsbereich des Heims wäre ohne unbezahlte Helfer längst geschlossen.

Den meisten Menschen, die in diesem Heim leben, bleibt nicht mehr viel Zeit, im Durchschnitt leben die Bewohner etwa 12 Monate hier. Die Pflegeversicherung sorgt dafür, dass dieses letzte Jahr des Lebens am Ende genauer dokumentiert ist als jedes andere Jahr zuvor. Zu mehr Lebensqua-

Was die Pflegeversicherung bezahlt

2,13 Millionen Menschen in Deutschland bekommen Geld von der Pflegeversicherung, knapp 677 000 davon leben in Heimen. Wer Leistungen in Anspruch nehmen will, muss einen Antrag bei der Pflegekasse stellen. Anschließend besucht ein Sachverständiger den Betroffenen und erstellt ein Gutachten. Auf dessen Basis entscheidet die Pflegekasse über die so genannte Pflegestufe. Geld bekommen all diejenigen, die mindestens in die Stufe I eingruppiert wurden.

Die Pflegestufen

I erhebliche Pflegebedürftigkeit (Hilfebedarf mindestens 90 Minuten pro Tag, davon mindestens 45 Minuten für Grundpflege)

II schwere Pflegebedürftigkeit (Hilfebedarf mindestens 180 Minuten pro Tag, davon mindestens 120 Minuten für Grundpflege)

III schwerste Pflegebedürftigkeit (Hilfebedarf mindestens 300 Minuten pro Tag, davon mindestens 240 Minuten für Grundpflege)

Die Leistungen

Bei *häuslicher Pflege* bekommen jene Pflegebedürftigen, die eine Pflegestufe haben, aber keinen ambulanten Dienst, also keine so genannte Sachleistung, in Anspruch nehmen wollen, ein so genanntes *Pflegegeld* in bar.

Die Sätze nach Pflegestufen:
I 215 Euro
II 410 Euro
III 675 Euro

Darüber hinaus gibt es auch Kombileistungen, das heißt eine Mischung aus Geld- und Sachleistungen.

Bei *ambulanter Pflege* durch Profis zahlt die Versicherung direkt an den Dienst, der diese Pflege übernimmt. Der Betroffene bekommt also kein Geld, sondern *Sachleistungen*.

Die Sätze nach Pflegestufen:
I 420 Euro
II 980 Euro
III 1470 Euro

Bei *stationärer Pflege* zahlt die Pflegekasse eine Pauschale, in der Regel geht das Geld dabei direkt an das Heim.

Die Sätze nach Pflegestufen:
I 1023 Euro
II 1279 Euro
III 1470 Euro

Eine Pflegestufe und damit Geld von der Kasse bekommt, wer Hilfe beim Waschen, Anziehen, Essen und bei Ähnlichem braucht. Demenzkranke können all das oft noch, deshalb wird ihnen häufig keine Pflegestufe zuerkannt.
Seit 1.1.2002 können sie in der ambulanten Versorgung zusätzliche Leistungen von bis zu 460 Euro pro Jahr erhalten. Allerdings nur, wenn sie (mindestens) die Pflegestufe I bereits haben ...
Die Folgen dieser bizarren Logik sind für viele Familien katastrophal.

lität der Betroffenen führt das nicht. Und der Kontrollwahn verhindert auch nicht, dass es in Heimen immer wieder zu Vernachlässigung und Misshandlung kommt, wie der jüngste Prüfbericht des Medizinischen Dienstes der Krankenversicherung vom Spätsommer 2007 wieder einmal zeigte.

»Nur wenn sie in die Ecke uriniert.«

Als die Probleme begannen, war Heidelinde Weiss* noch vergleichsweise jung. Zum ersten Mal fiel der 75-Jährigen auf, dass irgendwas nicht stimmte, als sie zweimal an einem Tag in die Küche ging und dort wieder vergessen hatte, was sie eigentlich holen wollte. »Ich werde eben alt«, versuchte sie sich zu beruhigen. Doch dann passierten immer öfter andere Dinge, die ihr Angst machten. Manchmal gelang es ihr nicht mehr, zu verstehen, was in der Zeitung stand, und es wurde auch nicht leichter, wenn sie die Zeilen ein zweites, drittes und viertes Mal las. Einige Zeit später bekam sie Besuch von einer Nachbarin, die sie wochenlang nicht gesehen hatte. Heidelinde Weiss erinnerte sich beim besten Willen nicht an den Namen, und sie musste sich auch eingestehen, dass sie die Dame nicht zuordnen konnte. War es eine Nachbarin? Oder eine Verwandte?

Für ihre Tochter Gerda, die im selben Haus wohnte, wurden die Befürchtungen an diesem Tag zur schrecklichen Gewissheit: Ihre Mutter litt an fortschreitender Demenz. Gerda Weiss* ist alleinstehend und berufstätig, deshalb war es für sie besonders schwierig, die mit der Altersverwirrtheit verbundenen Probleme zu meistern. Um sicherzugehen, dass die Mutter auch tagsüber etwas aß und ausreichend trank, rief sie mehrmals täglich vom Büro aus zu Hause an. Doch nach einigen Monaten ging Heidelinde Weiss nicht mehr ans Telefon. Die Tochter machte sich jedes Mal große Sorgen, fuhr mittags oft zur Mutter, um nach dem Rechten zu sehen. Heidelinde Weiss saß oft apathisch am Tisch, wenn die Tochter kam, die alte Dame war nicht mehr in der Lage, etwas Sinnvolles mit sich anzufangen.

Sie wollte sich von ihrer besten Seite zeigen

Zwei Jahre, nachdem alles begonnen hatte, beantragte Gerda Weiss Leistungen der Pflegeversicherung. Sie wollte der Mutter einen Platz in der ambulanten Tagespflege besorgen, um ihrem Alltag wieder eine Struktur zu geben. Eine Gutachterin kam ins Haus, um den Hilfebedarf der Mutter festzustellen. Das Ganze dauerte nicht länger als eine Viertelstunde. Heidelinde Weiss musste aufstehen und durch die Wohnung gehen, die Arme heben, um zu klären, ob sie sich noch kämmen kann. Dann fragte die Gutachterin, ob sie noch alleine zur Toilette geht, ob sie sich noch selber ein Brot schmiert und sich abends ohne Hilfe ausziehen kann. Und Heidelinde Weiss, die sich von ihrer besten Seite zeigen wollte, beantwortete alle Fragen mit ja.

Die Pflegestufe I sei nicht erreicht worden, so lautete das Ergebnis des Gutachtens. Schließlich könne die alte Dame ja die wichtigsten Handgriffe des täglichen Lebens noch selbst bewältigen.

Heidelinde Weiss konnte sich in der Tat noch selber duschen, aber sie tat es nur, wenn ihre Tochter mit ins Bad ging und ihr schrittweise jeden Handgriff erklärte. Sie schmierte sich auch selber ein Brot, vorausgesetzt, es saß jemand neben ihr, der sie zehnmal dazu ermahnte.

Dass sich die Pflegeversicherung für diese Zusammenhänge nicht interessiert, wollte Gerda Weiss nicht akzeptieren. Sie legte Widerspruch ein gegen den Bescheid. Nach zwei Monaten kam eine zweite Gutachterin, die sich immerhin eine halbe Stunde Zeit nahm. Wieder lautete das Ergebnis: keine Pflegestufe, kein Geld aus der Pflegeversicherung. Besonders wütend machten Gerda Weiss jene Sätze, mit denen sich die Gutachterin verabschiedete: »Bei der Einstufung der Pflegekassen gibt es sehr wohl Kriterien, die die Altersdemenz berücksichtigen«, erklärte sie. »Aber in der Praxis bekommen Sie erst dann Geld, wenn Ihre Mutter in die Ecke uriniert.«

»Ich kenne Sie gar nicht.«

Einen Platz in der ambulanten Tagespflege organisierte die Tochter dennoch, obwohl sie jetzt alles alleine bezahlen musste. Es ging einfach nicht mehr anders. Zunächst wurde die Situation dadurch spürbar besser. Ein Auto holte Heidelinde Weiss am Vormittag ab und brachte sie am Nachmittag wieder zurück. Doch nach knapp einem Jahr wollte die verwirrte alte Dame nicht mehr. Sie machte die Tür nicht auf, wenn der Fahrer klingelte, schließlich bekam er einen Schlüssel. Doch was sollte er tun, wenn sie schlicht sagte: »Wohin denn? Ich will nicht, ich kenne Sie gar nicht!«?

Nur in den eigenen vier Wänden hätte Heidelinde Weiss vernünftig betreut werden können. Doch ohne einen Cent von der Pflegeversicherung war das auf Dauer nicht zu bezahlen.

Seit einem Jahr lebt die verwirrte alte Dame jetzt im Heim. Die Logik der Pflegeversicherung hat Heidelinde Weiss also zu einem Lebensabend verholfen, den sie um jeden Preis vermeiden wollte. »So geht man mit Menschen nicht um«, findet ihre Tochter Gerda.

Die neuen Regelungen:
halbherzig und an der Realität vorbei

Im Rahmen der aktuellen Reform der Pflegeversicherung sollen Demenzkranke mehr Hilfe als bisher bekommen. »Der zusätzliche Leistungsbetrag für Menschen mit erheblich eingeschränkter Alltagskompetenz wird auf bis zu 2400 Euro jährlich angehoben«[34], so steht es im Gesetz – bisher gab es maximal 460 Euro. Der Betrag soll in zwei Stufen je nach Betreuungsbedarf geleistet werden, bekommen können das Geld in Zukunft auch Menschen, die keine Pflegestufe haben.

Was sich auf den ersten Blick gut liest, hat allerdings einen Pferdefuß. Natürlich sind – wenn man sie denn bekommt – 200 Euro im Monat besser als nichts. Aber eine Pflegestufe allein aufgrund der Demenz bekommen die Betroffenen noch immer nicht, stattdessen enthält das Gesetz den Satz: »In der Regel korreliert der Betreuungsaufwand von Menschen mit eingeschränkter Alltagskompetenz mit den Pflegestufen, da mit der Schwere der demenziellen Erkrankung neben dem Beaufsichtigungsbedarf auch der verrichtungsbezogene Hilfebedarf ansteigt.«[35] Das könnte man so verstehen, dass der Gesetzgeber davon ausgeht, bei Demenzkranken sei in der Regel ohnehin eine Pflegestufe vorhanden. Wie der beschriebene Fall zeigt, ist gerade das aber häufig nicht der Fall. Viele Demenzkranke können – zumindest in der ersten Zeit der Erkrankung – die meisten praktischen Dinge noch allein. Vor allem wenn der Prüfer zu Besuch kommt ...

Erste Erfahrungen mit der neuen Regelung in den vergangenen Monaten haben zweierlei gezeigt: Erstens bekommt praktisch niemand aus dem Kreis der Betroffenen den Maximalzuschuss von 200 Euro. Bei Heimbewohnern zum Beispiel ergibt sich die genaue Höhe aus einem komplizierten Berechnungsschlüssel, oft handelt es sich um etwa 100 Euro. Und viele Bewohner bekommen noch nicht mal das. Mehrere Heimbetreiber haben mir berichtet, dass die Pflegekassen mit ihnen in der zweiten Jahreshälfte 2008 einen zermürbenden Bürokratiekrieg um das Geld angezettelt haben. Wenn die Kassen schließlich bezahlten, dann oft nur ab sofort und nicht rückwirkend. Obwohl den Demenzkranken Zahlungen vom 1.7.2008 an zustehen.

An den meisten der beschriebenen Problemen, daran, dass Menschen von Pflegediensten oft genug abgefertigt werden, wird sich durch die jüngste Reform der Versicherung nichts ändern.

Die ambulanten Dienste bekommen – ein kleines bisschen – mehr. Kommt diese Erhöhung den Betroffenen in Form von mehr Pflegezeit voll zugute, dann sieht die Rechnung für den bereits beschriebenen Fall von Dietrich Buschmüller wie folgt aus: In Pflegestufe II steigt der Satz von 921 auf 980 Euro im Monat, das ist eine Erhöhung um 6,4 Prozent. Übertragen auf das Zeitbudget heißt das: Seine Pflegerin Angelika Huberti hat morgens statt 20 Minuten genau 21 Minuten und 16,8 Sekunden Zeit für ihn …

Um nicht missverstanden zu werden: Die Schlussfolgerung aus dieser Rechnung sollte nicht lauten, die Sachleistungsbeträge zu verdoppeln, damit endlich genug Zeit für die Pflegebedürftigen zur Verfügung steht. Stattdessen sollten wir, meiner Meinung nach, wegkommen von jenem Prinzip, bei dem ein ambulanter Dienst definierte Verrichtungen direkt mit der Kasse abrechnet. Denn solange es dieses Prinzip gibt, besteht immer die Gefahr, dass die Alten wie am Fließband abgefertigt und die Kassen betrogen werden.

Wer bezahlt für die Pflege?

Große Last auf schmalen Schultern

Wahrscheinlich wurde die Pflegeversicherung auch deshalb erfunden, weil alle denkbaren Alternativen zur Finanzierung der Pflege – höhere Krankenkassenbeiträge oder höhere Steuern – unbeliebter und schwerer durchsetzbar gewesen wären. Außerdem suggeriert eine neue Versicherung neue Sicherheit.

Nur leider steht ihre Finanzierung auf tönernen Füßen. Ein Grund dafür ist, dass die Einnahmen der gesetzlichen Pflegeversicherung fast ausschließlich aus den Beiträgen der abhängig Beschäftigten und der Rentner stammen.

Kaum eine andere soziale Gruppe aber hat in den vergangenen Jahren solche materiellen Einbußen hinnehmen müssen wie die Arbeitnehmer. Das ist der erschreckende Befund einer Studie des Deutschen Instituts für Wirtschaftsforschung (DIW).[36] Die verfügbaren Einkommen der abhängig Beschäftigten, so die Studie, sind in den vergangenen Jahren deutlich gesunken. Zudem zahlen sie mehr als andere Bevölkerungsgruppen in das soziale Sicherungssystem ein – und schneiden finanziell oft schlechter ab als diejenigen, die von ihren Beiträgen leben.[37] Ein Grund dafür, dass bei vielen Arbeitnehmern so wenig in der Kasse bleibt, ist die hohe Belastung der Einkommen mit Sozialabgaben.

Die Pflegebeiträge dürften weiter steigen

Wenn der Staat aber dadurch die Arbeit verteuert, die Unternehmen dennoch ihre Gewinne stabil halten wollen, dann müssen Mitarbeiter von Bord. Es gibt Entlassungen, und wer vorher in die Sozialkassen eingezahlt hat, ist jetzt arbeitslos.[38]

Und das bedeutet, dass sich die Soziallasten auf noch weniger Schultern verteilen als zuvor. Dieses Phänomen erlebten wir jahrelang: Zwischen 1992 und 2005 sank die Anzahl der sozialversicherungspflichtig Beschäftigten um 13 Prozent von 30 auf 26 Millionen Menschen. Von 2006 bis 2008 stieg diese Zahl zwar wieder an, aber diese Entwicklung dürfte durch die weltweite Finanzkrise ein jähes Ende nehmen. Hinzu kommt: Langfristig wird die Anzahl der sozialversicherungspflichtig Beschäftigten auf jeden Fall sinken, völlig egal, wie sich die Weltwirtschaft und die Konjunktur entwickeln. Das liegt an der unaufhaltsamen Überalterung der Gesellschaft. Sie sorgt für immer mehr Rentner und im Vergleich dazu für immer weniger Arbeitende. Weniger Zahler bedeuten aber zwangsläufig höhere Beiträge.

Aus der Pflegekasse bekommen auch Menschen über eine lange Zeit viel Geld, die nur sehr wenig eingezahlt haben. Zum Beispiel, weil sie bei Gründung der Pflegekasse bereits Rentner waren. In den kommenden Jahren wird es massenhaft Fälle geben, in denen zum Beispiel Einzahlungen von 4000 Euro Auszahlungen von 60 000 Euro und mehr gegenüberstehen. Bei der Krankenversicherung gibt es ein solches Missverhältnis selten, bei der Rente nie. Sicher, nach der Logik der Pflegekasse ist das Phänomen nicht zu vermeiden. Schließlich wollten die Gründer Mitte der 1990er Jahre ganz bewusst auch den Menschen helfen, die bereits pflegebedürftig waren oder es in wenigen Jahren sein wür-

Warum die Pflegeversicherung ein Einnahmenproblem hat

Jedes große Unternehmen, das Verluste macht, nimmt entweder zu wenig ein oder gibt, gemessen an den Einnahmen, zu viel aus. In Krisenzeiten wird es eher auf die Kosten achten, im Aufschwung dagegen versuchen, mehr umzusetzen.
Analog dazu war bei der Pflege zu Beginn unseres Jahrtausends fast nur von den hohen und weiter steigenden Ausgaben die Rede. Das System ist nur deshalb im Minus, so der öffentliche Eindruck, weil die Anzahl der Pflegebedürftigen steigt und sich bei den Leistungen zugleich nicht kürzen lässt.
Die Einnahmenseite war dagegen aus dem Blickfeld geraten, obwohl hier im Grunde der Kern des Problems lag. Darauf weist der Politikwissenschaftler Michael Simon von der Evangelischen Fachhochschule Hannover hin.[39] Erstens ist die Zahl der Beitragszahler seit Jahren wie beschrieben gesunken. Zweitens hat der Staat der Kranken- und der Pflegekasse immer wieder in die Tasche gegriffen: Fördert er Ich-AGs oder Teilzeitjobs, dann schädigt das die Sozialkassen. Denn der Teilzeitbeschäftigte verursacht im Krankheits- oder Pflegefall dieselben Kosten wie die Vollzeitkraft, zahlt dafür aber nur halb so viel ein.
Wenn die Politik bestimmte Beschäftigungsverhältnisse fördern möchte, findet Politikwissenschaftler Simon, dann sollte sie dafür nicht die Sozialversicherung zur Kasse bitten. Anders ausgedrückt: Die Sozialpolitik ist nicht für die Wirtschaftsförderung zuständig, sondern – wie der Name sagt – für das Verwirklichen sozialpolitischer Ziele.

den. Man konnte ja schlecht einer 80-Jährigen erklären: »Zahl erst mal fünf Jahre ein, dann bekommst du auch etwas aus der Kasse.« Wer bedürftig war, dem sollte sofort geholfen werden, unabhängig von seinen Einzahlungen.

Dass diese Konstruktion langfristig zu finanziellen Problemen führen würde, darüber waren sich vermutlich schon die Architekten der Pflegeversicherung im Klaren. Deshalb hatten sie von Beginn an Beitragsanpassungen beabsichtigt, die aber nie umgesetzt wurden.

Eine Folge war, dass die Versicherung horrende Verluste machte. Im Jahr 2002 gab es ein Minus von 380 Millionen Euro, 2003 waren es 624, ein Jahr später 788 und 2005 365 Millionen Euro. Für 2006 hatte das Gesundheitsministerium völlig überraschend zunächst einen Überschuss von 450 Millionen verkündet, musste dann aber einräumen, dass wegen geänderter Fälligkeiten der Beiträge zur Sozialversicherung in jenem Jahr praktisch 13 Monatsbeiträge eingeflossen waren statt zwölf. Ohne diesen Effekt hatte die Kasse auch 2006 ein Minus von mehr als 300 Millionen gemacht. Im Jahre 2007 waren es 320 Millionen Miese, die Zahlen für 2008 lagen bei Drucklegung noch nicht vor.

Und es hätte noch viel schlimmer kommen können: Die Väter der Pflegeversicherung waren davon ausgegangen, dass 50 Prozent der zu Hause Versorgten einen ambulanten Dienst bestellen und 50 Prozent sich das – geringere – Pflegegeld auszahlen lassen. In diesem Fall wäre die Versicherung nach Ansicht des Pflegeexperten Thomas Klie von der Evangelischen Fachhochschule Freiburg schon 1999 finanziell am Ende gewesen.[40] Tatsächlich nimmt nicht die Hälfte, sondern nur etwa ein Drittel der zu Hause versorgten Pflegebedürftigen einen ambulanten Dienst in Anspruch.[41]

Völlig unabhängig von der Frage, ob ein solcher Schritt wünschenswert ist oder nicht: Eine Schieflage in der Pflegekasse durch Leistungskürzungen auszugleichen, wäre politisch vermutlich brisanter als bei den anderen Sozialversicherungen, die solche Kürzungen ja erleben: Bei der Rente beginnt die Zahlung ohne Abschläge in einigen Jahren erst mit dem 67. und nicht mehr mit dem 65. Lebensjahr; wird die Gesundheit zu teuer, müssen die Menschen Brillen, Zahnersatz oder Schnupfenspray selbst bezahlen.

Niemand will die Alten verprellen

Aber in der Pflege? Wenn das Geld knapp wird, wäscht die Pflegerin den Patienten nur noch, anziehen muss er sich selber? Aus Sicht vieler Menschen reicht schon das aktuelle Leistungsniveau nicht aus. Es weiter herunterfahren zu wollen, das haben die zurückliegenden Jahre gezeigt, löste reflexartige Empörung in den Medien und massiven Widerstand von Interessenvertretern der ambulanten Dienste und der Heime aus. Gar nicht zu reden von den Kommunen und Ländern, die ein Gutteil der durch die Kürzung aufgerissenen Löcher über mehr Sozialhilfe wieder stopfen müssten.

Wenn das Gros der Heimbewohner vom Sozialamt abhängig wäre, würden viele die ganze »fünfte Säule der Sozialversicherung« für überflüssig erklären. Denn so war die Situation schließlich vor Einführung der Pflegeversicherung, und genau diesen Zustand sollte sie beenden. Außerdem: Alte Menschen sind eine große und ständig wachsende Wählergruppe, die zu verprellen sich niemand leisten kann. Das heißt, den Verantwortlichen bleibt vermutlich gar nichts andres übrig, als – zumindest moderat – steigende Leistungen zu verkünden. Und das bedeutet auch steigende Beiträge.

Bei der Pflegeversicherung geht es nicht um Anwartschaft wie bei der Rente oder um Sicherheit wie bei der Krankenkasse, sondern um Hilfe für jetzt Bedürftige. Und eine solche Hilfe sollte gleichermaßen Aufgabe aller sein.

Die jetzt Pflegebedürftigen, von denen viele wie beschrieben sehr wenig eingezahlt haben, sind zu mehr als 94 Prozent gesetzlich versichert.[42] Die Versorgung dieser 94 Prozent bezahlen fast ausschließlich abhängig Beschäftigte und Rentner.

Die Beiträge reichen aber nicht aus, um die Ausgaben der Kasse zu decken, deshalb macht die gesetzliche Pflegeversicherung seit Jahren hohe Verluste. Im Gegensatz dazu erwirtschaften die privaten Pflegeversicherungen Überschüsse. Sie haben im Durchschnitt jüngere Mitglieder, das Verhältnis von Einzahlern zu Leistungsempfängern ist bei ihnen günstiger als bei der gesetzlichen Versicherung.[43]

Es wäre gerechter, wenn es eine einheitliche Pflegekasse gäbe, deren Beiträge aus der für alle verbindlichen Bürgerversicherung stammten. Die Versicherung hätte dann vermutlich auch langfristig kaum finanzielle Probleme. Die Lasten wären gleichmäßiger verteilt und viele würden wahrscheinlich weniger bezahlen als heute: Zum Beispiel der Angestellte um die 40, der ein Haus abbezahlt und sich um die Schwiegermutter kümmert. Und der sich im Moment völlig zu Recht als Melkkuh der Sozialkassen fühlt.

Sinnvoll wäre das auch deshalb, weil die Pflegeversicherung vielleicht ja gar keine »echte« Sozialversicherung ist. Es gibt hier weder wie bei der Rente einen Zusammenhang zwischen Einzahlungen und Höhe der Auszahlungen, noch bekommt jeder wie bei der Krankenversicherung im Einzelfall soviel Leistung, wie nötig ist. Auch das von der Politik ständig bemühte Bild vom »Teilkaskoprinzip« der Pflege ist schief: Eine Teilkaskoversicherung – beispielsweise des Autos – begleicht einen Schaden in beliebiger Höhe und holt sich anschließend vom Versicherten den vereinbarten Eigenanteil von 150 oder 300 Euro zurück. Die Pflegekasse dagegen bezahlt politisch definierte, fixe Summen, und der Betroffene muss sehen, wie er damit auskommt.

Dieses Prinzip ähnelt eher dem der steuerfinanzierten Sozialhilfe als einer Versicherung. Was daraus folgt? Vielleicht, dass man die Beiträge zur sozialen Pflegeversicherung auch als eine Art zweckgebundene Sondersteuer betrachten könnte, zu bezahlen vor allem von Arbeitnehmern und Rentnern.

Wenn es – wie aufgezeigt – immer weniger Beitragszahler gibt, dann muss der Beitrag für den Einzelnen selbst dann steigen, wenn die Leistungen für die Betroffenen gleich bleiben. Rücklagen zu bilden, daran ist in dieser Situation gar nicht erst zu denken. Solche Rücklagen sind aber dringend erforderlich für jene Jahre, in denen die geburtenstarken 1950er und 1960er Jahrgänge pflegebedürftig werden.

Unbezahlbar ist das alles keineswegs, aber wir müssen die Lasten dringend anders verteilen als bisher.

Willkommen auf dem Verschiebebahnhof

Die Trennung zwischen Kranken- und Pflegekasse und ihre menschenverachtenden Folgen

Seit es die Pflegeversicherung gibt, wollen Krankenkassen, Ärzte und viele Kommunen so wenig wie möglich mit den Alten zu tun haben. Motto: Die Pflegeversicherung wird es schon richten. Schön wär's.

Der Griff in beide Taschen

»Wir wollten damals eine neue Bürokratie vermeiden, wollten Verwaltungskosten sparen, und haben deshalb die Krankenversicherung auch mit der Durchführung der Pflegeversicherung beauftragt, weil ja eine gewisse Nähe zwischen beiden Versicherungsarten nicht bestritten werden kann«, sagte der ehemalige Staatssekretär Karl Jung 2003. Und weiter: »Dass es aber zu solchen Friktionen zwischen beiden Versicherungen kommen würde, war damals nicht vorauszusehen, zumindest ich habe nicht erwartet, dass man seitens der Krankenversicherung sich derart bürokratisch gegenüber der Pflegeversicherung verhalten würde und nicht erkennt, dass der versicherte Personenkreis ja in beiden Kassen derselbe ist.«[44] Jung, der inzwischen verstorbene »Vater der Pflegeversicherung«, wollte vermutlich zum Ausdruck bringen, dass die Krankenkassen den Menschen als Ganzes betrachten und sich um dessen Bedürfnisse kümmern sollten, unabhängig davon, aus welchem der beiden Töpfe die Leistungen stammten.

Erkennen mussten die Krankenversicherungen bei Einführung der Pflegeversicherung aber stattdessen das genaue Gegenteil: Dass es nämlich Geld spart, wenn sie die teuren Versorgungsbedürftigen unter ihren Beitragszahlern eben nicht ganzheitlich betrachten, sondern sie – im finanziellen Sinne – in zwei Hälften teilen.

Für den einen – möglichst kleinen – Teil zahlt die Krankenkasse, für den anderen die Pflegekasse. Sinnvoll aus Sicht der Krankenkassen ist das deshalb, weil beide Systeme einer völlig unterschiedlichen Logik folgen: Krankenkassen arbeiten nach dem Kostendeckungsprinzip. Steigen die Kosten, steigen auch die Beitragssätze. Und für diese müssen sich die Verantwortlichen ständig rechtfertigen.

Ganz anders bei der Pflegeversicherung. Sie zahlt feste Beträge je nach Bedürftigkeit. Ihr Beitragssatz blieb mit 1,7 Prozent bisher gleich. Reicht das Geld nicht, macht die Kasse eben Verlust – wie zuletzt ständig geschehen. Die Beiträge stiegen dadurch nicht automatisch, sondern die Verluste wurden von den – noch – vorhandenen Reserven beglichen.

Jetzt steigen die Pflegebeiträge nach vielen Jahren erstmalig für alle, aber sie sind immer noch bundesweit einheitlich. Deshalb kann diese Steigerung den Kassen auch egal sein: Für sie maßgeblich ist der Krankenversicherungsbeitrag. Der ist nicht für alle gleich, und jede der 241 Kassen braucht günstige Tarife, um keine Kunden an Konkurrenten zu verlieren.

Dann gibt es eben keinen passenden Rollstuhl

Und günstige Tarife hat nur, wer die Kosten im Griff behält. Deshalb ist die Versuchung groß, Ausgaben von der Kranken- zur Pflegekasse zu verlagern. Wobei es in der Praxis – wie wir noch sehen werden – häufig gar nicht so ist, dass sich die Krankenversicherung zurückzieht und die Pflegekasse deshalb mehr bezahlen muss. Sondern die Krankenversicherung *verweist* nur an die Pflegekasse. Am Ende bezahlen die Betroffenen selbst – oder niemand. Dann gibt es eben keinen passenden Rollstuhl und die Heimbewohnerin muss in ihrem Zimmer bleiben, statt im Gemeinschaftsraum bei den anderen zu sitzen.

Den Krankenversicherungen also die Pflegekasse anzuvertrauen und diese zugleich mit festen Beitragssätzen und festgezurrten Leistungen auszustatten, war ein schwerer Fehler.

Hinzu kommt die Unterscheidung zwischen Grundpflege und Behandlungspflege. Sie besagt einfach ausgedrückt: Waschen bezahlt die Pflegekasse, Pillen verabreichen die Krankenkasse. Allerdings, und hier liegt die Krux, gilt das nur für den ambulanten Bereich. Bei Altenheimbewohnern bezahlt für beides die Pflegekasse. Die Unterscheidung hat auch das Ziel, die Finanzen der Krankenkassen zu schonen, sie ist ein Ergebnis jenes Kompromisses, aus dem heraus die Pflegeversicherung einst entstanden war. Ursprünglich galt die Regelung nur für 18 Monate, wurde dann aber im Zwei-Jahres-Rhythmus immer wieder verlängert.[45] Sicher, die Krankenkassen haben die Konstruktion nicht erfunden. Aber sie profitieren davon.

Wer das Pech hat, im Heim zu leben, der bekommt eben bestimmte Leistungen nicht mehr (siehe Seite 67), obwohl er ein Leben lang Krankenversicherungsbeiträge gezahlt hat.[46] Die Krankenkassen können also – wirtschaftlich betrachtet – gar kein Interesse daran haben, dass Heimbewohner fitter werden und am Ende vielleicht sogar wieder zu Hause leben können. Denn dann kostet deren Behandlungspflege wieder das Geld der Kranken- und nicht das der Pflegeversicherung.

Besonders traurig ist, dass dieses folgenschwere Missverständnis mit der jüngsten Gesundheitsreform auch noch zementiert wurde: Das »Wettbewerbsstärkungsgesetz« schiebt die Behandlungspflege im Heim auf Dauer an die Pflegekasse ab.[47] Offenbar will man die Krankenkassen schonen, weil die – trotz boomender Konjunktur – schon jetzt mit dem Geld nicht auskommen und vermutlich auch in Zukunft nach steigenden Beiträgen verlangen werden.

»Darin liegt die größte Enttäuschung.«

Beim großen Tauziehen um die Kosten ist die Pflegeversicherung ein schwacher Gegner, weil sie nicht wirklich eigene Strukturen hat, sondern der Krankenversicherung angegliedert ist.

Nützlich ist diese Schwäche auch für die Sozialhilfeträger. Der Deal bei Einführung des Systems war: Ihr, Bundesländer, spart durch die neue Versicherung bei den Sozialhilfeausgaben, und als Gegenleistung bezahlt ihr den Heimen einen Investitionszuschuss. Also einen festen Betrag von einigen Hundert Euro pro Monat und Bewohner, mit dem Heime zum Beispiel Spezial-Pflegebetten bezahlen können. Nur haben in der Zwischenzeit viele Bundesländer diesen Zuschuss gestrichen. Die Einsparungen bei der Sozialhilfe, weil ja heute die Pflegeversicherung ein Gutteil der Heimkosten deckt, sind den Bundesländern aber geblieben.

»Darin«, so urteilte der »Vater der Pflegeversicherung« Karl Jung bitter, »liegt die größte Enttäuschung bei der Umsetzung der Pflegeversicherung.«[48]

Dieser Satz, er stammt wohlgemerkt aus dem Jahre 2003, hat bis heute nichts von seiner Aktualität eingebüßt.

Nur junge Menschen sind in Deutschland krank. Alte, denen etwas fehlt, sind »Pflegefälle«. Sie werden nicht behandelt und geheilt, sondern abgeschoben und notdürftig repariert.

Der Trennung zwischen Kranken- und Pflegeversicherung haben wir diese perverse Unterscheidung zu verdanken. Obwohl sie medizinisch unsinnig ist, haben sich sogar Gerichte die Logik zu eigen gemacht.

Objekt der Pflege

Brigitte A.*, die in einem Heim lebte, war nicht nur dement, sondern auch stark körperbehindert. Alleine aus dem Bett aufstehen konnte sie nicht mehr, aber damit sie sich nicht wundliegt und zumindest noch ein wenig am Gemeinschaftsleben teilnehmen konnte, setzten sie die Pfleger morgens nach dem Waschen in einen Faltrollstuhl und schoben sie damit in den Flur oder den Aufenthaltsraum. Aber das Sitzen in diesem Stuhl fiel ihr schwer, ja, sie war sogar schon mehrfach herausgefallen, so ihr Arzt.

Deshalb beantragte sie bei ihrer Krankenkasse einen »Multifunktionsrollstuhl« zum Preis von 2351,25 Euro plus Mehrwertsteuer. Der ließe sich individuell auf ihre Behinderung anpassen und mit einem Gurt versehen. Damit könne sie mehrere Stunden am Tag in Gesellschaft der anderen Bewohner verbringen, und Angst herauszufallen hätte sie auch nicht mehr.

Die Kasse weigerte sich zu bezahlen, und das Bundessozialgericht (BSG) gab ihr am 22. Juli 2004 in dritter Instanz Recht.[49] Doch das war nicht der eigentliche Grund, warum das Urteil so hohe Wellen geschlagen hat. Als skandalös wurde von vielen die *Begründung* des Urteils empfunden, weil sie auf erschreckende Art und Weise deutlich machte, wie menschenverachtend unser Gesundheitssystem in seiner absurden Abgrenzung zwischen Kranken- und Pflegekasse mit Hilfebedürftigen umgeht.

Das für Brigitte A. zuständige Sozialgericht hatte ihre Klage zunächst abgewiesen, sie klagte erneut und bekam vor dem Landessozialgericht Recht. Dagegen legte die Krankenkasse Revision ein. Begründung: »Nach der Rechtsprechung des BSG stehe die Heimpflege mit der Folge der Vorhaltepflicht des Pflegeheims dann im Vordergrund, wenn eine selbstbestimmte Teilhabe am Leben in der Gesellschaft nicht mehr möglich sei. Dies sei hier der Fall, wie die Beweisaufnahme ergeben habe.«[50]

Anders formuliert heißt das: Wer im Heim lebt und so alt oder behindert ist, dass er nicht mehr aus eigenem Antrieb die Gemeinschaftsräume besuchen kann, der kann von der Krankenkasse keine Hilfe erwarten. Dieser Argumentation schloss sich das Bundessozialgericht am Ende an.

Wer im Heim sitzt, hat einfach Pech gehabt

Um sie zu verstehen, müssen wir uns kurz etwas genauer mit der bizarren Logik des Systems beschäftigen: Es gibt eine Liste medizinischer Hilfsmittel, die eine Krankenkasse bezahlt. Dazu zählen Hörgeräte oder Prothesen, Dinge, die entweder der Krankenbehandlung dienen oder eine Behinderung ausgleichen. Ein Rollstuhl, wie ihn Brigitte A. beantragt hatte, kann prinzipiell auch dazugehören, räumte das Bundessozialgericht in seiner Urteilsbegründung zunächst ein.[51]

Allerdings nur theoretisch. Denn in der folgenden Passage machte das Gericht eine Kehrtwendung, nach deren Lektüre in den Zentralen einiger Krankenkassen vermutlich die Sektkorken geknallt haben: »Dieser Grundsatz (Versicherte mit Hilfsmitteln zu versorgen, Anmerkung des Autors) erfährt jedoch beim Versicherungsfall der vollstationären Pflegebedürftigkeit, also bei der vollstationären Pflege in einem Pflegeheim, eine Einschränkung. Die Pflicht der gesetzlichen Krankenversicherung zur Versorgung der Versicherten mit Hilfsmitteln endet (…) dort, wo bei vollstationärer Pflege die Pflicht des Heimträgers auf Versorgung der Heimbewohner mit Hilfsmitteln einsetzt.«[52]

Da aber die Heime – so gut manche von ihnen verdienen mögen – nicht jedem Bewohner aus eigener Tasche einen Rollstuhl für mehr als 2300 Euro kaufen können, müssten sie sich an die Pflegeversicherung wenden. Sie ist der Kostenträger und der Vertragspartner der Heime.

Das Bundessozialgericht schreibt in der Urteilsbegründung ausdrücklich, dass es im vorliegenden Fall um die Abgrenzung zwischen Kranken- und Pflegeversicherung geht.

Die Pflegeversicherung zahlt aber bekanntlich Pauschalbeträge je nach Pflegebedürftigkeit und nur in besonderen Fällen einzelne teure Hilfsmittel.

»Wegen des Fehlens eigengesteuerter Bestimmungsmöglichkeiten ...«

Was folgt daraus? Wer bezahlt den Rollstuhl, wenn die Krankenkasse nicht will, das Heim nicht kann, bei der Pflegekasse solche Ausgaben nicht vorgesehen sind und die Betroffene selbst kein Geld hat? Antwort: Niemand. Dann bleibt die alte Dame eben allein in ihrem Zimmer und dämmert vor sich hin. Das ist die Logik einer wirklichkeitsfremden, bürokratischen Abgrenzung zwischen Kranken- und Pflegeversicherung, deren ganzen Zynismus das Bundessozialgericht in einer weiteren Passage der erwähnten Urteilsbegründung eindrucksvoll entlarvte.

Maßgeblich für die Entscheidung, dass die Krankenkasse den Rollstuhl nicht bezahlen muss, ist demnach, »dass der Klägerin eine verantwortungsbewusste Bestimmung über das eigene Schicksal nicht mehr möglich ist, sie also wegen des Fehlens eigengesteuerter Bestimmungsmöglichkeiten quasi zum ›Objekt der Pflege‹ geworden ist. (...) Eine Rehabilitation ist dann mangels Erfolgsaussichten nicht mehr möglich, der Ist-Zustand der Behinderung nicht mehr behebbar.«[53]

Die Trennung von Kranken- und Pflegeversicherung verhinderte hier etwas, was medizinisch und sozialpolitisch heute dringender geboten ist denn je: den Menschen als

Ganzes zu betrachten. Stattdessen war es möglich, dass Krankenkassen ihre Verantwortung für langjährige Beitragszahler an der Pflegeheimpforte abliefern und sich so der Betroffenen elegant entledigen.

»Üblicher Pflegebetrieb«

In der jüngsten Gesundheitsreform hat der Gesetzgeber versucht, die Folgen des Urteils des Bundessozialgerichts aus der Welt zu schaffen – den Krankenkassen dabei aber leider ein Schlupfloch offengelassen. »Der Anspruch auf Versorgung mit Hilfsmitteln zum Behinderungsausgleich hängt bei stationärer Pflege nicht davon ab, in welchem Umfang eine Teilhabe vom Leben in der Gemeinschaft noch möglich ist«[54], heißt es im Gesetzestext. Der Pferdefuß folgt allerdings direkt danach: »Die Pflicht der stationären Pflegeeinrichtungen zur Vorhaltung von Hilfsmitteln und Pflegehilfsmitteln, die für den üblichen Pflegebetrieb jeweils notwendig sind, bleibt hiervon unberührt.«[55]

Was aber ist notwendig für den »üblichen Pflegebetrieb«? Der Rechtsanwalt Ronald Richter aus Hamburg vermutet, dass Krankenkassen diese Wendung als neuen Grund für die Ablehnung einer Kostenübernahme nutzen werden.[56]

Es gäbe nur eine Möglichkeit, die unwürdigen Auseinandersetzungen und Prozesse ein für allemal zu beenden: Die Vereinigung von Kranken- und Pflegekasse. Dann, und nur dann, müssten Krankenkassen sich auch für schwer Pflegebedürftige zuständig fühlen. Und vor allem: Sie würden massiv in Vorbeuge- und Rehabilitationsmaßnahmen für alte Leute investieren, damit diese gar nicht erst pflegebedürftig werden beziehungsweise nach einem Sturz so schnell wie möglich wieder auf die Beine kommen.

Medizinische Rehabilitationsmaßnahmen fallen auch bei hochaltrigen Heimbewohnern in den Zuständigkeitsbereich der Krankenkassen. Dass das Interesse der Krankenkassen an solchen Maßnahmen gesteigert werden muss, räumt sogar der Entwurf der Pflegereform von 2007 indirekt ein. Vorgesehen ist, dass die Krankenversicherung der Pflegekasse 1536 Euro erstatten muss, wenn ein Patient ein halbes Jahr nach dessen Antrag immer noch keine Rehabilitationsmaßnahme erhalten hat.[57]

Das heißt im Klartext: Der Gesetzgeber zwingt Krankenkassen dazu, Pflegebedürftige medizinisch zu rehabilitieren, wieder fit zu machen, indem er ihnen ein Strafgeld androht für den Fall, dass sie es nicht tun. Wäre es nicht besser, das ganze System so zu verändern, dass die Kassen freiwillig alles tun für die Menschen? Dass es ihnen – finanziell – in jedem Fall nützt, wenn sie Geld für Vorbeugung und Rehabilitation ausgeben?

Offiziell ist der MDK völlig unabhängig

Bei Streitigkeiten um die Frage, wer was bezahlt, bedienen sich die Krankenkassen kaum einmal wirklich neutraler externer Experten. Im eingangs des Kapitels zitierten Fall war das nicht anders. Die Kasse beauftragte einen Sachverständigen des MDK, des »Medizinischen Dienstes der Krankenversicherung«, den Fall zu untersuchen. Offiziell ist der Dienst – obwohl sein Name anderes nahelegt – eine unabhängige Institution. Allerdings ist eine große Nähe dieses Dienstes zu den Krankenkassen nicht zu leugnen. So kommt es auch schon einmal vor, dass Vertreter der Kassen einzelne Gutachter während eines Verfahrens anrufen, um ihnen unmissverständlich zu sagen, was man von ihnen erwartet.

Auch der MDK-Stellungnahme zur Causa Brigitte A. folgte der Ablehnungsbescheid. Heim und Klägerin widersprachen, es gab ein zweites Gutachten. Und das stammte wieder vom MDK. In Argumentationsnot geraten die Kassen dabei nicht, schließlich sind sie gesetzlich verpflichtet, sich der Expertise des MDK zu bedienen.

Ein weiteres Problem besteht darin, dass nicht nur die Krankenkassen, sondern auch Gerichte die Gutachter als unabhängige Experten betrachten und sich in ihren Urteilen ausdrücklich auf sie beziehen. Die Richter stoßen sich auch nicht daran, dass die MDK-Gutachter gemäß ihrer Richtlinien auch dafür sorgen sollen, dass die Kassen wirtschaftlich arbeiten. Vulgo: Geld sparen. Echte Unabhängigkeit sieht anders aus.

Auch im nächsten Fall bediente sich eine Krankenkasse der Gutachter des MDK.

Die Geschichte zeigt, dass die häufigere Weigerung der Krankenkassen, wichtige Hilfsmittel für Heimbewohner zu bezahlen, nicht nur menschenverachtend ist, sondern in letzter Konsequenz auch sehr teuer werden kann – für die Beitragszahler.

»Dadurch fehlt es an der zu fordernden hohen Wahrscheinlichkeit des Eintritts der Behinderung.«

Auf den ersten Blick könnte man meinen, es handele sich um ein Lappalie, schließlich ging es bei dem Rechtsstreit um ganze 120 Euro. Doch aus den 120 können Zehntausende werden. Aber der Reihe nach.

Hochbetagte Menschen sind extrem sturzgefährdet: Die Beine wollen nicht mehr so richtig, sie sehen und hören schlecht, sind verwirrt und haben Probleme, sich zu orientieren. Hinzu kommt Ängstlichkeit, die sie in brenzligen Situationen oft entscheidende Fehler machen lässt.

Wenn sie aber fallen, dann hat das viel gravierendere Folgen als bei jungen Menschen.

Erstens sind sie kaum noch in der Lage, den Sturz mit den Armen abzufangen, dazu fehlen ihnen Reaktionsschnelligkeit und Kraft. Außerdem ist das Knochengerüst labil, und so brechen sie sich bei einem Sturz fast immer etwas, in der Regel den Oberschenkelhals.

Um genau diese Verletzung zu verhindern, gibt es so genannte Hüftschutzhosen mit herausnehmbaren Protektoren, die auf die Oberschenkelknochen wirken wie Schienbeinschoner auf Schienbeine: Sie verhindern ziemlich zuverlässig Verletzungen.

Und fünf Stück dieser Hüftschutzhosen, Marke »Hip-Help«, kosten eben 120 Euro, womit wir bei dem erwähnten Rechtsstreit sind. Kläger war der 80-jährige Theodor L.*, Bewohner eines Pflegeheims. Der war zwar dement, konnte aber noch selbstständig in den Räumen des Heims herumlaufen. Damit bestand im Grunde ständig die Gefahr, dass er hinfällt – mit den beschriebenen Folgen. Die Ärzte verordneten ihm deshalb fünf Hüftschutzhosen nebst einem Paar dazugehöriger Protektoren; fünf Stück deshalb, weil sie bei Menschen, die das Wasser nicht mehr halten können, ständig gewaschen werden müssen.

Den Antrag auf Kostenübernahme lehnte die Krankenkasse ab. Begründung: Die Schutzhosen stünden nicht im so genannten Verzeichnis medizinischer Hilfsmittel, und an dieses Verzeichnis sei die Kasse gebunden. Theodor L. beschaffte sich die Hosen für 120 Euro selber und verklagte die Kasse.

Sein Anwalt argumentierte, die Hüftschutzhosen dienten nicht allein der Vorbeugung, sondern sie glichen das Sturzsyndrom aus, also eine Behinderung. Seine Bewegungsfreiheit sei ohne den Schutz stark eingeschränkt, also seien die Hosen eine Maßnahme der Krankenbehandlung. Und dafür wäre die Krankenkasse eindeutig zuständig.

Das Sozialgericht Hannover wies die Klage ab und gab der Kasse Recht, wobei dieses Urteil insofern durchaus folgerichtig ist, als seine Begründung konsequent der politisch gewollten, bizarren Logik der skizzierten Abgrenzung zwischen Krankenversicherung und Pflegeversicherung folgt.

Für Nichtjuristen ist diese Logik nicht zu begreifen

Unschlagbar absurd ist vor allem jener Teil der Begründung, in dem das Gericht klarstellt, warum die Hosen keinen Behinderungsausgleich darstellen können:

»Die Hüftschutzhose dient durch ihre Stürze kompensierende ›Polsterung‹ der Verringerung des Risikos, sich einen Knochenbruch zuzuziehen. Hierdurch wird jedoch eine Gefahr verringert, die (...) ältere Menschen allgemein bedroht. Außerdem droht dem Kläger diese Gefahr nicht unmittelbar, sondern erst als weitere mögliche Folge eines weiteren möglichen Ereignisses, nämlich des Sturzes. Dadurch fehlt es an der zu fordernden hohen Wahrscheinlichkeit des Eintritts der Behinderung.«[58]

Alles verstanden? Hüftprotektoren, die dafür sorgen, dass sich ein alter Mensch beim Fallen nichts bricht, muss die Krankenkasse nicht bezahlen. Fällt er allerdings hin, bricht sich etwas, und kann dann als Spätfolge nicht mehr gut laufen, dann bekommt er einen Satz Krücken. Und das auf Kosten der Krankenkassen, schließlich handelt es sich dann um einen »Behinderungsausgleich«.

Für Nichtjuristen ist bereits diese Logik kaum zu begreifen, und Krankenkassen treiben die Absurdität noch weiter. Es geht ja in einem solchen Fall nicht nur um die Krücken; bevor der Betroffene nach seinem Oberschenkelhalsbruch wieder erste Schritte machen kann, muss er schließlich operiert werden. Das kann Tausende kosten, Geld, das zweifelsfrei die Krankenkasse bezahlen muss. Es sei denn, sie verklagt das Heim, in dem der alte Mensch gefallen ist, auf Schadenersatz. Und genau das passiert. Die Begründung lautet in der Regel sinngemäß: Das Pflegepersonal hätte besser aufpassen müssen, dann wäre der Sturz nicht passiert (siehe folgendes Interview).

Natürlich kann man gerade im Falle der Hüftschutzhosen fordern, die Heime sollten sie aus ihrem Budget bezahlen und zur Verfügung stellen. Ob das angebracht oder gar »gerecht« wäre, darum geht es hier aber nicht. Sondern darum aufzuzeigen, dass mit Einführung der Pflegeversicherung ein Verschiebebahnhof entstanden ist: Krankenkassen, Heime und Bundesländer schieben sich die Verantwortung für bestimmte Leistungen systematisch gegenseitig zu – Leidtragende sind die betroffenen alten Menschen, die diesen straff organisierten Irrsinn am allerwenigsten begreifen.

»Jeder hat das Recht auf einen Sturz.« – Interview mit Prof. Volker Großkopf

Prof. Großkopf ist Jurist und Dekan am Fachbereich Gesundheitswesen der Katholischen Fachhochschule Nordrhein-Westfalen in Köln. Er vertritt als Anwalt häufig Pflegeheime bei Auseinandersetzungen mit den Krankenkassen.

CHRISTOPH LIXENFELD: *Warum klagen Krankenkassen so häufig gegen Pflegeheime?*
VOLKER GROSSKOPF: In den meisten Fällen geht es um Stürze. Heimbewohner fallen hin, brechen sich dabei zum Beispiel den Oberschenkelhals und müssen anschließend im Krankenhaus behandelt werden. Das kostet viel Geld, und die Krankenkassen verlangen von den Heimen für die entstandenen Behandlungskosten aufzukommen.

Mit welcher Begründung?
Es gibt drei Argumente, die mir immer wieder begegnen:

Erstens der Einsatz von zu wenig Personal, zweitens das Fehlen von Hilfsmitteln und drittens der Vorwurf, dass der Betroffene nicht durch Bettgitter oder mittels Fixierung gesichert wurde.

Heißt das, die Krankenkassen verlangen von den Heimen, die Bewohner regelmäßig anzubinden, damit sie nicht fallen können?
Dies verlangen die Krankenkassen nicht explizit, in der Praxis laufen die Forderungen allerdings häufig darauf hinaus, dass freiheitsbeschränkende Maßnahmen ergriffen werden.

Wie ist das aus Ihrer Sicht juristisch zu bewerten?
Der Bundesgerichtshof hat 2005 gesagt: Bei einer abstrakten Sturzgefahr gibt es keine Verpflichtung des Heims, jemanden festzubinden. Eine solche allgemeine Gefahr besteht bei alten, gebrechlichen Menschen im Grunde immer, deshalb kann man sie noch lange nicht ständig festbinden. Salopp könnte man sagen: Jeder hat das Recht auf einen Sturz. Sie haben ja auch das Recht, zu rauchen und sich dadurch Krebs zuzuziehen.
Außerdem muss man sich einmal vorstellen, was das in der Praxis bedeuten würde, wenn die Heime alle Bewohner, die vielleicht stürzen könnten, fixieren würden. Das kann ja nur heißen, wenn jemand nachts zu oft aufsteht, um zur Toilette zu gehen, dann klappt ihm der Pfleger irgendwann das Gitter am Bett hoch, damit er nicht mehr raus kann. Bewohner, die das nicht wollen, versuchen natürlich zu vermeiden, dass sie nachts raus müssen. Also hören sie um fünf Uhr nachmittags auf, etwas zu trinken. Und das hat für alte Menschen fatale Folgen.

Wie haben die Krankenkassen auf das Urteil des Bundesgerichtshofs reagiert?

Es hat noch ein ähnliches Urteil des Oberlandesgerichts Dresden gegeben, und ich habe den Eindruck, dass die Klagen seit diesen beiden Entscheidungen weniger geworden sind. Aber es finden immer noch sehr viele Auseinandersetzungen in diesem Bereich statt.

Wie viele?
Das weiß niemand ganz genau, weil es in den meisten Verfahren zu keinem Urteil kommt, stattdessen schließen die Parteien vorher einen Vergleich. Nach meiner Erfahrung wünschen sich Krankenkassen bei diesem Thema keine öffentliche Aufmerksamkeit, deshalb wird oft versucht, Sozialgerichtsverfahren so weit wie möglich zu vermeiden. Das heißt, dass die Verfahren, die bekannt wurden, vermutlich nur die Spitze des Eisbergs sind. Die AOK hat im Rahmen eines Verfahrens selbst geäußert, dass es noch Tausende weitere Fälle gibt.

Warum beschäftigen sich Kassen so intensiv und nachhaltig mit diesem Thema?
Aus meiner Sicht ist das eine Möglichkeit zur Kostenreduktion.

Ambulante Pflege und Krankenkassen: Einladung zum Betrug

Es vergeht fast keine Woche, in der nicht ein Bericht über die Machenschaften eines ambulanten Pflegedienstes in der Zeitung steht, und tatsächlich scheinen hier Betrügereien bemerkenswert häufig zu sein: Die AOK Hessen zum Beispiel stellte bei der Überprüfung von 307 Unternehmen im Land fest, dass etwa jedes zweite falsch abrechnete.[59]

Immer wieder gelingt es Firmen, Geld für Leistungen zu kassieren, die sie nie erbracht haben: Sie stellen zum Beispiel die Pflege einer Patientin in Rechnung, obwohl diese zu der Zeit im Krankenhaus lag, oder veranschlagen Blutdruckmessungen doppelt. An krimineller Energie und Phantasie fehlt es nicht, und Kontrollen durch den Medizinischen Dienst sind selten. Die Gepflegten selber können das komplexe Abrechnungsverfahren kaum durchschauen und sind – meistens – ahnungslos. Einmal in der Woche, oft sogar nur einmal im Monat, müssen sie die Pflegeleistungen auf einem Bogen abzeichnen. Wie sollen sich alte, zum Teil verwirrte Menschen merken, wie oft sie an irgendeinem Dienstag Besuch vom Pflegedienst hatten und wie oft am Mittwoch?

Was den Betrug vor allem fördert, ja geradezu als Einladung dazu verstanden werden kann: Ambulante Dienste rechnen ihre Leistungen mit verschiedenen Stellen ab. »Grundpflege« mit der Pflegekasse, »Behandlungspflege« mit der Krankenkasse.

Behandlungspflege dürfen nur bestimmte, examinierte Kräfte machen. In der Praxis sieht das folgendermaßen aus: Pflegerin 1, die für die Grundpflege, besucht dreimal täglich eine alte Dame, wäscht sie, zieht sie an, schmiert ihr ein Brot. Die Pillen sortieren und erklären, welche für morgens und welche für abends sind, darf sie nicht. Dazu muss der ambulante Dienst Pflegerin 2 schicken, obwohl die Sache vielleicht nur zehn Minuten dauert.

Trotz des Aufwands wünschen sich keineswegs alle ambulanten Dienste, die Trennung aufzuheben und alle Leistungen mit der Pflegekasse abzurechnen. Denn die Bezahlung der Krankenkassen für die Behandlungspflege ist üppig, und ohne diese Mittel kämen viele Unternehmen gar nicht zurecht. In Berlin zum Beispiel rechnen ambulante Dienste für jede Medikamentengabe bis zu 8 Euro ab. Das ist ein Mehrfaches dessen, was die Mitarbeiterin bei gleichem Zeitaufwand für Zahnpflege, Kämmen oder Bettenmachen bekommt.

An den Verstößen lässt sich gut verdienen

Aber zu jedem Kunden täglich zwei verschiedene Mitarbeiterinnen zu schicken, ist natürlich aufwändig. Und Pillen darf nur geben, wer eine entsprechende Ausbildung hinter sich hat, solche Kräfte sind vergleichsweise teuer. Deshalb liegt die Idee nahe, auch die Sache mit den Pillen von Pflegerin 1 erledigen zu lassen, und hinterher so zu tun, als wäre es Kollegin Nummer 2 gewesen. In einem Fall forderte die Kasse über eine Million Euro von einem ambulanten Dienst zurück, weil der fünf Jahre lang Pillen von einer ungelernten Kraft hatte verabreichen lassen. Verloren gegangen war der Kasse durch den Vorgang kein einziger Cent, und auch sonst gab es keinen Geschädigten. Doch dieser Aspekt spielt in dem Spiel nur eine untergeordnete Rolle, es geht hier vor allem darum, an den Verstößen gegen ein absurdes Regelwerk zu verdienen.

Auch die AOK Hessen hatte nach der beschriebenen Überprüfung etwa 4,6 Millionen Euro von ambulanten Pflegediensten zurückbekommen.[60] Wegen der hohen Zahl der Falschabrechnungen forderte die Krankenkasse »öffentliche Prüfberichte einer neutralen Stelle, damit auch Laien einen guten von einem schlechten Anbieter unterscheiden können«[61]. Zuständig dafür könne die Stiftung Warentest sein. Prüfungen und Kontrollen von außen sind aber vor allem dann nötig, wenn ein System unfähig ist zur Selbstkontrolle. Selbstverständlich ist es unentschuldbar, Pflegebedürftige zu betrügen, indem man ihnen Hilfe vorenthält, die ihnen zusteht. Aber entstehen kann dieser Betrug vor allem deshalb, weil wir es hier mit einem »Dreieck« zu tun haben: Akteur

A (die Kasse) bezahlt Akteur B (den Pflegedienst) für eine Hilfsleistung, die Akteur C (der Pflegebedürftige) bekommt.

Überall, wo diese Art der Zuteilungswirtschaft herrscht, versagt die Selbstkontrolle, und deshalb wird überall dort betrogen. Unser Gesundheitssystem bietet unzählige Beispiele dafür.

Die Konsequenz für die ambulante Pflege muss lauten: Wenn die Pflegebedürftigen Geld bekommen statt einer zugeteilten Waschung und Essensverabreichung, und wenn sie von diesem Geld genau die Hilfe einkaufen können, die sie sich wünschen ohne Rücksicht auf den »Verrichtungsbezug«, dann achten sie selbst darauf, nicht über den Tisch gezogen zu werden. Dann muss schlicht jeder gute Arbeit leisten, wenn er Geld verdienen will, und die Hilfe der Stiftung Warentest ist überflüssig.

Gibt es nur noch einen gemeinsamen Topf für Kranken- und Pflegeversicherung, dann sind über Nacht die lukrativsten Abrechnungstricks und Betrügereien unmöglich beziehungsweise sinnlos. Die Kassen könnten sich den Aufwand für Klagen und Rückforderungen sparen. Die Frage ist nur: Wünschen sich das alle Beteiligten?

Und: Wer interessiert sich noch dafür, was das Beste für die Pflegebedürftigen ist?

Auch die Ärzte wollen nicht ins Heim

Das Pflegeheim der Münchner Arbeiterwohlfahrt an der Gravelottestraße engagiert einen eigenen Arzt, um die medizinische Versorgung der vielen schwerkranken Menschen zu verbessern. Das kostet 70 000 Euro jährlich, spart aber nach Angaben der AWO 240 000 Euro, weil dadurch viel seltener Bewohner ins Krankenhaus eingewiesen werden müssen.[62]

Eine gute Idee also, dachte die AWO, zumal die medizinische Versorgung von Heimbewohnern in Deutschland insgesamt zu wünschen übrig lässt. Das ist das Ergebnis einer Untersuchung aus dem Jahre 2006, an der die beiden ehemaligen Bundesministerinnen Ursula Lehr und Hannelore Rönsch beteiligt waren.[63] Im Detail lieferte die Studie vor allem drei Resultate. Erstens: Es gibt kaum festangestellte Ärzte, nur etwa jedes Hundertste der befragten Heime hatte einen eigenen Doktor. Zweitens: Die Heimbesuche von Kassenärzten sind in den vergangenen Jahren nicht mehr, sondern weniger geworden, obwohl die Patienten dort im Durchschnitt immer älter und morbider sind. Drittens: Niedergelassene Ärzte machen wenig Hausbesuche in Heimen, und besonders selten tauchen Fachärzte dort auf.

Der Grund dafür kann nicht sein, dass es zu wenige Ärzte gibt, jedenfalls nicht in Deutschlands Metropolen. München hat einen Überhang an Hausärzten, was sowohl die AOK als auch die Kassenärztliche Vereinigung Bayerns – KVB – auf Nachfrage bestätigen.

In anderen Großstädten sieht es ähnlich aus. Offenbar haben niedergelassene Ärzte also wenig Lust, Hausbesuche in Heimen zu machen. Was liegt deshalb näher als die Idee, die stationären Einrichtungen sollten eigene Mediziner beschäftigen? Nach dem jüngsten Bericht über die Pflegesituation in Deutschland und die dadurch ausgelösten Schlagzeilen von der »Pflege-Schande« (BILD) kam das Thema im Spätsommer 2007 in der Bundespolitik an. Gesundheitsministerin Schmidt will mit der Pflegereform jedem Heim das Recht verschaffen, auf Wunsch einen eigenen Doktor zu engagieren. Nutzbare Vorbilder dafür gibt es – abgesehen von dem Münchner Beispiel – genug: In Berlin existieren schon seit 1998 so genannte Krankenheime mit eigenen Ärzten.

In Anbetracht der beschriebenen Situation sollte man meinen, Ärzteverbände in ganz Deutschland müssten diese Idee vorbehaltlos unterstützen. Das ist aber nicht der Fall.

Die Kassenärztliche Vereinigung Bayerns (KVB) sieht »im Heimarzt allenfalls im Ausnahmefall einen Lösungsansatz«, wie die KVB auf Nachfrage mitteilte. Stattdessen favorisiert die Vereinigung Kooperationen von Haus- und Fachärzten. Begründung: Der Austausch von Ärzten verschiedener Fachrichtungen »verbessert nicht nur die Qualität der Versorgung der Pflegeheimbewohner, sondern gewährleistet auch eine Vertretungsmöglichkeit im Urlaub oder Krankheitsfall.

Außerdem sind die Ärzte in freier Praxis tätig und stehen damit in keinem Abhängigkeitsverhältnis gegenüber dem Heimträger. Nicht zuletzt behält der Pflegeheimbewohner die freie Arztwahl. Diese Ziele können mit einem angestellten Arzt im Heim so nicht erreicht werden.«[64]

Eigenwillige Abrechnungsmodelle

Außerdem habe eine Umfrage der KVB in allen Bayerischen Pflegeheimen gezeigt, dass die medizinische Versorgung durch die niedergelassenen Hausärzte in weiten Teilen sehr gut funktioniere, so die KVB in einer früheren Pressemitteilung zum Thema.[65]

Dass sich die Heime positiv äußern, wenn die Kassenärzte sie nach ihrer Meinung fragen, überrascht nicht wirklich. Schließlich sind sie auf die wenigen Ärzte, die überhaupt noch zu ihnen kommen, angewiesen.

Und so nehmen es manche sogar hin, wenn Doktoren ihre eigene Abrechnungsmethode entwickeln. Denn es gibt einen Weg, wie Mediziner sich bei Visiten im Heim ein verbessertes Salär sichern können: Besuchen sie an einem Tag fünf Patienten, rechnen sie fünf einzelne Hausbesuche ab. Und nicht, wie es legal wäre, einen Erstbesuch und vier so genannte Begleitbesuche, die geringer honoriert sind. Ein Heimleiter sagte mir wörtlich: »Ich weiß, dass mein

Arzt falsch abrechnet, aber ich sage nichts, weil ich ihn brauche.«

Denselben Trick machen sich übrigens auch Physiotherapeuten zunutze, wie die AOK Sachsen-Anhalt in einem Prüfbericht bemängelt hat.[66]

Gesundheitswesen und Pflegeheime sind getrennte Welten

Krankenkassen müssen daran interessiert sein, dass Heimbewohner regelmäßig einen Arzt zu Gesicht bekommen: 90 Prozent der Krankheitskosten, die diese Patienten »produzieren«, stammen aus Klinikeinweisungen und Medikamentenkonsum. Beides lässt sich deutlich reduzieren, wenn es mehr Visiten gibt. Deshalb betreibt die AOK mehrere so genannter Pflegenetzwerke: Arztpraxen, Krankenhäuser und Heime arbeiten eng zusammen und sorgen durch eine Art Bereitschaftsdienst für regelmäßige Visiten. Die Kasse ist mit den Ergebnissen hoch zufrieden, bei den beteiligten Heimen seien die Krankenhauseinweisungen um 20 bis 50 Prozent zurückgegangen.

Es handelt sich dabei um jene Lösung, die die Kassenärztliche Vereinigung Bayerns favorisiert und flächendeckend dem Arzt im Heim-Modell entgegensetzen möchte. Das Problem ist: Die Sache kommt nur höchst schleppend voran. Gerd Dahlhoff, der bei der AOK als Projektleiter für diese Pflegenetze zuständig ist: »Schon die Verhandlungen mit den Kassenärzten im Vorfeld waren schwierig«, gesteht Dahlhoff, »wir haben insgesamt fast anderthalb Jahre gebraucht, bis die Sache lief.«[67]

Und das, obwohl Ärzte, die beim Netzwerk-Modell der AOK mitmachen, ein Extra bekommen: Die Kasse gibt über einen Schlüssel einen Teil dessen, was sie bei den Krankenhauseinweisungen spart, an die Doktoren zurück. –

Krankenkassenfinanziertes Gesundheitswesen und Pflegeheime sind zwei voneinander getrennte Welten, das ist die Quintessenz dieser Geschichte.

Krankenkassen versuchen zu verhindern, dass Heimbewohner *ihr* Geld kosten. Und das tun sie vor allem, wenn sie ins Krankenhaus kommen oder zu viele Pillen nehmen. Ansonsten kann der Gesundheitszustand der stationär gepflegten Menschen den Krankenkassen – zumindest in finanzieller Hinsicht – weitgehend egal sein. Schließlich hat die Politik die Verantwortung dafür an die Heime – und damit an die Pflegeversicherung – abgeschoben.

Zukunftsbranche und Milliardenmarkt

»Pflegefälle« sind ein gutes Geschäft

Seit Jahrzehnten diskutieren wir über katastrophale Zustände in Pflegeheimen. Trotzdem werden weiter neue Einrichtungen gebaut. Schließlich ist das Geschäft immer noch lukrativ, vorausgesetzt jedenfalls, die Häuser sind voll.

Dafür sorgen das richtige Marketing und »zukunftsweisende« Konzepte wie betreutes Wohnen. Wer sich das nicht leisten kann, kommt sofort ins Billig-Heim. Mit solchen Häusern verbindet die Branche große Hoffnungen. Leider zu Recht.

Wie sich mit Heimen Geld verdienen lässt

Was eine besorgte Enkelin in einem Internetforum geschildert hat, ist keine Ausnahme, sondern Alltag in Deutschland:

»Meine Oma ist seit April im Heim. Es war wirklich ein Kampf, sie zu überzeugen, dass das das Richtige für sie ist. Sie war oft umgekippt, war laufend unter- oder überzuckert und nahm ihre Medis auch nicht regelmäßig und die Hygiene ließ zu wünschen übrig beziehungsweise war teilweise gar nicht mehr vorhanden.

Aber wir haben es geschafft, sie wollte letztlich nach der Kurzzeitpflege wirklich im Heim bleiben, nachdem sie dort alles kennengelernt hatte. Und das, obwohl sie von Anfang an in einem Doppelzimmer lag. (…) Ihre Zimmernachbarin Frau M. ist sehr krank geworden und hat stark abgebaut. (…) Sie hat auch eine Dekubitusmatratze, das hab ich gesehen und nen Blasenkatheter hat sie auch, es kann also gut sein, dass sie wirklich nicht mehr hochkommt.

Aber das größte Problem ist die Lautstärke. Bei Frau M. hat nicht nur der körperliche Zustand gelitten, sondern vor allem auch der geistige. So fängt sie teilweise alle paar Minuten an rumzurufen und -schreien. Es klingt fast, als würde sie ›Mama‹ rufen.

(…) Frau M. macht echt so viel Krach, dass man sich nicht dabei unterhalten kann! Sie ist dann mal für 5 Minuten ruhig und legt dann wieder los.

Ob es immer noch so ist, weiß ich nicht, aber zumindest anfangs war es auch so, dass es nachts so schlimm war, dass meine Oma nicht richtig schlafen konnte und ich hab am Telefon gemerkt, dass es ihr echt nicht gut ging. Aber ich finde es auch unmöglich, dass meine Oma tagsüber diesen Krach nun schon drei Wochen aushalten muss. Ist das üblich? Ich meine, ich finde das absolut unzumutbar. Ich bin schon genervt, wenn ich Frau M. nur durchs Telefon höre! Und ich höre sie wirklich bei jedem Anruf, und das ist so vier- bis sechsmal die Woche! Die macht immer Lärm, egal, ob ich Oma anrufe oder sie mich (nicht, dass da noch einer auf die Idee kommt, Oma ruft nur an, wenn Frau M. gerade aufdreht, um irgendwie Mitleid zu erwecken). (…) Oma ist auch wirklich mit den Nerven am Ende und total aggressiv. Ich würde da echt keinen einzigen Tag aushalten!

So rein vom Menschenverstand her würde ich sagen, die Heimleitung muss zusehen, dass Frau M. auf ein anderes Zimmer kommt oder Oma ein neues Zimmer bekommt. Denn beide Frauen können ja nichts für diesen Zustand, aber meine Oma muss jetzt drunter leiden, das geht doch nicht.«

Viele Menschen, die noch nie eines von innen gesehen haben, glauben bis heute, Heime hätten irgendwelche Ähnlichkeit mit Hotels: jeder in seinem eigenen Zimmer, und wenn die Tür zu ist, hat man seine Ruhe. Oder mit einer Wohnung, in der die eigenen Möbel stehen und die Bewohner ganz allein entscheiden können, wen sie darin empfangen möchten und wen nicht.

Was ein Altenheimplatz kostet

Im Bundesdurchschnitt müssen Menschen mit Pflegestufe drei für einen Heimplatz in Deutschland 2706 Euro pro Monat bezahlen, in Stufe zwei 2280 und in Stufe eins 1854. Darin enthalten sind Pflege, Unterkunft und Ernährung.
Die Versicherung bezahlt in Stufe drei 1470 Euro, also muss der Bewohner etwas mehr als 1200 Euro aus eigener Tasche drauflegen.
Regional gibt es bei den Heimkosten erhebliche Unterschiede: Der Westen ist erheblich teurer als der Osten, Spitzenreiter sind Nordrhein-Westfalen mit 3101 und Hamburg mit 3010 Euro (Stufe drei). Am unteren Ende der Skala liegt Sachsen-Anhalt, wo der Platz nur 2250 Euro kostet.[68]
Wodurch die Differenzen genau zustande kommen, ist unklar, die unterschiedlichen Personalkosten zwischen Ost und West allein können sie nicht erklären, und einen zwingenden Zusammenhang zwischen Preis und Qualität gibt es auch nicht.

Altenheime sind meist keine Pensionen oder Ähnliches, in denen es sich entspannt leben ließe, sondern Verwahranstalten für alte Menschen, und diese Verwahrung muss möglichst rationell und effizient ablaufen, damit der Betreiber des Heims Gewinne macht oder zumindest keine Verluste. Innenarchitektur und Zuschnitt der Zimmer sind entscheidende Faktoren, und deshalb gibt es im ganzen Bundesgebiet fast kein Heim, das ausschließlich Einzelzimmer anbietet. Ende 2003 lebten von 684 000 Menschen in vollstationärer Dauerpflege 323 000 in Doppelzimmern, also fast jeder Zweite.[69] Selbst Planungen für neue Häuser sehen fast immer zumindest einige Doppelzimmer vor, weil sie dem Betreiber einen dreifachen Vorteil bringen: Erstens kann das Personal zwei Menschen in kürzester Zeit versorgen, wenn diese nur anderthalb Meter voneinander entfernt in einem Raum liegen und nicht in zwei verschiedenen Räumen. Zweitens brauchen Doppelzimmer weniger Platz, der Investor spart also Bau- und Grundstückskosten. Und drittens schließlich benutzen bei einem Doppelzimmer zwei Menschen nur ein Bad, und die Sanitäreinrichtungen sind im Heimbau ein wichtiger Kostenfaktor. Um den Spareffekt auf die Spitze zu treiben, müssen sich zum Teil sogar vier Menschen die sanitären Einrichtungen teilen, weil ein einziges Bad zwischen zwei Doppelzimmern gebaut ist. Solche Verhältnisse gibt es zum Beispiel in einigen Räumen des riesigen Bonifatius Senioren- und Pflegezentrum in Mülheim an der Ruhr, das zur Maternus-Gruppe gehört (Stand: Februar 2009).

Ein Betreiber in Niedersachsen soll sogar, was allerdings ungewöhnlich ist, bestehende Einzelzimmer zu Doppelzimmern umgebaut haben. Rein betriebswirtschaftlich ist das sinnvoll, weil die Einnahmen fast dieselben sind, ganz gleich, wie der »Kunde« wohnt.

Wer Geld mit einem Pflegeheim verdienen will, muss ökonomisch planen und bauen, und er muss auch ansonsten die Kosten im Griff haben. Ketten wie Marseille-Kliniken, die viele Häuser betreiben, optimieren die Kosten der Immobilie, auch die des täglichen Geschäfts, denn Marseille hat wichtige Funktionen wie den Einkauf oder die Lohnbuchhaltung zentralisiert.[70] Auch deshalb können sie auskömmliche Gewinne machen, während Betreiber von kleineren, einzelnen Einrichtungen oft nur mit Mühe im Plus bleiben.

Probleme haben auch manche Häuser von Wohlfahrtsverbänden wie AWO oder Caritas, die wegen ihrer Gemeinnützigkeit keine Gewinne machen dürfen. Viele von ihnen wirtschaften schlecht, außerdem müssen sie öfter als private Unternehmen mit alten, verbauten Immobilien zurechtkommen. Und: Sie haben deutlich höhere Personalkosten. Private Betreiber bezahlen einem Altenpflegehelfer oft nicht mehr als etwa sieben Euro pro Stunde. Die Wohlfahrtsverbände neun bis elf, weil sie sich noch immer am BAT, dem – für die Mitarbeiter vergleichsweise komfortablen – Bundesangestelltentarif, orientieren.

Selbst die niedrigsten Vorgaben werden noch deutlich unterschritten

Die Privaten bezahlen meist nicht nur weniger, sie sind auch besser darin, die Arbeit des Personals zu optimieren. Um diesen Punkt drehen sich auch die Einsätze der unzähligen Berater, die von der Branche leben, denn hier kann man, abgesehen vom Bauen, am meisten sparen.

Zwei Größen lassen sich beeinflussen: Die Fachkraftquote und der Stellenschlüssel. Die Fachkraftquote besagt, wie viele von den Pflegern Ausgebildete sind und wie viele Hilfskräfte. Der Stellenschlüssel gibt Auskunft darüber, wie viele Mitarbeiter pro Bewohner ein Heim hat.

Die Fachkraftquote ist gesetzlich auf 50 Prozent des Personals festgelegt, freigemeinnützige Heime überschreiten diesen Wert häufig. Ihnen dienen die vielen qualifizierten Leute regelmäßig als Argument, um in den Verhandlungen mit den Kostenträgern bessere Karten zu haben. Mehr öffentliche Gelder, die sie in die Einrichtungen stecken, sind ihnen lieber als herausgesparte Überschüsse, da sie – wie beschrieben – ohnehin keine Gewinne machen dürfen.

Finanziell wichtiger als diese Quote ist allerdings der Stellenschlüssel, und er bietet auch mehr Spielraum für »Kreativität«. Denn seine Berechnung ist kompliziert und schwer zu kontrollieren, außerdem sind die geforderten Zahlen von Bundesland zu Bundesland verschieden.

Selbst die niedrigsten Vorgaben hier noch zu unterschreiten, ist nicht die Ausnahme, sondern Alltag in deutschen Pflegeheimen.

Billige Pflege ist gefährliche Pflege

Im Jahr 2005 wandte sich die Wohnbereichs- sprich Abteilungsleiterin eines Heims an einen Selbsthilfeverband. Ihr standen für 31 Bewohner nur fünf Vollzeitkräfte und eine halbe Stelle zur Verfügung. Noch zu viel, meinte der Betreiber des Heims. Die Abteilungsleiterin schilderte den Fall:

»Nach einem Gespräch mit einer Pflegeberaterin, welche von der Geschäftsführung in unser Haus geholt wurde, erfuhren wir heute, dass wir noch zwei Stellen an Mitarbeitern ZUVIEL hätten! Die Arbeit ist so schon kaum zu schaffen, Hauptsache, die Planung steht und der Leistungsnachweis ist ausgefüllt; dass wir aber die Bewohner in Rekordzeiten von nicht einmal zehn Minuten bei einer Pflegestufe III grundpflegen, interessiert niemanden. Ausgefüllte Formulare und Trinkprotokolle sind wichtiger als die Zeit am und für den Bewohner selbst. Besprechungen noch und nöcher, bei denen sowieso nichts rumkommt, was nur die Zeit für den Bewohner wegnimmt. Mitarbeiter, welche bewusst Gewalt anwenden, indem sie die Bewohner überhaupt nicht waschen, werden ungestraft geduldet. Pflege, welche am Wochenende mit zwei Pflegekräften für 31 Bewohner durchzuführen ist, ist definitiv gefährliche Pflege!«

Aber es ist eben auch billige Pflege, und die ganze Rationalisierung und Kostendämpfung wäre natürlich sinnvoll und vertretbar, wenn es sich bei dem Geschäft um Gebäude han-

Von staatlicher Mildtätigkeit zum Milliardenmarkt

Weil in der aktuellen Diskussion viel über Finanzierungsprobleme und rote Zahlen geredet wird, gerät ein Aspekt oft aus dem Blickfeld: Die Gesundheitsbranche ist nicht nur ein Sanierungsfall, sie bedient auch einen milliardenschweren Markt und ist ein bedeutender Arbeitgeber.

Insgesamt sind hier etwa vier Millionen Menschen beschäftigt – fast 10 Prozent aller Erwerbstätigen. Auch der Pflegesektor für sich genommen ist mittlerweile sehr groß: Hier arbeiten 760 000 Menschen, 546 000 davon in Heimen. Allein in den zurückliegenden zwölf Jahren sind hier 250 000 neue Arbeitsplätze entstanden, außerdem unzählige neue Ausbildungsberufe und Studiengänge. Analysten betrachten den Pflegemarkt als den expansivsten im gesamten Gesundheitswesen, sein Volumen – so die Prognosen – soll sich bis 2020 mindestens verdoppeln.[71] In der Pflegeheimbranche sind die größten Akteure nicht Privatunternehmen, sondern freigemeinnützige Institutionen; sie betreiben mehr als die Hälfte aller Heime in Deutschland. Der katholische Deutsche Caritasverband führt über 1300 von insgesamt knapp 10 000 Einrichtungen, die evangelische Diakonie mehr als 700. Bedeutend sind auch das Deutsche Rote Kreuz und die SPD-nahe Arbeiterwohlfahrt (AWO).[72]

Ansonsten ist die Branche zersplittert: Der – gemessen an der Anzahl der Einrichtungen – wichtigste private Akteur hat einen Marktanteil von etwa 1 Prozent.[73] 38 Prozent aller Heime in Deutschland werden privat betrieben, 2050 sollen es 55 Prozent sein, prognostiziert das Institut der Deutschen Wirtschaft in Köln.[74]

deln würde, die gereinigt oder Autos, die repariert werden müssen. Doch es geht hier um Menschen.

Kaum jemand nimmt öffentlich Anstoß daran, wenn ein Großer der Branche ankündigt, Altenpflege in Zukunft noch billiger als bisher anzubieten. Das Unternehmen Marseille-Kliniken, das etwa 70 Prozent seines Umsatzes mit Pflege macht,[75] will sich in Zukunft als »Aldi der Pflegebranche«[76]

positionieren. Praktisch bedeutet das, auch »Zwei-Sterne-Immobilien« zu bauen und zu betreiben, in denen nicht jedes Zimmer eine eigene Dusche und Toilette hat. Für ausreichende Nachfrage könnten die finanziellen Zwänge der Länder und Kommunen sorgen: Nach Ansicht von Marseille-Vorstandschef Axel Hölzer wird der Sozialhilfeträger künftig Druck machen, damit in der Pflege billigere Häuser zur Verfügung gestellt werden.[77]

Für Sozialhilfeempfänger sind Doppelzimmer zumutbar

Damit könnte er Recht behalten: Billig-Heime profitieren davon, dass die Pflegeversicherung genau jenes zentrale Versprechen kaum noch erfüllt, mit dem sie einst angetreten war: den alten Menschen den Gang zum Sozialamt zu ersparen. Die Kasse zahlt seit Jahren dieselben Beträge, aber die Heimkosten steigen. Das bedeutet, dass Jahr für Jahr mehr Bewohner neben den Leistungen der Pflegeversicherung auch Geld vom Sozialamt brauchen.

Die Ämter aber wollen sparen, und deshalb schränken viele schon heute die freie Wahl für ihre »Kunden« ein. Kein Sozialamt sagt zwar: »Du, Pflegebedürftiger, darfst nur in ein bestimmtes Heim ziehen.« Aber es legt fest, dass nur eine preiswerte Einrichtung in Frage kommt. Und das heißt, dass ein Doppelzimmer für Sozialhilfeempfänger oft reichen muss.

Und die Hoffnungen der Anbieter von Einfachheimen könnten sich noch aus einem anderen Grund erfüllen: Billige Einrichtungen fördern den Trend, alte Menschen generell im Heim und nicht zu Hause zu versorgen. Weil die Versuchung, den Opa wegzugeben, natürlich umso höher ist, je weniger von seinen Ersparnissen dabei verloren gehen.

Und wenn die schon weg sind, die Rente zu niedrig ist und das Sozialamt einspringen muss, sieht die Sache nicht anders aus: Denn wenn das Heim weniger kostet, muss auch das Sozialamt weniger zuschießen. Verlockend aus Sicht der Sozialämter ist das vor allem bei Menschen, deren Betreuung zu Hause sehr teuer wäre, weil sie viel Hilfe benötigen (siehe Seite 214). In diesen Fällen sagen Ämter schon mal sinngemäß: »Wir bezuschussen die heimische Versorgung nur bis zu dem Betrag, den wir auch im Heim bezahlen müssten. Kommt der Betroffene zu Hause mit dem Betrag nicht aus, muss er eben umziehen.« Mit dieser Argumentation werden schon heute Menschen de facto ins Heim genötigt. Und je billiger die Einrichtungen in einer Region sind, desto mehr Alte werden in Zukunft solcher Nötigung ausgesetzt sein.

Ein Rechenbeispiel: In Sachsen-Anhalt kostet ein Heimplatz in der Pflegestufe III im Durchschnitt nur 2250 Euro im Monat. Die Pflegekasse bezahlt 1470 Euro, es bleibt eine Differenz von 780 Euro. Bekommt der Mensch, um den es hier geht, 600 Euro Rente, dann muss das Amt – inklusive einem kleinen Taschengeld – etwa 260 Euro monatlich zuschießen. Jemanden in der höchsten Pflegestufe dagegen zu Hause zu versorgen, kann leicht 3000 Euro monatlich kosten, wie der ab Seite 214 geschilderte Fall verdeutlicht.

Dann wären für das Sozialamt etwa 1000 Euro fällig, ein Umzug des Betreffenden ins Heim ist also für die Kommune finanziell lohnenswert. Kostet der Heimplatz dagegen 3101 Euro, wie in Nordrhein-Westfalen, lohnt sich der Umzug für das Sozialamt nicht, weil es für das Heim sogar mehr als 1000 Euro hinblättern müsste. In Sachsen-Anhalt müssen diese Vergleichsrechnung also mehr Menschen fürchten als in Nordrhein-Westfalen.

Je billiger die Heime, desto lohnenswerter ist es für Sozialämter, Pflegebedürftige dort unterzubringen.

Es geht also nicht nur um die Geldgier von Heimbetreibern. Das Problem liegt tiefer: Die Mechanik der Pflegeversicherung und die Politik der Kommunen und Landkreise fordern Billig-Heime und Doppelzimmer geradezu ein. Heimleiter betrachten es vor diesem Hintergrund zu Recht als Hohn, wenn sich Politiker wie Bundesgesundheitsministerin Ulla Schmidt oder die bayerische Sozialministerin Christa Stewens öffentlichkeitswirksam dafür stark machen, dass jeder Heimbewohner ein Einzelzimmer bekommt.

Palliativpflege als neue Einnahmequelle der Heime

»Die flächendeckende Versorgung Schwerstkranker und Sterbender mit speziellen palliativmedizinischen und palliativpflegerischen Leistungen gewinnt immer mehr an Bedeutung«, so der Bundesverband privater Anbieter sozialer Dienste (bpa) auf seiner Website. Und weiter: »Der bpa, der sich bereits seit langem für eine verbesserte Versorgung Schwerstkranker und Sterbender einsetzt, hat (…) für seine Mitglieder eine Informationsplattform geschaffen, die wichtige und aktuelle Informationen für die palliative Versorgung bereithält.«

Hintergrund des Serviceangebots ist eine Idee der jüngsten Gesundheitsreform: Unheilbar Kranke sollen künftig auch im Pflegeheim versorgt werden können statt im Krankenhaus, das an diesen Fällen kaum etwas verdienen kann.

Altenheimen in den alten Bundesländern, wo es vielerorts schon Überkapazitäten gibt, kommt die Idee sehr gelegen, der Einstieg in die Palliativversorgung gilt als probates Mittel gegen Bewohnerschwund und leere Betten. Noch erfreulicher ist die Sache für Krankenkassen und Kliniken, weil sie damit ein Gutteil der Kosten der teuren Finalpflege an die Pflegekassen abschieben können.

Heime bauen derzeit ganze Etagen zu Palliativstationen um und engagieren Mitarbeiter, die in umliegenden Krankenhäusern für ihr Angebot werben.

Ganz ungefährlich ist die Geschäftsidee für das Altenheim allerdings nicht: Patienten, die sehr lange im Krankenhaus lagen, sind nicht selten mit schwer behandelbaren, weil resistenten, Bakterien infiziert, die auch anderen Bewohnern gefährlich werden können.

> Wie real diese Gefahr ist, zeigt der Vorfall in einem nordrhein-westfälischen Altenheim. Dort fuhr spät abends ein Krankenwagen vor, mit dem »vermummte« Sanitäter eine Heimbewohnerin aus der Klinik zurückbringen wollten. Die vorgesehene Behandlungszeit war überschritten, und weil sie einen hoch ansteckenden, den so genannten MRSA-Keim trug, sollte sie aus Angst vor Komplikationen möglichst unauffällig und ohne Absprachen wieder ins Heim gebracht werden. Dem blieb keine Zeit, irgendwelche Vorbereitungen zu treffen, in dem vorgesehenen Zimmer lag noch eine andere, frisch operierte Bewohnerin. Das folgende Verwirrspiel, an dem Gesundheitsamt, Feuerwehr und Heimaufsicht beteiligt waren, dauerte fast zwei Stunden, am Ende wurde die Patientin wieder zurück ins Krankenhaus gebracht.

Die Börsen glauben an Billig-Heime

Eine Studie von Deutsche Bank Research bestätigt das Beschriebene: Sie prognostiziert, dass bei den Heimen vor allem die sehr teuren und die besonders billigen Wachstumschancen haben. Denn einerseits werden große Vermögen in den nächsten Jahren vererbt – und diese Erben wollen im Alter angemessen wohnen.[78]

Andererseits wird es auch immer mehr arme alte Menschen geben, und manche Anleger glauben, dass sich vor allem mit ihnen Geld verdienen lässt.

Warum gerade Heime attraktiv sein können für Geldanleger, steht zum Beispiel im Verkaufsprospekt eines Fonds, den die Deutsche Bank ihren Kunden anbietet: »Pflegeimmobilien sind die derzeit einzige stationäre Wohnform für Pflegebedürftige, für die auf eine besondere Finanzierungsstruktur (Privatpersonen/Pflegekassen/Sozialhilfe etc.) zurückgegriffen werden kann.«[79] Die Verkäufer wollen wohl sagen: Geld für die Einrichtungen fließt auf jeden Fall, egal, ob die Bewohner reich sind oder arm.

Je schlechter es einem Bewohner geht, desto mehr verdient das Heim

Was allerdings nur gilt, solange niemand die Regeln ändert: Die stationären Einrichtungen hängen bei all ihren Berechnungen und Hoffnungen von politischen Entscheidungen bezüglich der Pflegeversicherung ab. Das verdeutlicht eine Studie des Rheinisch-Westfälischen Instituts für Wirtschaftsforschung (RWI), deren Autoren schrieben: »Eine Reduktion der Pflegesätze der SPV (gemeint ist die soziale, sprich gesetzliche Pflegeversicherung, Anm. des Autors) würde die Eigenbeteiligung erhöhen und die Nachfrage vermutlich senken. Sie würde Pflegebedürftige, deren Angehörige und die öffentliche Hand belasten. Würde der gesamte Finanzierungsdruck der SPV über sinkende Preise für Pflegeleistungen einseitig auf die Pflegeheime abgewälzt, würden 2020 etwa 60 % der Pflegeheime im roten Bereich liegen.«[80]

Versuche, ihre Abhängigkeit von der Pflegekasse zu verringern, machen die Heimbetreiber kaum: Wer keine Pflegestufe hat und alles selber bezahlen will, wird in vielen Einrichtungen gar nicht erst aufgenommen, weil Heime Angst davor haben, sich mit Kindern oder Enkeln um Geld streiten zu müssen. Die Pflegeversicherung dagegen bezahlt zuverlässig. Und Insolvenz kann sie auch nicht anmelden, egal, wie hoch die Verluste in den kommenden Jahren sein werden.

Je höher die Pflegestufe, desto mehr bezahlt die Kasse, desto mehr verdient das Heim. Ein wirtschaftliches Interesse daran, dass die alten Menschen während ihres Aufenthalts fitter werden, gibt es nicht. Im Gegenteil: In einem freigemeinnützigen Heim soll eine Patientin kurz vor der Pflegestufenprüfung eine Spritze mit einem starken Beruhigungsmittel bekommen haben, woraufhin sie von Stufe II in Stufe III hochrückte.

Die Reform der Pflegeversicherung:
Gut gemeint, schlecht gemacht

Die Politik hat immerhin erkannt, dass das System der Pflegestufen und der damit steigenden Zahlungen die falschen Anreize setzt. Die aktuelle Pflegereform sieht deshalb vor, dass »Pflegeheime, denen es durch verstärkte aktivierende und rehabilitierende Bemühungen gelingt, Pflegebedürftige in eine niedrigere Pflegestufe einzustufen, einen einmaligen Geldbetrag in Höhe von einheitlich 1536 Euro erhalten. Der Betrag entspricht der Differenz zwischen den Leistungsbeträgen der Pflegestufe II und der Pflegestufe I, der sich innerhalb eines Jahres ergibt.«[81] Gut gemeint, aber handwerklich leider schlecht gemacht. Denn hätten sich die Verantwortlichen nur einmal die Preiskalkulation eines x-beliebigen Pflegeheims angesehen, dann wäre ihnen aufgefallen, dass mit jeder Erhöhung der Pflegestufe auch die Zuzahlung des Bewohners steigt. Das bedeutet im Umkehrschluss: Selbst wenn das Heim 1536 Euro von der Kasse bekommt, verliert es immer noch Geld, wenn ein Bewohner heruntergestuft wird. Der falsche Anreiz besteht also nach wie vor.

Ihn mit einer Prämie aushebeln zu wollen, ist ohnehin absurd. Wenn in einer Kneipe ständig die Kasse offen ist und die Gefahr besteht, dass die Kellner hineingreifen, dann hilft es wenig, jedem, der es nicht tut, eine Belohnung zu versprechen. Besser wäre, die Kasse zuzumachen.

Übertragen auf die Pflege heißt das: Mit der beschriebenen Idee geben die Verantwortlichen offen zu, dass das System der starren Pflegestufen die falschen Anreize setzt. Warum organisiert man es also nicht grundsätzlich neu, statt hilflos an einzelnen Schräubchen dieser Fehlkonstruktion herumzudrehen?

»Die Heime hängen am Tropf der Pflegeversicherung.« – Interview mit Peter Dürrmann

Peter Dürrmann betreibt zwei Pflegeeinrichtungen im niedersächsischen Holle, die auf die Betreuung von Menschen mit Demenz spezialisiert sind. In der Branche arbeitet er seit 1992.

CHRISTOPH LIXENFELD: *Keiner möchte freiwillig im Heim leben. Warum werden trotzdem immer mehr Heime gebaut?*
PETER DÜRRMANN: Die Anzahl von Einrichtungen orientiert sich nicht am Bedarf in einer Region, also an der Frage, wie viele Bewohnerplätze in Heimen benötigt werden. Stattdessen sieht die Pflegeversicherung den freien Wettbewerb vor. Und viele der Verantwortlichen in den Kommunen denken: Mehr Heime bedeuten mehr Wettbewerb, und damit steigt die Qualität der Versorgung der Menschen. Das ist aber nicht so.

Warum?
Weil sehr unterschiedliche Interessen und Erwartungen der Heimbetreiber in Bezug auf die Versorgungsqualität und die Rendite bestehen. Überzogene Gewinnerwartungen gehen zwangsläufig zu Lasten der Qualität. Wir alle, die wir in dieser Branche arbeiten, sollten aber nicht vergessen, dass wir einen Auftrag der Solidargemeinschaft umsetzen und uns über Versicherungsleistungen und öffentliche Gelder finanzieren.

Einige Heimbetreiber klagen über eine zu geringe Auslastung. Ist es mittlerweile schwierig, mit einer Pflegeeinrichtung Geld zu verdienen?

In einigen Regionen haben wir tatsächlich schon deutliche Überkapazitäten. Trotzdem geht es der Mehrheit der Anbieter nach wie vor gut, die Häuser sind weiterhin ausgelastet. Und das liegt unter anderem daran, dass in Deutschland unzählige Menschen ins Heim übersiedeln müssen, die dort gar nicht hingehören. Etwa ein Drittel aller Heimbewohner ist in Pflegestufe I. Rund die Hälfte davon könnte auch in ambulanten Wohnformen zurecht kommen. Wenn wir den sinnvollen Grundsatz »ambulant vor stationär« wirklich umsetzen wollen, dann müssen wir entsprechende Ansätze stärker fördern als bisher.

Müsste nicht unser Gesundheitssystem schon aus finanziellen Gründen dafür sorgen, dass möglichst wenige Menschen im Heim landen?

Das ist eben leider nicht so. Das Gesundheitssystem hat wenig Interesse daran, dass jemand gar nicht erst pflegebedürftig wird. Das gilt vor allem für die Krankenkassen. Die müssen vorbeugende Maßnahmen und Rehabilitation aus ihrem eigenen Topf bezahlen, für das Heim bezahlt dagegen die Pflegekasse. Der Krankenkasse ist es aktuell aus ökonomischer Sicht völlig egal, ob ein Heimbewohner in der Pflegestufe I zum Beispiel nach einem Sturz in der Pflegestufe III landet.

Warum wehren sich die Heime nicht dagegen?
Warum sollten Heimbetreiber ein wirtschaftliches Interesse daran haben, Verhältnisse zu ändern, an denen sie gut verdienen? Hart formuliert: Ein Pflegefall in Stufe III ist für sie doch lukrativer als einer in Stufe I.

Was würde passieren, wenn die Pflegeversicherung in Zukunft für den Heimaufenthalt weniger bezahlen würde als bisher?

Dann würde es für viele Heime wirtschaftlich kritisch werden. Die gesamte Branche hängt am Tropf der Pflegeversicherung. Und ich glaube, einigen Kollegen ist das gar nicht klar, wie sehr sie damit auch am seidenen Faden der Politik hängen.

Die Altenhilfe muss sich emanzipieren und ergänzend zum Heim und der traditionellen ambulanten Pflege neue Wege und Formen der Betreuung von älteren und pflegebedürftigen Menschen finden, die den zukünftigen Herausforderungen gerecht werden.

Immobilienfonds kurbeln den Heimbau an

Etwa seit Mitte der 1990er Jahre gelten Altenimmobilien als lukrative Geldanlage. Und dass die Goldgräberstimmung nicht abflaut, dafür sorgen immer neue Prognosen von Forschern und Analysten über die zukünftige Nachfrage.

Das Rheinisch-Westfälische Institut für Wirtschaftsforschung (RWI) in Essen zum Beispiel geht davon aus, dass bis 2020 etwa 30 Prozent mehr Heimplätze benötigt werden als heute, in absoluten Zahlen wären das mehr als 200 000 zusätzliche Betten. Hierfür, so das RWI, braucht es Investitionen von 15 bis 17 Milliarden Euro.[82]

Ein großer Markt also, der viele anlockt, zumal es wenig bürokratischen Hürden gibt: Jeder darf ein Heim bauen und versuchen, es zu belegen. Solange er die baurechtlichen Vorschriften erfüllt, kann ihn weder die betreffende Kommune daran hindern noch die Pflegekasse.

Die Kostenträger dürfen sich nicht mit dem Argument mangelnden Bedarfs weigern, mit einer Einrichtung Verträge zu schließen, außerdem haben Heime einen Anspruch auf angemessene Vergütung ihrer Pflegeleistungen.

Geld verdienen lässt sich mit neuen, effizient geplanten und gebauten Einrichtungen, vor allem wenn man die Heimplätze offensiv vermarktet. Das geschieht nicht über Werbung durch Anzeigen oder Plakate, weil ja die Wenigsten vorsätzlich ins Heim gehen und sich deshalb auch nicht langfristig und geplant die schönste Einrichtung aussuchen. Effizienter und preiswerter ist es, mit Partnern zu kooperieren, die nah an der Zielgruppe sind. Mit Krankenhäusern zum Beispiel, die sehr alte Patienten nach einer Behandlung entlassen müssen und eine Unterbringung für sie suchen. Oft ist zunächst nicht klar, ob derjenige in Zukunft alleine zu Hause zurechtkommen wird. Als Übergangslösung gibt es die so genannte Kurzzeitpflege, die vordergründig Vorteile für alle bietet: Das Krankenhaus ist einen teuren Dauerpatienten los und die Familie hat mehr Zeit, um die Situation zu klären. Außerdem soll Kurzzeitpflege dazu beitragen, dass der Patient wenn möglich wieder auf die Beine kommt.

In der Praxis aber wird aus Kurzzeitpflege allzu oft Langzeitpflege; fast 40 Prozent der Betroffenen bleiben dauerhaft im Heim, so das Ergebnis einer Untersuchung aus Bremen.[83] Das dürfte auch daran liegen, dass in der Regel kein großes Interesse besteht, jemanden wieder nach Hause zu schicken. Kunden für Dauerpflegestationen sichern langfristige und stabile Einnahmen. Durch eine heimeigene Kurzzeitpflege lassen sie sich auf elegante und unauffällige Weise akquirieren.

Vor diesem Hintergrund ist es nicht verwunderlich, dass besonders häufig solche Menschen die Rückkehr in die eigene Wohnung schaffen, die in einer Einrichtung betreut werden, die ausschließlich Kurzzeitpflege anbietet, das heißt in einem Haus ohne angegliedertes Pflegeheim.

Aus Kurzzeitpflege wird Langzeitpflege

Auch die Zusammenarbeit mit ambulanten Diensten kann für Heimbetreiber sehr hilfreich sein. Die dort angestellten Mitarbeiter kennen ihre Patienten und wissen, wo eine Betreuung daheim vielleicht bald nicht mehr möglich sein wird. Wen aber, wenn nicht die Pflegerin, würde die Familie bitten, ihnen ein »gutes Heim« zu empfehlen?

Am besten funktioniert das, wenn ein Betreiber seinen eigenen Pflegedienst unterhält. Wie beispielsweise die Norddeutsche Hansa-Gruppe, die außerdem an vielen ihrer Standorte parallel zum Pflegeheim betreutes Wohnen anbietet.

Dieses Konzept sorgt für eine dauerhaft gute Auslastung. Denn wer es trotz »Betreuung« nicht mehr alleine schafft, zieht sehr oft in das angrenzende Heim um. Diese Entwicklung ist nicht selten auch dann von Beginn an Teil der Gesamtplanung, wenn Wohnanlage und Heim nicht gleichzeitig und auf demselben Grundstück entstehen.

Betreutes Wohnen – eine Erfindung der Bauwirtschaft – ist eine höchst attraktive Angelegenheit. Für den Betreiber. Denn in der Regel ist bei solchen Projekten der Preis groß und der Betreuungsaufwand klein. Die Macher werben mit dem 24-Stunden-Notruf, also mit dem Versprechen, dass »immer jemand da ist«, der bei einem Schwächeanfall hilft und wenn nötig den Notarzt ruft.

Für diese Sicherheit, die sich technisch in Zeiten moderner Telekommunikation in jeder x-beliebigen Mietwohnung gewährleisten ließe, sind Menschen bereit, viel Geld auszugeben. Betreutes Wohnen ist in Deutschland in der Regel so teuer, dass es sich nur wenige leisten können (siehe Seite 26).

Vor Abzocke beim »bereuten« Wohnen, wie die Medien diese Lebensform auch spöttisch nennen, wird seit Jahren gewarnt. Aber den schwarzen Schafen der Branche kommt zugute, dass alte Menschen eher konfliktscheu sind und auch dann keinen (Rechts-)Streit wollen, wenn sie sich schlecht behandelt fühlen. Die Verbraucherzentrale Nordrhein-Westfalen urteilte schon im Jahre 2003 abschließend: »Es gibt viele Einrichtungen, die ein gutes Konzept haben. Allerdings muss man auch ganz klar sagen, dass das betreute Wohnen, gerade für die Investoren in der Baubranche, auch die Möglichkeit bietet, älteren Menschen das Geld abzuziehen und das wird auch schamlos ausgenutzt, gerade weil auch viele Rentner nicht genau hingucken, was im Vertrag steht.«[84]

Faire von unfairen Offerten zu unterscheiden, ist für einen Interessenten schwierig. Hinter der Bezeichnung »betreutes Wohnen« verbirgt sich kein einheitlicher Strauß von Qualitätsstandards und Leistungen; jeder Investor kann sein Projekt so nennen, unabhängig davon, ob tatsächlich irgendeine Art von Betreuung stattfindet oder nicht. Zwar gibt es seit einiger Zeit einen DIN-Standard für betreutes Wohnen, aber erstens sind die Details schwer verständlich und zweitens beinhaltet dieser Standard nur Minimal-Vorgaben. Einige Bundesländer – Nordrhein-Westfalen und Bayern zum Beispiel – haben deshalb ein Gütesiegel entwickelt, das Käufern und Mietern eine Richtschnur für die Beurteilung bieten soll.

Aber auch das ändert nichts daran, dass betreutes Wohnen kein sozialpolitisches Instrument zur Lösung demographischer Probleme, sondern ein Geschäftsmodell zum Wohle von Bauträgern und Anlegern ist. Natürlich ist nichts dagegen zu sagen, dass Menschen, die dies wünschen und das Geld dazu haben, sich in solche Objekte einkaufen. Das Problem ist nur, dass durch das betreute Wohnen die Entstehung von Heimstrukturen gefördert wird.

Was bedeutet: Was Investoren und private Betreiber in Deutschland planen und bauen, widerspricht dem von allen politischen Parteien verkündeten Grundsatz »ambulant vor stationär«. Leider nur wehrt sich die Politik nicht dagegen. Über die Gründe wird noch zu sprechen sein.

Wie Investoren und Betreiber die Kostenträger über den Tisch ziehen können

»Kreative« Finanzierungslösungen sind im Pflegeheimbau heute gang und gäbe, oder besser gesagt: Es ist eine bestimmte Finanzierungslösung, die sich zum höchst lukrativen Standard beim Neubau von Heimen entwickelt hat. Sie sorgt dafür, dass die Kasse auch dann stimmt, wenn die Einrichtung am Anfang vielleicht nicht so gut ausgelastet ist wie erhofft.

Der Trick heißt pachten, statt selber bauen, Investor und Heimbetreiber machen dabei auf Kosten der Behörden gemeinsame Sache: Ein Investor, der das Heim baut, vereinbart mit dem Betreiber ein Konzept und schließt auf dessen Grundlage einen Pachtvertrag. Beides sieht sich das Sozialamt an und legt fest, wie viel es für jeden Sozialhilfeempfänger, der in diesem Heim wohnen wird, pro Tag an Kaltmiete zu zahlen bereit ist.

Was die Ämter aber selten kontrollieren, ist, ob die der Kaltmiete zugrunde liegende Bausumme hinterher auch tatsächlich verbaut worden ist, oder ob das Gebäude am Ende nicht real viel billiger war. Wenn ja, würden sowohl der Pächter als auch das Amt zu viel bezahlen. Über den Tisch gezogen wird dabei aber nur die Behörde und nicht der Pächter. Denn das Geld aus der zu viel gezahlten Pacht kann auf unzählige, durchweg legale Arten an ihn zurückfließen. Differenzen von 10 bis 20 Prozent sind bei solchen Geschäften keine Seltenheit, so ein Insider.

Wer sich Heimneubauten der vergangenen Jahre ansieht, stellt fest, dass sie sehr oft gepachtet sind. Wenn jemand eine Einrichtung bauen will, dann leiht er sich das Geld dazu selten von einer Bank, sondern er setzt auf Investoren.

Banken und Immobilienentwickler brauchen ständig neue Produkte und neue Storys, mit denen sie Geldanleger locken können. Als das Geschäft mit Büroimmobilien ausgereizt war, entstand der Sozialimmobilien-Hype: Immobilienfond warben Geld ein, indem sie eine Verzinsung von sechs bis sieben Prozent versprachen; die Euros der Anleger fließen in den Bau oder den Kauf von Pflegeheimen. Etwa ein halbes Dutzend solcher Fonds ging allein 2006 und 2007 ins Rennen, jeder von ihnen mit einem Volumen von mehreren hundert Millionen Euro.

Wie immer in solchen Fällen entstand eine Blase, das heißt Investoren pumpten zu viel Geld in den Pflegeheimbau, es entstand ein Überangebot. Mittlerweile gibt es in Schleswig-Holstein, Niedersachsen und Nordrhein-Westfalen viel zu viele stationäre Pflegeplätze. Sunrise, amerikanischer Betreiber von Edelheimen, musste seine Häuser in Reinbek bei Hamburg und in Hannover schließen – zu wenige Bewohner.

Mit Blick auf die eigene Vergangenheit sollte die Branche gewarnt sein: 2001 gingen zwei große Seniorenresidenzbetreiber in die Insolvenz.

Am Ende bleiben große, effiziente Ketten übrig

So etwas könnte sich wiederholen, warnt Helmut Braun vom Kuratorium Wohnen im Alter (KWA): »Wer jetzt massiv in den Neubau von Pflegeheimen investiert, riskiert eine Immobilienblase, deren Platzen sich mit dem Niedergang der New Economy vergleichen ließe.«[85]

Leidtragende wären die Bewohner. Pflegeheime brauchen eine Auslastung von etwa 90 Prozent. Liegt sie deutlich darunter, macht das betreffende Haus Verlust. Betreiber, die das vermeiden wollen, müssen sparen: am Essen und Trinken für die Pflegebedürftigen oder am Personal und damit an Zuwendung und Fürsorge.

Kleine Häuser, die zu keiner Kette gehören, bekommen als Erste Probleme. Bessere Chancen haben die großen, effizienten Ketten, die optimal gebaut haben, außerdem Einkauf und Bürofunktionen zentralisieren und damit Geld sparen. Das wiederum können sie in betreutes Wohnen und Tagespflegen investieren, dadurch steigt die Auslastung, wodurch

Versicherung, Pflege und Beerdigung aus einer Hand

Marketingstrategen bezeichnen Ältere gern euphemistisch als »Generation 50plus« oder als »Woopies« (Well off older People). Gemeint sind damit keine Pflegebedürftigen, sondern fitte Mittfünfziger, die Reisen oder teuren Schmuck kaufen oder einen Porsche 911. Sie besitzen zwei Dinge im Überfluss, die den Jüngeren fehlen: Zeit und Geld. Deshalb sind die »Best Agers« für manche Branchen zur wichtigsten Kundengruppe geworden.
Diese Menschen, so suggerieren es ihnen zumindest die Prospekte, sollen sich auf Kreuzfahrtschiffen und in Wellness-Oasen nicht auf ihr Ende vorbereiten, sondern noch einmal Gas geben und das Leben genießen.
Doch nicht nur hier lässt sich Geld verdienen. Längst gibt es Unternehmen, die sich ganz auf die allerletzten Jahre fokussieren. Der Hygienespezialist Hartmann etwa verkaufte 2005 seine Babywindelmarke Fixies an ein französisches Unternehmen, um sich »künftig auf die gewachsenen medizinischen Kernkompetenzen in den Bereichen Wundmanagement, Inkontinenzversorgung und OP-Bedarf« zu fokussieren, so das Unternehmen. Und weiter: »Aufgrund der steigenden Lebenserwartung älterer Menschen in den Industriestaaten will Hartmann seine führende Position im Bereich absorbierender Inkontinenzprodukte weiter ausbauen. ›Wir wollen unser Know-how dort investieren, wo wir die Kundenbedürfnisse in Wachstumsmärkten am besten befriedigen können. Der Markt für Inkontinenzprodukte wächst allein in Europa jährlich um etwa vier bis fünf Prozent‹, sagte Dr. Rinaldo Riguzzi, Vorstandsvorsitzender der Paul Hartmann AG.«[86]
Die Ideal-Versicherungsgruppe fokussiert sich seit 1998 auf den Seniorenmarkt. Die Vorteile dieser Strategie beschreibt das Unternehmen in einem Papier aus dem Jahre 2005: Danach ist die Zielgruppe der Älteren »risikoaffin und vorsorgebewusst«, ihr ist »Qualität und persönliche Beratung wichtiger als der günstigste Preis«, Senioren sind »tagsüber erreichbar« und sie machen seltener Verträge wieder rückgängig als Jüngere.[87]
Ideal bietet eine breite Palette spezieller Seniorenpolicen an. Zu ihnen gehört eine Bestattungsvorsorge, sprich Sterbegeldversicherung, was praktisch ist, weil die damit bezahlte Beerdigung von

> einem zur Ideal-Gruppe gehörenden Unternehmen selbst erledigt werden kann: Seit 2003 gehört der Bestatter Ahorn-Grieneisen AG zu 100 Prozent zur Ideal-Gruppe.[88] Das nennt man wohl Service aus einer Hand.

wieder mehr Geld in die Kassen kommt, womit sie dann wieder ….

Was das für künftige Bewohner von Heimen bedeutet? Dass bei ihrer Pflege der Dreikampf »abfertigen – verwalten – allein lassen« mehr denn je zum Prinzip werden könnte, weil die Betreiber den Rotstift beim Personal ansetzen. Zumindest die Privaten werden gar nicht anders können, wenn sie Geld verdienen wollen. Schließlich macht das Personal 60 bis 70 Prozent der Gesamtkosten eines Heims aus.[89] Es besteht also die Gefahr, dass so ziemlich das Gegenteil von dem passiert, was gesellschaftlich notwendig wäre.

Die jüngste Pflegereform und die Siege der Lobbyisten

Heißer Draht ins Parlament

Dass so viele Menschen in Deutschland in Pflegeheimen enden, ist auch ein Erfolg von Interessengruppen. Mit straffer Organisation und viel Geld kämpfen sie dafür, dass Heime gefördert werden. Sie setzen die Politik massiv unter Druck, und immer mehr Politiker geben diesem Druck nach.

»Fleißige Hände und vorausschauende Köpfe.«

Nichts hätte besser demonstrieren können, wie gut die Lobbymaschine funktioniert:

»Der Ministerpräsident des Freistaates Bayern ließ es sich nicht nehmen:«, so beginnt die Pressemitteilung vom 3. Mai 2007, »Dr. Edmund Stoiber persönlich eröffnete heute in der Landeshauptstadt München die Bundesmitgliederversammlung des Bundesverbands privater Anbieter sozialer Dienste e. V. (bpa).«[90]

Der Geladene war voll des Lobes für die Gastgeber. »Er hob hervor«, so zitierte der Verband Stoiber später, »dass der bpa durch sein Kompetenzpotential ein wichtiger Partner und Akteur der Politik sei, und bedankte sich für die engagierte, zielorientierte Lobbyarbeit des bpa. Die vorbildliche Leistungsbilanz des Bundesverbandes sei das Ergebnis fleißiger Hände und vorausschauender Köpfe.«[91]

Die Politik versteht die Botschaft

Treffender kann man es nicht sagen. Vorbildlich ist die Leistungsbilanz der vorausschauenden Köpfe bei den organisierten Pflegedienst- und Heimbetreibern vor allem deshalb, weil es ihnen perfekt gelungen ist, die Politik zum Sprachrohr und besten Anwalt ihrer Interessen zu machen.

Das geschieht keineswegs nur aus Überzeugung – wie wir noch sehen werden –, sondern auch, weil der Verband gleich zwei Drohpotenziale in Stellung bringen kann. Seine vielen Mitgliedsfirmen und deren Arbeitsplätze, ein »Knüppel«, den bpa-Präsident Bernd Meurer auch auf der Bundesversammlung offen zur Schau trug. »Die Mitglieder des bpa investieren 2,3 Milliarden Euro. Sie tragen Verantwortung für rund 150 000 Arbeitsplätze und ca. 8100 Ausbildungsplätze.«[92]

Die Botschaft ist unmissverständlich, und die Politik will sie auch verstehen. Edmund Stoiber selbst rechnete den versammelten Verbandsmitgliedern vor, in der Pflege gebe es mittlerweile mehr Arbeitsplätze als in der Automobilindustrie. Diese Jobs sind massiv gefährdet, wenn die Politik bei der Pflegeversicherung die falschen Entscheidungen fällt, warnt der Verband indirekt seit Jahren. Der bpa will verhindern, dass der gesetzlich festgeschriebene Grundsatz »ambulant vor stationär« auf Kosten der Anbieter stationärer Versorgung in die Tat umgesetzt wird. Bpa-Präsident Bernd Meurer ist geschäftsführender Gesellschafter der Seniorenheime Meurer GmbH, Trägerin des Senioren-Centrums Katzenelnbogen in Rheinland-Pfalz. »Ganz entschieden wehren wir uns dagegen, einen Leistungsbereich gegen den anderen auszuspielen«, so Bernd Meurer. »Eine Stärkung der häuslichen Versorgung ist keine überzeugende Begründung für drastische Leistungskürzungen in der stationären Versorgung.«[93]

Für jede Couleur das richtige Argument

Meurer konzentriert sich seit Jahren auf dieses Thema. Heimbetreiber sind existenziell auf das Geld der Pflegeversicherung angewiesen: Kürzungen von deren Leistungen würden sich verheerend auf die Finanzlage vieler Einrichtungen auswirken, wie das Rheinisch-Westfälische Institut für Wirtschaftsforschung in Essen im Rahmen einer Studie festgestellt hat.[94]

Bei seinem Kampf für den Status quo kann der Verband Unterstützer aller politischen Lager in die Pflicht nehmen, weil er für jeden das passende Argument bereithält. »Unsere Mitglieder sind größtenteils mittelständische Unternehmer«, bekommt Edmund Stoiber zu hören,[95] schließlich ist die CSU bekannt dafür, dass ihr der Mittelstand und seine Arbeitsplätze besonders am Herzen liegen.

Die Gewerkschaften haben Grund, sich ins bpa-Boot zu setzen und mitzurudern, weil ihnen Mitglieder verloren gehen, wenn mehr Selbstständige die alten Menschen zu Hause betreuen und stattdessen weniger Angestellte in Heimen arbeiten. Bei einem »Round-Table-Gespräch« des Deutschen Gewerkschaftsbundes, bei dem natürlich auch Bernd Meurer nicht fehlte, erklärte Christian Zahn, Vorstandsmitglied der Dienstleistungsgewerkschaft Verdi, laut bpa: »Wir unterstützen das Reformvorhaben der Stärkung der ambulanten Pflege, aber nicht zu Lasten der stationären Einrichtungen.«[96] Schließlich würden Kürzungen in diesem Bereich zu Verschlechterungen der Arbeitsbedingungen führen, so Zahn laut bpa, und sich sowohl auf die Beschäftigungsstrukturen als auch auf die Qualität negativ auswirken.

Landes- und Kommunalpolitiker setzen sich ebenfalls dafür ein, das Geld der Pflegeversicherung weiterhin ungebremst in die Heime zu pumpen, weil das die eigenen Haushalte schont. Anders ausgedrückt: Sinken die Sätze der Pflegeversicherung für die stationäre Unterbringung, dann sind sofort deutlich mehr Heimbewohner als bisher auf Sozialhilfe angewiesen. Und die müssen Länder und Kommunen bezahlen.

> **Der bpa: Die Lobbyorganisation kämpft für das Wohl der Heime – mit dem Geld der Versicherten**
>
> Der größte Teil der Einnahmen des bpa – Bundesverband privater Anbieter sozialer Dienste e. V. – stammt aus Mitgliedsbeiträgen der Heime. Die Organisation vertritt nach eigenen Angaben »über 2650 stationäre und teilstationäre Einrichtungen mit mehr als 170 000 Plätzen sowie ca. 2480 ambulante Pflegedienste, die täglich ca. 120 000 Patienten betreuen«.[97] 140 der genannten Heime sind teilstationäre Einrichtungen, der Rest, also mindesten 2510, vollstationäre.
> Diese bezahlen laut Statuten des bpa bis zu einer Kapazität von 120 Betten einen Mitgliedsbeitrag von 49,50 Euro pro Bett und Jahr. Bei Häusern mit mehr als 120 Betten sind es 31,60 Euro. Das heißt ein Heim mit 80 Betten bezahlt laut bpa-Statuten 3960 Euro pro Jahr an den Verband.[98]
> Selbst wenn wir für ein Rechenbeispiel unterstellen, dass 20 Prozent aller Plätze auf Heime mit 121 Betten entfallen (die nur 31,60 Euro pro Bett und Jahr bezahlen müssten), was bei einer Durchschnittsbettenzahl von 64[99] zwar möglich, aber wenig wahrscheinlich ist, spielen allein die bpa-Heime Beiträge von mindestens 7 Millionen Euro pro Jahr in die Kassen des Verbandes ein. Und dabei ist die jährliche Grundgebühr von 132 Euro pro Heim noch nicht mitgerechnet.[100] Für ambulante Pflegedienste ist die Mitgliedschaft im bpa wesentlich preiswerter. Haben sie maximal vier Vollzeitbeschäftigte, sind es 1260 Euro pro Jahr, darüber 1740 Euro.
> Wenn wir unterstellen wollten, dass ausschließlich größere Dienste Mitglied im bpa wären, also nur solche, die 1740 Euro pro Jahr bezahlen müssen, dann bekäme der Verband von den ambulanten Unternehmen Beiträge von etwa 4,3 Millionen Euro pro Jahr.
> Diese Zahlen sollen dreierlei verdeutlichen.
> Erstens: Die Einnahmen des Verbandes stammen zum weitaus größeren Teil von den Heimen und nur zum kleineren von den ambulanten Diensten.

Zweitens: Mehr Menschen in (bpa-)Heimen bringen dem Verband mehr Geld, mehr ambulant Versorgte aber nicht unbedingt. Weil sich die Beiträge im stationären Bereich nach der Anzahl der Betten sprich Bewohner richtet, die im ambulanten Bereich aber nicht nach der Anzahl der zu Hause versorgten. Anders ausgedrückt: Wenn ein Heim sich vergrößert und dadurch 20 Plätze mehr anbietet, bekommt der Verband mehr Geld. Wenn aber ein ambulanter Dienst mit zehn Mitarbeitern fünf weitere einstellt, um mehr alte Menschen betreuen zu können, profitiert der Verband finanziell davon nicht, der Mitgliedsbeitrag bleibt gleich.

Drittens: Insgesamt dürften dem bpa mindestens 10 Millionen Euro – wahrscheinlich aber mehr – jährlich an Mitgliedsbeiträgen zufließen, und dieser Reichtum macht die Lobbygruppe sehr schlagkräftig. Neben der Bundesgeschäftsstelle in Berlin gibt es eine zweite in Bonn und seit Frühjahr 2007 auch ein Büro in Brüssel. Außerdem unterhält der bpa 16 Landesgeschäftsstellen, wobei Bremen/Niedersachsen, Berlin/Brandenburg und Hessen/Rheinland-Pfalz jeweils unter einer gemeinsamen Adresse firmieren.[101]

Das Geld zum Unterhalt der aufwändigen Infrastruktur oder für Mega-Veranstaltungen wie der Bundesmitgliederversammlung im Münchner Nobelhotel Dorint Sofitel stammt letztlich von den Pflegeversicherten. Schließlich wären ohne das Geld der Pflegekasse vermutlich deutlich weniger Mitglieder des bpa willens und in der Lage, so hohe Jahresbeiträge zu bezahlen.

Politik und Altersarmut

Bei der Diskussion auf politischer Ebene dreht sich alles darum, Arbeitsplätze, mittelständische Betriebe und öffentliche Kassen zu schonen. Die Pflegebedürftigen kommen oft nur da ins Spiel, wo sie der Heimlobby nützlich sind, wo sie herhalten müssen als – neben den Arbeitsplätzen – zweites großes Drohpotenzial des Verbands. »Politik organisiert Altersarmut!«, lautete eine Kampagne, mit der der bpa während des Tauziehens um die jüngste Pflegereform monatelang Druck machte. Ziel war es, zu verhindern, dass die

Pflegesätze der Heime zugunsten der ambulanten Versorgung gesenkt wurden. »Die Pläne der Politik bedeuten im Klartext, dass künftig 350 000 Menschen in die Sozialhilfeabhängigkeit abrutschen. Das ist nichts anderes als organisierte Altersarmut«, ließ sich bpa-Präsident Meurer zitieren.[102]

Am 28. November 2006 kam es im Kurhaus Bad Homburg zum »Schulterschluss von Seniorenvertretungen, Sozialhilfeträgern und dem Bundesverband privater Anbieter sozialer Dienste e. V. (bpa)«[103], den die Lobbyisten hinterher gebührend öffentlich feierten: »Der Referatsleiter Soziales im Hessischen Landkreistag Dirk Rost unterstrich die Notwendigkeit der Anpassung von Leistungen: ›Die solidarische Pflegeversicherung hat sich bewährt. Jetzt gilt es, diese auch demografiefest zu machen.‹ Dazu dürfe es aber keinesfalls einseitige Leistungskürzungen im stationären Bereich geben, um den ambulanten Sektor gegenzufinanzieren.«[104]

Solidarisch für volle Heime

Schulter an Schulter mit dem Verband und der Politik, die ihre Sozialhilfeetats schonen will, standen an diesem Tag in Bad Homburg auch Claus-Dieter Junker vom 200 000 Mitglieder starken Sozialverband VdK Hessen-Thüringen und Ewald Knöß, stellvertretender Vorsitzender der Landesseniorenvertretung Hessen. »Sie sind nicht alleine«, rief er den Heimbetreibern zu. »Der Landesvorstand hat ausdrücklich beschlossen, Sie in Ihrer Arbeit gegen die zunehmende Altersarmut zu unterstützen.«[105]

Ganz nebenbei unterstützt der Redner damit auch sich selbst: Knöß betreibt in der Nähe von Kassel das Alten- und Pflegeheim Haus Habichtswald. Noch mehr Pathos verbreitete Jochen Rindfleisch-Jantzon, hessischer Landesvorsitzender des bpa: »Uns verbindet gemeinsam die Achtung der

Würde der pflegebedürftigen Seniorinnen und Senioren und, damit untrennbar verbunden, die Forderung nach sozialer Solidarität.«[106] Rindfleisch-Jantzons Einrichtung heißt »Seniorenheim Linde« und liegt im hessischen Seeheim-Jugenheim ...

Natürlich betreiben nicht nur Privatunternehmer in Deutschland Altenheime, sondern auch Freigemeinnützige wie Caritas oder Arbeiterwohlfahrt sowie unzählige kleinere gemeinnützige Organisationen. Die Dachorganisation letzterer ist der Paritätische Wohlfahrtsverband. Deren Chef, Joachim Jüttner, kann sich bei der Pflegeversicherung viele Veränderungen vorstellen, eine Abkehr vom Sachleistungsprinzip zum Beispiel oder die flächendeckende Einführung des persönlichen Budgets. Den stationären Einrichtungen weniger Geld geben will aber auch er nicht: »Die Heime schreiben immerhin noch schwarze Zahlen, und wenn sie nicht mehr ausgelastet sind, dann schreiben sie rote Zahlen.«[107] Das kann ein Verband, dessen Mitglieder auch unzählige Heime betreiben, nicht wollen.

Begeisterung über den »ganz wuchtigen Schritt«

Das propagandistische Dauerfeuer und die konsequente Pflege der politischen Landschaft führten schließlich zum gewünschten Erfolg: Zwar bringt die jüngste Pflegereform einen kleinen, über mehrere Jahre verteilten Anstieg der Leistungen für die Betreuung zu Hause und einige Extra-Euros für demenziell Erkrankte. Aber ansonsten bleibt – abgesehen von höheren Beiträgen – fast alles wie gehabt. Von einem Umsteuern zugunsten der ambulanten Pflege kann nicht die Rede sein, und die Heime verlieren keinen Cent.

Auf dem »Hauptstadtkongress Medizin und Gesundheit« Ende Juni 2007 widersprach Verbandspräsident Bernd Meurer der harschen öffentlichen Kritik an dieser Mini-Reform: »Wir dürfen die Leistungsausweitungen jetzt nicht klein reden. (...) Pflege schien der Gesellschaft und der Politik nichts wert zu sein. Jetzt gibt es eine Aufbruchstimmung, weil seit Einführung der Pflegeversicherung 1995 erstmalig die Sachleistungsbeträge erhöht werden sollen.«[108]

Solchen Trost hatten die Koalitionäre wahrscheinlich auch bitter nötig, weil die Einigung auf den allerkleinsten gemeinsamen Nenner für Frust in den Reihen beider großen Volksparteien gesorgt hatte. Je schlechter aber ein Ergebnis, desto offensiver muss man es den Menschen verkaufen. Kurt Beck verkündete, er sei »fast begeistert«[109] über den Pflegekompromiss, Edmund Stoiber sagte, »das ist ein ganz wuchtiger Schritt«[110], obwohl beide 90 Prozent ihrer Ziele nicht erreicht hatten.

In Wahrheit läuft der Kompromiss darauf hinaus, eine echte Reform der nächsten, 2009 gewählten, Bundesregierung zu überlassen. Wie immer diese aussehen mag.

»Das ist etwas, was es in Deutschland nicht geben darf.«

Mit der Aktion »Politik organisiert Altersarmut« stellte der Pflegeverband schon zum zweiten Mal innerhalb kurzer Zeit seine Kampagnenfähigkeit unter Beweis.

Etwa zwei Jahre zuvor ging es im Zusammenhang mit der »EU-Dienstleistungsrichtlinie« um die Frage, ob Serviceunternehmen ihre Leistungen grenzüberschreitend überall in der EU anbieten dürfen. Ob beispielsweise ein Gartenbaubetrieb aus Stettin auch einen Garten in Potsdam anlegen kann. Die EU wollte sich wenigstens hier, bei den Freiheiten von Selbstständigen, auf eine gemeinsame Linie einigen. Bei den Arbeitnehmern war ihnen das nicht gelungen.

Der ursprüngliche Plan, allen Branchen Dienstleistungsfreiheit zu gewähren, wurde nach zähen Verhandlungen gekippt: Auf Druck der deutschen und der französischen Regierung klammerten die Verhandlungsführer einige Bereiche aus, so auch die Gesundheit und die Pflege. Ein ambulanter Dienst aus Polen darf deshalb nach wie vor in Deutschland keine alten Menschen pflegen.

Als das Europäische Parlament den geänderten Entwurf im November 2006 absegnete, frohlockte der Verband: »Ein Qualitätsdumping zu Lasten der Pflege in Deutschland wird es nicht geben. Das ist ein wichtiger Erfolg, für den sich der bpa beharrlich eingesetzt hat.«[111] –

Die Logik ausländischer Pflegedienst = schlechte Qualität gehört zu jenen Standardargumenten, die der bpa einfach so lange wiederholt, bis sie sich in die Gehirne einbrennen – völlig unabhängig von ihrem Sinn oder Unsinn. Und tatsächlich dürfte das öffentliche Unterbewusstsein professionelle Pflegedienste aus anderen Ländern inzwischen weitgehend mit »Illegalen« in einen Topf werfen, die sich ebenfalls beständig dem Vorwurf mangelnder Qualität ausgesetzt sehen.

»Im Bereich der illegalen Pflege weiß niemand, ob es sich um Fachkräfte handelt, ob es sich um Hilfskräfte handelt, in welcher Güte, nach welchen Standards, auf welchem Qualitätsniveau überhaupt gepflegt wird. Das ist etwas, was es in Deutschland nicht geben darf«[112], sagte Bernd Meurer einmal in einem Interview.

Pflegeexamen für Familienangehörige?

Was er nicht sagt: Pflege durch Menschen, die keine Fachkräfte sind, die von Standards keine Ahnung haben und sich auch nicht dafür interessieren, ja die noch nie auch nur eine Stunde Anleitung in Sachen Pflege hatten, gibt es in Deutschland seit Jahrzehnten hunderttausendfach. Und diese Kräfte sind das Rückgrat der Altenpflege in unserem Land, ohne sie würde alles zusammenbrechen.

Gemeint sind die pflegenden Familienangehörigen. Sie versorgen etwa eine Million Menschen und damit knapp die Hälfte aller Pflegebedürftigen. Und das ganz ohne Ausbildung. Fragt sich, warum der »Bundesverband privater Anbieter sozialer Dienste« noch nicht gefordert hat, all diese Angehörigen sollten zumindest eine Pflegehelfer-Ausbildung absolvieren? Oder ist Windelnwechseln durch die ungelernte Tochter etwa weniger gefährlich als durch die ungelernte Polin?

Die Verlogenheit dieser Argumentation macht deutlich, dass es mitnichten nur um die Qualität geht. Sondern um die Verunglimpfung von Alternativen zum Heim und darum, den ambulanten Diensten das von der Pflegekasse finanzierte Geschäft zu erhalten.

Beim Pflegen scheint der bpa den Familien zu vertrauen, beim Umgang mit Geld dagegen weniger. Seit Jahren spricht er sich gegen das »Persönliche Budget« aus, einen Modellversuch, bei dem die Zahlungen der Pflegekasse direkt an den Pflegebedürftigen gehen und nicht an den ambulanten Dienst. Ziel ist es, dass die Familie flexibler als im gängigen System Hilfen nach eigenem Gusto einkaufen kann (siehe Seite 210).

Der Kampf geht weiter

Die Lobby argumentiert mit dem bewährten Dreisprung »zu wenig Kontrolle« – »schlechte Qualität« – »Pflegebedürftige müssen leiden«. Tatsächlich muss ihnen die Sache zumindest auch aus anderen Gründen ein Dorn im Auge sein: Erstens haben die ambulanten Dienste beim persönlichen Budget nicht mehr die alleinige Kontrolle über Leistungen und Abrechnungen. Stattdessen wird der »Pflegefall« plötzlich zum Kunden, mit dem sie sich über Qualität und Leistung auseinandersetzen müssen. Zweitens kann die

Familie vielleicht durch eine maßgeschneiderte Lösung mit preiswerten Kräften die Versorgung des Angehörigen so weit optimieren, dass er nicht oder zumindest nicht so bald ins Heim ziehen muss.

Gründe genug also, die gute Idee schlecht zu reden. Genau wie bei anderen Kampagnen unterstützten den Verband hier Bundesgenossen beider großen Parteien. Und auch dem katholischen Caritasverband, Träger unzähliger Einrichtungen, fielen bei einer Fachtagung ebenfalls unzählige kritische Fragen zum Pflegebudget ein.

Die wohl wichtigste: »Wie kann sichergestellt werden, dass Sozialstationen als etablierter und akzeptierter und qualifizierter Anbieter in der ambulanten häuslichen Pflege an den neuen Leistungen partizipieren können?«[113] Noch deutlicher wird der Arbeitgeber- und BerufsVerband privater Pflege e.V. (ABVP), eine Interessenvertretung der ambulanten Dienste, in einer Stellungnahme.

»Gemeinsam mit den Betroffenen handeln.«

»Eine flächendeckende Einführung des Modellprojektes ›Pflegebudget‹ ab 2008 muss verhindert werden! Der ABVP appelliert an die Gewerkschaften, an Sozialpolitiker aller im Bundestag vertretenen Parteien, an die Organisationen der Versicherten und Patienten, an die Sozialverbände, an die Kranken- und Pflegekassen, an alle, die interessiert sind am Erhalt fester, sozialversicherungspflichtiger Arbeitsplätze, an qualitätsgesicherter Pflege und am Überleben leistungsfähiger, öffentlich (MDK-) kontrollierter Pflegedienste und Pflegeheime, gemeinsam mit den Betroffenen zu handeln.«[114]

Argwöhnisch betrachtet wird auch das Pflegegeld, jener vergleichsweise geringe Betrag, den Pflegebedürftige bekommen, die auf die Hilfe des ambulanten Dienstes verzichten. Denn jeder, der Bares in die Hand bekommt und selbst entscheidet, was er damit macht, kommt womöglich auf die Idee, die Pflege jenseits von ambulanten Diensten oder Heimen intelligent und maßgeschneidert zu organisieren.

Der bpa verdächtigt Familien, von dem Geld Schwarzarbeiterinnen zu bezahlen. Deshalb sollen die Pflegekassen immer einen Nachweis darüber fordern, wer genau in der Familie das Pflegegeld bekommt, so ein Positionspapier. »Wird dieser nicht regelmäßig erbracht bzw. besteht der Verdacht der illegalen Beschäftigung, ist das Pflegegeld zu entziehen.«[115]

Seit dem 1. September 2006 müssen Pflegegeldempfänger tatsächlich detailliert angeben, welche Personen im Haushalt welche Leistungen erbringen. Das macht es natürlich nicht leichter, auch mal einer Schülerin aus der Nachbarschaft 10 Euro zu geben, weil sie zwei Stunden bei der pflegebedürftigen Oma am Bett gesessen hat. Oder vielleicht am nächsten Tag 20 Euro der Nachbarin, die ohnehin zum Einkaufen fährt und etwas mitbringt ...

Wohlgemerkt: Beim Pflegegeld handelt es sich – in der Pflegestufe I – um ganze 215 Euro.

Einschüchtern, kontrollieren, sanktionieren, so erscheint einem das Verhalten des bpa gegenüber pflegenden Familien.

Politik und Pflege: Wie Lobbyarbeit wirkt

Die vorletzte Pflegeversicherungsreform ist schnell in Vergessenheit geraten, weil Gerhard Schröder das Werk im Januar 2004 auf der Zielgeraden stoppte. Die Belastungsgrenze der Bürger durch Reformen sei erreicht, so ein Regierungssprecher damals zur Begründung.

Im Licht der aktuellen Entwicklung ist es allerdings interessant, sich noch einmal kurz mit einigen Details von damals zu befassen.

Am 12. November 2002 hatte die Bundesregierung die »Kommission für die Nachhaltigkeit in der Finanzierung der Sozialen Sicherungssysteme« eingesetzt, besser bekannt unter dem Kürzel »Rürup-Kommission«. Der Abschlussbericht, am 28. August 2003 vorgelegt, enthielt auch Vorschläge für eine Umstrukturierung der Pflegeversicherung. Die Experten schrieben unter anderem: »Weiterer wesentlicher Reformbestandteil – sowohl in qualitativer als auch in finanzieller Hinsicht – ist die Umsteuerung von Finanzmitteln aus dem vollstationären in den qualitätsgesicherten ambulanten Pflegebereich ab dem Jahr 2005.«[116] Konkret lautete der Vorschlag, in den Pflegestufen I und II zukünftig ambulant und stationär die gleichen Sätze zu bezahlen, 400 beziehungsweise 1000 Euro, was einer Erhöhung der ambulanten und einer Senkung der stationären Beträge gleichgekommen wäre. »Damit wird zum einen dem grundsätzlichen Vorrang der häuslichen Pflege besser entsprochen, indem vermehrt Anreize zur Inanspruchnahme entsprechender Pflegeleistungen geschaffen werden und ein differenzierter Ausbau der ambulanten Pflegeinfrastruktur gefördert wird«, so die Kommission.[117] Dieser Vorschlag bedeutete nicht mehr und nicht weniger, als die alte Forderung nach »ambulant vor stationär« endlich in die Tat umzusetzen.

Doch von dem Ansatz kam nur ein Teil in der Realpolitik an, wohl auch, weil die Rahmenbedingungen 2004 – Arbeitslosigkeit deutlich höher, Konjunktur schlechter – völlig anders waren als 2007. Die ausgehandelte und schließlich gestoppte Reform hatte offenbar vor allem das Ziel, die Ausgaben im Griff zu behalten: Laut Gesetzentwurf sollte die Senkung der Heimsätze in den unteren Pflegestufen deutlich ausfallen, genau wie es von der Rürup-Kommission empfohlen worden war. Die parallel geplante Erhöhung der ambulanten Sätze fiel allerdings wesentlich geringer aus als von den Experten vorgeschlagen.

Interessant an den Ereignissen ist allerdings, dass Kürzungen bei den Heimen 2003 für keine Partei ein Tabu waren. Zu verantworten hatte den Reformansatz das Gesundheitsministerium, die Ministerin hieß schon damals Ulla Schmidt.

2007 dagegen war auch für die langfristige Perspektive nicht mehr die Rede davon, bei den Heimen zu kürzen, um mit dem gesparten Geld den häuslichen Bereich zu stärken. Offensichtlich hat die intensive Lobbyarbeit Wirkung gezeigt.

Und die CSU, deren damaliger Vorsitzender Edmund Stoiber 2007 die Jahresversammlung des »Bundesverbandes privater Anbieter sozialer Dienste« eröffnete und den bpa in den höchsten Tönen lobte, hatte beim vorigen Reformansatz noch deutlich mehr Mut, sich mit der Heimlobby anzulegen. Im März 2004, zwei Monate, nachdem Gerhard Schröder die Reform gestoppt hatte, präsentierte die CSU ein eigenes Konzept. Und auch das sah eine drastische Kürzung der Mittel für die Heimunterbringung in der Pflegestufe I vor ... [118]

»Ein Qualitätsabbau konnte verhindert werden.«

Welch seltsame Blüten professionelle Lobbyarbeit treiben kann, zeigt das Beispiel des ehemaligen CDU-Wirtschaftsstaatssekretärs Joachim Würmeling. Beim Kampf gegen die EU-Dienstleistungsfreiheit gehörte er zu den wichtigsten Unterstützern der Verbände und freute sich gemeinsam mit ihnen über das schließlich erzielte Ergebnis: »Durch die geänderte Formulierung sind Pflegeleistungen ebenso wie Gesundheitsdienstleistungen unmissverständlich von der Dienstleistungsrichtlinie ausgenommen. Ein drohender Qualitätsabbau in der Pflege konnte dadurch verhindert werden.«[119]

Würmeling wiederholte damit fast wörtlich die Formulierungen des bpa, obwohl er einige Wochen vor der oben zitierten Äußerung in einem Radiointerview noch ganz anders klang: »Mittelfristig müssen wir uns natürlich schon die Frage stellen: Wie können wir den Pflegebereich finanzierbar halten? Ein europäischer Binnenmarkt im Bereich der Pflege wird natürlich zu zusätzlicher Konkurrenz, zu zusätzlichem Wettbewerb führen, und wird aber auch aus der Sicht des Verbrauchers (...) zu einem günstigeren Angebot führen.«[120] Auch die Ängste vor Billigpflege zerstreute er damals noch: »In dem Moment, wo sich ein Pflegedienstleister in Deutschland niederlässt, ist er an alle deutschen Vorschriften gebunden. Und die machen das Geschäft teuer, die machen auch die Lebenshaltung in Deutschland teuer, und deswegen wird es dann auch keine Dumpingpreise geben.«[121]

»Wir dulden auf gar keinen Fall die Schwarzarbeit.«

Später, auf diesen Widerspruch angesprochen, sagte Würmeling, neben den meisten Mitgliedsstaaten und dem EU-Parlament habe vor allem der Koalitionspartner SPD »sehr starken Wert«[122] auf den Schutz der Gesundheits- und Pflegebranche gelegt. »Und da wir gesehen haben, dass wir mit dieser Forderung sowieso nicht durchkommen, haben wir das dann auch nicht aufrecht erhalten«[123], so Joachim Würmeling. In der Politik kommt es eben auf Flexibilität an. Und die bewies Joachim Würmeling nicht nur in Fragen des EU-Rechts, sondern auch bei einem damit eng verbundenen Thema.

»Das enorme Vordringen der Schwarzarbeit zeigt natürlich, dass es einen Bedarf an günstigeren Pflegedienstleistungen gibt, als sie bisher vorhanden sind«, so sprach der Staatssekretär in besagtem Radiointerview, »deswegen müssen wir uns intensiver mit der Frage des Niedriglohnsektors beschäftigen. Wenn dort ein Markt besteht, wenn dort ein Bedarf besteht und dort Arbeitsplätze zur Verfügung gestellt werden können, dann müssen wir uns überlegen, wie wir die Bedingungen so verbessern, dass diese Leute legal und nicht illegal arbeiten.«[124]

Dann aber, im Sommer 2006, äußerte er zum selben Thema: »Die Angebote, die seitens der Pflegeversicherung da sind, zum gegenwärtigen Zeitpunkt, mögen vielleicht nicht in jeder Hinsicht optimal sein, aber sie sichern das Pflegerisiko mit den gegebenen finanziellen Leistungen ab, so dass aus unserer Sicht auch zum gegenwärtigen Zeitpunkt keine Notwendigkeit besteht, illegale Kräfte zu beschäftigen. (...) Wir dulden auf gar keinen Fall die Schwarzarbeit, die Schwarzarbeit ist handfeste Wirtschaftskriminalität. Sie entzieht uns allen Gelder und deshalb kämpfen wir dagegen.«[125] Es geht eben nichts über einen flexiblen Standpunkt.

Angstmache und Desinformation: Ein kleiner Einblick in die Pressearbeit der Pflegelobby

Kein Journalist liest Pressemeldungen ganz genau von der ersten bis zur letzten Zeile, weil maximal zwei Sätze wirklich Wichtiges enthalten und die Lektüre ansonsten kreuzlangweilig ist. Beim Thema Altenpflege ist das allerdings anders. Ein Gutteil der Macht der Lobbyisten beruht darauf, dass die komplexe Materie für die Öffentlichkeit und für die betroffenen Familien kaum zu durchschauen ist. Und das nutzt der bpa – Bundesverband privater Anbieter sozialer Dienste e. V. – in seiner Pressearbeit zur Angstmache und Desinformation.

Drei Beispiele:

1) In der bpa-Pressemeldung vom 26. Juli 2006 war unter anderem zu lesen: »Es wurden die Geschäftsräume einer Agentur im Bezirk (...) durchsucht, die sich auf die Einschleusung und Vermittlung illegaler Pflegekräfte für den ›Rund um die Uhr‹-Einsatz in Privathaushalten spezialisiert haben soll.«[126] Das ist in gleich zweifacher Hinsicht unsinnig: Erstens handelt es sich um EU-Ausländer und die braucht niemand »einzuschleusen«. Polnische Staatsbürger, die nach Deutschland wollen, setzen sich einfach in den Zug und fahren hin. Warum also einen »Schleuser« bezahlen?

Zweitens sind sie folglich auch nicht illegal im Land und haben das Recht, sich hier aufzuhalten. Gegen die polnischen Kräfte wurde überhaupt nicht ermittelt, weil gegen sie nichts vorlag. Das ganze Verfahren hatte mit der Frage, ob es sich um Polinnen oder Deutsche handelt, nicht das Geringste zu tun. Es drehte sich einzig und allein um die Frage der Scheinselbstständigkeit.

2) Egal, wie die Sache tatsächlich war, am 12. Februar 2007 ging die Desinformation weiter. An diesem Tag zitiert der Verband Susanne Pletowski, stellvertretende Vorsitzende der bpa-Landesgruppe Baden-Württemberg: »Arbeitnehmerinnen und Arbeitnehmer, die aus Bulgarien, der Slowakei, Slowenien, Tschechien und Ungarn einreisen wollen, werden ausschließlich von der Bundesagentur für Arbeit vermittelt und bedürfen einer Arbeitserlaubnis.«[127] Die Dame drückt sich in gleich doppelter Hinsicht missverständlich aus. Wer aus diesen Ländern nach Deutschland einreisen will, der kann das tun, dazu braucht er weder die Vermittlung der Bundesagentur für Arbeit noch eine Arbeitserlaubnis. Die braucht er nur, wenn er in Deutschland als abhängig Beschäftigter arbeiten will.

Der Leser der bpa-Erklärungen kann den Eindruck gewinnen, EU-Osteuropäerinnen dürften nicht nach Deutschland kommen und sich nicht hier aufhalten. Doch das ist schon lange nicht mehr so. Die Äußerungen des bpa erinnern an die vor dem EU-Beitritt übliche Abschiebepraxis. Der Verband muss sich den Vorwurf gefallen lassen, Angstmache als Propagandainstrument einzusetzen.

3) Laut einer Pressemeldung vom 5. Juni 2007 sagte bpa-Präsident Bernd Meurer: »Gefährlich für die Pflegebedürftigen ist, dass ihnen Vermittler vorgaukeln, nach der EU-Dienstleistungsrichtlinie sei alles legal. Die Wahrheit ist, dass es sich in aller Regel aber um eine Scheinselbstständigkeit handelt. Konsequenz in diesen Fällen: Die Pflegebedürftigen gelten als eigentliche Arbeitgeber, müssen Beiträge und Abgaben nachzahlen und mit erheblichen Geld- bis Gefängnisstrafen rechnen.«[128] Die Gefahr, in Deutschland wegen der Beschäftigung einer polnischen oder tschechischen Pflegerin ins Gefängnis zu kommen, tendiert gegen null. Im Gegenteil: Dietlinde King, Vorsitzende der 15. Großen Strafkammer am Landgericht Darmstadt, zeigte 2006 in einem Prozess nicht nur größtes Verständnis für betroffene Familien, sondern sogar für die Vermittler der Kräfte. Ein polnisch-deutsches Ehepaar hatte von 2002 bis 2004 insgesamt 191 Polinnen an Pflegebedürftige vermittelt. Weil Polen zu diesem Zeitpunkt noch kein EU-Mitglied war, handelte es sich um die Straftat der »verwerflichen Einschleusung und Ausbeutung von Ausländern«. Trotzdem verurteilte die Richterin die Angeklagten lediglich zu einer Bewährungs- und Geldstrafe. »Wenn man einerseits die Straftatbestände hat, andererseits jedoch horrende Missstände, dann relativiert sich der staatliche Strafanspruch«[129], sagte sie in einem Interview mit der Frankfurter Rundschau. Ihrer Ansicht nach hatten die Vermittler den Familien aus einer Notlage geholfen, denn »angemessene Pflege ist in Deutschland legal offenkundig nicht bezahlbar«.

Das Schreckensszenario, das der bpa und sein Präsident Bernd Meurer entwerfen, ist also völlig realitätsfern. Wenn noch nicht einmal die Vermittler von Pflegekräften ins Gefängnis wandern, dann haben die betroffenen Familien erst recht nichts zu befürchten. Wie sagte doch Dietlinde King über die Ermittlungen gegen die Familien (mit denen sie nicht befasst war): »Ich würde diese Verfahren einstellen wollen. Was machen Sie als Angehörige? Von allen Seiten hört man, dass das die einzige Möglichkeit ist, den Betroffenen bestmöglich zu helfen.«[130] Dennoch verbreitet der bpa Äußerungen, die geeignet sind, unter den Betroffenen Angst und Schrecken auszulösen.

Der Kampf gegen die »Illegalen«

Seriöse Vermittler und Menschenhändler

Niemand weiß genau, wie viele Pflegekräfte aus Osteuropa illegal oder halblegal in Deutschland leben und arbeiten. Nach Berechnungen des Schwarzarbeitsexperten Friedrich Schneider (siehe Interview Seite 165) sind es – Kranken- und Altenpflege zusammengenommen – etwa 200 000 Menschen.

Sie alle sind hier, weil wir sie brauchen, deshalb wäre es das Beste, sie zu legalisieren. Doch davon sind wir noch immer weit entfernt. Im Gegenteil: Die Lobby der Heimbetreiber und ambulanten Dienste kriminalisiert die 24-Stunden-Betreuung durch Osteuropäerinnen.

Mit welchen Mitteln das geschieht, davon erzählt dieses Kapitel und von den Folgen für die Familien. Außerdem zeigt es anhand eines prominenten Beispiels, dass wir schon viel zu lange über das Thema diskutieren; und wie ein halbherziger Versuch der Politik, Abhilfe zu schaffen, gescheitert ist.

»Aufgrund von Hinweisen ehrlich arbeitender Einrichtungen ...«

Dies ist die Geschichte eines Gründers, der sich in den Kopf gesetzt hatte, einen wirklich legalen und bezahlbaren Weg zu finden, um alte Menschen zu Hause rund um die Uhr betreuen zu lassen. Und der dabei unvergessliche Erfahrungen mit der Heimbetreiber-Lobby und dem deutschen Rechtssystem machte.[131]

Lange glaubte Dorothea Wilmers*, dass sie es auch weiterhin alleine schaffen würde. Natürlich gab es den Pflegedienst; aber das bedeutete lediglich, dass sie sich statt 24 nur 22 Stunden am Tag um ihren Vater kümmern musste. Dass der 77-Jährige unter Demenz litt, war der Familie zunächst gar nicht klar. Doch irgendwann, nachdem er nachts aus dem Bett gefallen war, versuchte er immer wieder, wegzulaufen, wenn sich niemand mit ihm beschäftigte. Ungefähr ab dem Jahr 2001 – Dorothea Wilmers kümmerte sich bereits seit sechs Jahren um ihn – konnte sie ihn keine Minute mehr aus den Augen lassen. Ihre Mutter, die mit im Hause lebte, war zwar trotz zweier Schlaganfälle nicht pflegebedürftig, aber sie ging nicht mehr alleine einkaufen und kochte auch nicht mehr. Von ihr konnte Dorothea Wilmers kaum Hilfe erwarten. Ihr Mann Gregor* arbeitete lange Tage, Sohn Stefan* studierte.

Obwohl beide sie unterstützten so gut es ging, musste sich Dorothea Wilmers irgendwann eingestehen, dass es so nicht weitergehen konnte. Dass sie noch jemanden brauchte, der ständig da war und sie entlasten konnte. Über eine Anzeige lernte sie eine Pflegerin aus Polen kennen, allerdings stellte sich schnell heraus, dass die Frau Alkoholprobleme hatte. Mangels Alternativen blieb sie ein halbes Jahr bei der Familie, dann ging es beim besten Willen nicht mehr.

Dorothea Wilmers' Mann Gregor hatte irgendwoher die Telefonnummer eines Vermittlers bekommen und fuhr nach Berlin. Was er dort erlebte, hätte aus einem Dokumentarfilm über Menschenhändler stammen können: Im Hausflur eines dunklen Hinterhofs musste er einem Mann 800 Euro in die Hand zählen, anschließend präsentierte der ihm eine Frau aus Polen, die ganz passabel Deutsch zu sprechen schien. Damals, im Jahre 2002, profitierten solche Schleuser noch davon, dass Polen und andere osteuropäische Länder nicht in der EU waren, Menschen von dort deshalb nicht problemlos von sich aus nach Deutschland einreisen durften.

Schon auf der Rückfahrt wurde Gregor Wilmers klar, dass man ihn hereingelegt hatte. Jene Sätze, die die Frau neben ihm auf dem Beifahrersitz vor einer Stunde in dem dunklen Berliner Hausflur gesprochen hatte, waren auswendig gelernte Floskeln gewesen. Verstehen konnte sie auf Deutsch keinen einzigen Satz. Umzukehren und den Vermittler zur Rede zu stellen, hielt Gregor Wilmers für keine besonders gute Idee. Stattdessen kaufte er der Polin eine Fahrkarte und setzte sie in den nächsten Zug Richtung Heimat. – Beim zweiten Versuch sollte er eine Frau an einer Raststätte vom Bus abholen, doch die angekündigte Pflegekraft tauchte nicht auf. Schließlich rief Dorothea Wilmers eine Vermittlerin an, deren Anzeige sie auf Deutsch in einer polnischen Zeitung gesehen hatte. »Geben Sie mir eine Woche«, sagte sie, und Dorothea Wilmers antwortete, so viel Zeit habe sie nicht. Nach einem langen Telefongespräch kam die Vermittlerin schließlich selber und half sechs Wochen lang. Für die Zeit danach vermittelte sie der Familie eine andere Pflegerin.

Natürlich war es allen klar, dass es sich hier um Schwarzarbeit und damit um etwas Illegales handelte. Aber die Wilmers' sahen keinen anderen Weg, auch deshalb fanden sie sich damit ab.

Genau wie der ambulante Pflegedienst, der den Vater medizinisch versorgte. Die Mitarbeiter wollten den Auftrag nicht verlieren, also schwiegen sie und machten ihre Arbeit.

Irgendwann kam die erste Warnung

Nach etwa sechs Monaten, im Jahre 2003, starb der Vater. Doch statt die freie Zeit zu genießen, fiel Dorothea Wilmers in ein Loch. Das Kümmern um den Vater war ihr zur Lebensaufgabe geworden, und diese Aufgabe fehlte ihr jetzt.

Zurück in den früheren Job konnte die gelernte Fotolaborantin nicht: Erstens war sie seit acht Jahren raus aus dem Geschäft, zweitens gab es den Beruf durch den Siegeszug der Digitaltechnik im Grunde nicht mehr.

Sie brauchte etwas Sinnvolles zu tun. Deshalb kam es ihr gelegen, wenn Freunde und Nachbarn sie nach einer Hilfe für ihre Mutter fragten. Dorothea Wilmers nutzte ihre Kontakte nach Polen, die sie durch die Erfahrungen mit dem Vater hatte, und begann, Pflegekräfte zu vermitteln. Erst waren es zwei, dann fünf, schließlich etwa zehn. Geld nahm sie dafür nicht.

Irgendwann kam dann die erste Warnung. Ein Freund, der in der Pflegebranche arbeitet, rief ihren Sohn an und sagte, der Zoll – zuständig für Schwarzarbeit – ermittele gegen die Familie.

Ob es sich bei der Aktion um eine gezielte Einschüchterung handelte oder der Anrufer tatsächlich etwas wusste, ist zwar bis heute unklar, auf jeden Fall entschloss sich die Familie Wilmers daraufhin, aus der Idee ein legales Business zu machen. Auf der zweijährigen Odyssee, die dann folgte, mussten sie vor allem zwei Dinge lernen. Erstens: Einige Altenheime betrachten eine bezahlbare 24-Stunden-Betreuung zu Hause als massive Bedrohung ihres Geschäftsmodells und wehren sich mit Zähnen und Klauen. Zweitens: Was in der Altenpflege legal ist und was illegal, darüber gibt es in diesem Land höchst unterschiedliche Auffassungen – auch und gerade unter Juristen.

Und, noch wichtiger: An einer grundlegenden Klarstellung besteht wenig Interesse.

Rund-um-die-Uhr-Betreuung statt Heim

Wer eine Pflegestufe hat und zu Hause bleiben will, kann einen ambulanten Pflegedienst bestellen. Wie bereits geschildert, kümmert der sich ums Waschen und Anziehen, sortiert die tägliche Ration Tabletten oder reibt den Patienten ein. Für Spaziergänge oder eine Partie Mühle ist er nicht zuständig. Das bezahlt die Kasse nicht, und deshalb hat der Mitarbeiter des Pflegedienstes dafür auch keine Zeit.
Je nach Pflegestufe besucht er den Patienten ein- bis viermal täglich, zwischen diesen Terminen muss er alleine oder mit Hilfe von Familie und Freunden zurechtkommen. Es sei denn, er kann wesentlich mehr bezahlen, als ihm die Pflegekasse gewährt. Denn natürlich versorgen ambulante Dienste auch viele Menschen zehn Stunden am Stück oder sogar rund um die Uhr, was deutlich mehr kostet, als die Pflegeversicherung erstattet. Dieses Geld bezahlt aber – von Härtefällen abgesehen – nicht die Pflegekasse, sondern entweder der Patient selbst mit seiner Rente und seinem Vermögen oder das Sozialamt.
Die allermeisten Familien sind weder so reich, dass sie sich das leisten können, noch so arm, dass das Sozialamt dafür aufkommt. Sie liegen irgendwo dazwischen.
Der pflegebedürftige Großvater muss sich also mit den zwei bis drei täglichen Besuchen des ambulanten Dienstes begnügen, wenn seine Angehörigen keine Zeit haben, sich selbst intensiv um ihn zu kümmern. Mit der Zeit geht es ihm dann schlechter, und alle stellen fest, dass die Einsätze der Profis nicht mehr genügen. Wer ein extra Zimmer hat, um sie unterzubringen, beschäftigt dann oft eine Schwarzarbeiterin aus Osteuropa. Die ist immer da und im Gegensatz zu legalen Lösungen bezahlbar. Familien, die diesen Weg nicht gehen wollen oder können, geben den Verwandten meist irgendwann ins Heim.
Ob eine 24-Stunden-Betreuung funktioniert, hängt – unabhängig von der Frage, ob die Hilfskraft nun Steuern bezahlt oder nicht – vom gegenseitigen Vertrauen ab. Entscheidend ist, wie sich beide Parteien persönlich verstehen, nicht so sehr, welche Qualifikation die Frau aus Osteuropa mitbringt. Sie erledigt den Haushalt und ist vor allem immer präsent, weil sie in der Wohnung des Pflegebedürftigen lebt. Nachts kann sie über ein Babyphon von ihrem Zimmer aus

> kontrollieren, ob mit ihrem Schützling alles in Ordnung ist. Und bei Bedarf einen Angehörigen oder den Arzt rufen. Allerdings: Ganz ohne Mithilfe der Familie funktioniert auch dieses Modell nicht, die Kinder und Enkel sollten es als Gemeinschaftsaufgabe betrachten.

Die Familie wollte keinen Ärger – das Entsendegesetz

Dorothea Wilmers' Sohn Stefan, ein Jurastudent, meldete auf den Namen der Mutter eine Firma an und beantragte eine Arbeitserlaubnis für jene Polinnen, die sie bereits vermittelt hatte. Was folgte, war das Prinzip Hauptmann von Köpenick: Zur Arbeitserlaubnis bräuchten die Damen erst einmal eine Aufenthaltsgenehmigung, sagte die Agentur für Arbeit. Ohne Arbeitserlaubnis keine Aufenthaltsgenehmigung, so das Ausländeramt.

Er erinnerte sich daran, dass es ja noch das so genannte Entsendegesetz gab und suchte sich einen Kooperationspartner in Polen. Dort waren die Pflegekräfte angestellt, das polnische Unternehmen entsandte sie dann – juristisch gesprochen – zum Arbeiten nach Deutschland. Viele Pflegekraft-Vermittler in Deutschland arbeiten mit dieser Konstruktion. Als 100-prozentig legal kann sie allerdings nur so lange durchgehen, wie niemand ganz genau hinsieht. Das wurde Stefan Wilmers, dem angehenden Juristen, ziemlich schnell klar, nachdem er sich näher mit der Materie beschäftigt hatte: Das Partnerunternehmen in Polen darf keinesfalls nur mit dem Zweck gegründet worden sein, Mitarbeiterinnen nach Deutschland zu entsenden, es muss mindestens 25 Prozent seines Umsatzes in der Heimat erwirtschaften. Außerdem muss das Unternehmen vier Monate in Polen bestanden haben, bevor es jemanden nach Deutschland schicken darf. Stefan Wilmers: »Ein Vermittler in Deutschland kann doch unmöglich nachprüfen, ob sich das Partnerunternehmen in Polen an diese Regeln hält oder nicht.«

Er hatte sich aber partout in den Kopf gesetzt, einen Weg zu finden, der offiziell und anerkannt legal ist. Also machte er Schluss mit der Entsendung, obwohl er keine bessere Konstruktion zu bieten hatte. Die Hilfskräfte, die die Firma vermittelt hatte, waren wieder normale Schwarzarbeiterinnen wie Zehntausende andere auch. Auf Dauer konnte das keine Lösung sein, denn es hieß, dass die Pflegekräfte bei jedem Schritt vor die Tür Angst haben mussten, dass sie jemand entdeckte und vielleicht anzeigte. Außerdem wollte die Familie keinen Ärger.

Die entscheidende Idee kam Stefan Wilmers, als er sich noch einmal in den schon damals beachtlich angeschwollenen Aktenstapel vergrub: Hatte ihm nicht die Agentur für Arbeit geschrieben, dass sich die Polinnen als einzelne Selbstständige in Deutschland niederlassen konnten, um hier ihre Dienste anzubieten? Bei der Recherche stellte er fest, dass es in der Altenhilfe bereits viele Einzelunternehmerinnen gab.

Die Mühlen hatten sich längst in Gang gesetzt

Die Wilmers' wollten ein Unternehmen schaffen, für das nicht etwa polnische Haushaltshilfen arbeiten, sondern das im Gegenteil einen Strauß von Dienstleistungen für Selbstständige erbringt. Das sich um die Gewerbeanmeldung und um die Steuererklärung kümmert, jene Rechnungen korrekt formuliert, die die Haushaltshilfen den Pflegefamilien stellen, den Kleinunternehmerinnen eine Kranken- und eine Unfallversicherung besorgt. Und, am allerwichtigsten: Das Unternehmen sollte natürlich Aufträge vermitteln.

Was sollte dagegen sprechen? Nichts, diesen Eindruck jedenfalls hatte Stefan Wilmers auch nach einem Gespräch mit dem zuständigen Gewerbeprüfer am 5. Oktober. Der ließ sich das Geschäftsmodell erklären und war anschließend bereit, die Pflegekräfte als Selbstständige anzumelden. Auch die Ausländerbehörde hatte keine Einwände, vorausgesetzt, die Damen seien krankenversichert, polizeilich gemeldet und hätten eigenes Einkommen.

All das traf zu, Stefan Wilmers glaubte, endlich alles richtig gemacht, sich nach allen Seiten abgesichert zu haben. Am 17. Oktober 2005 gründete er seine Firma offiziell, das Finanzamt teilte ihm anstandslos eine Steuernummer zu. Fast sieben Monate lang wähnte sich der Gründer auf der sicheren Seite. War überzeugt davon, ein ebenso lukratives wie für die Familien hilfreiches Geschäftsmodell und damit den Königsweg für eine bezahlbare, legale 24-Stunden-Betreuung gefunden zu haben. Er stellte Personal ein, leaste zwei Autos, um die Haushaltshilfen von einem Auftrag zum nächsten zu fahren, und baute das Geschäft aus.

Er ahnte nichts davon, dass die Mühlen des Lobbyismus und der Bürokratie sich längst in Gang gesetzt hatten, um sein Business zu zerschroten. Dass sich am 28. Oktober 2005 der Chef eines Altenheims aus demselben Bundesland telefonisch bei der Ausländerbehörde meldete, über Wilmers' Vermittlungstätigkeit berichtete und die Hoffnung äußerte, »dass die Ausländerbehörde etwas gegen diese Machenschaften (…) unternehme«, wie eine Mitarbeiterin der Behörde für die Akten notierte.

Die Heimbetreiber saßen im Versteck und lauschten

Nach diesem Anruf gab eben jener Gewerbeprüfer des Landkreises, der dem Konstrukt vorher sein O. K. gegeben hatte, den ganzen Vorgang im November an die Staatsanwaltschaft weiter. Auch hier lautete der Verdacht, die Haushaltshilfen seien keine Unternehmerinnen, sondern de facto

Angestellte, die Firma hätte also Sozialabgaben für sie abführen müssen.

Stefan Wilmers, wie gesagt, ahnte von alldem nichts. Auch zwei Abmahnungen wegen der Firmenwebsite beunruhigten ihn nur mäßig. Einmal fehlte die Steuer-, dann die Handelsregisternummer im Impressum. Er lieferte beides nach, und das war es dann. Dachte er zumindest. Wilmers war Gesellschafter und kümmerte sich wieder mehr um sein Jurastudium. Für die tägliche Arbeit gab es jetzt einen Geschäftsführer. Dorothea Wilmers arbeitete weiterhin mit. Sie beriet Familien am Telefon oder fuhr hin, um sich ein Bild zu machen und für die Leistungen des kleinen Unternehmens zu werben.

Auch am 1. März 2006 stand ein Besuch an. Es sollte in einen Ort gehen, der etwa 30 Kilometer vom Standort der Wilmers-Firma entfernt liegt. Eine Dame suchte Hilfe für ihre alte Tante. Dorothea Wilmers fuhr zusammen mit ihrem Geschäftsführer hin. Um genau 16.50 Uhr klingelten sie an dem Haus, um 17.43 Uhr war der Besuch zu Ende.

Dass Tag und Uhrzeit noch so exakt festzumachen sind, liegt nicht etwa an Dorothea Wilmers' phänomenalem Gedächtnis. Sondern daran, dass die ganze Sache fingiert war und der Termin ein Schmierenstück, bei dem zwei Altenheimbetreiber heimlich in einem Hinterzimmer saßen und alles mitprotokollierten.

Der Wortlaut in Auszügen, Namen und Orte sind geändert:

»Frau Hüber-Wilhelm hätte am liebsten einen jüngeren Mann. Alle lachen.« – Ein Einakter

»Es klingelt um 16.50 Uhr. Frau Reimer-Otten öffnet die Tür und bittet die Gäste herein. Sie stellt ihre ›Tante‹ vor, worauf sich die Besucher mit Frau Wilmers und Herr Kuranski vorstellen. Frau Hüber-

Wilhelm witzelt über die Größe von Herrn Kuranski. Frau Reimer-Otten bietet Getränke an, Frau Wilmers lehnt dankend ab, Herr Kuranski nimmt ein Wasser. Frau Wilmers entschuldigt sich für das Zuspätkommen, Herr Kuranski hätte schon eine Rundreise hinter sich, er hätte drei Frauen anmelden müssen, dann das schlechte Wetter. (...)
Frau Reimer-Otten erläutert, dass sie sich sehr viel Sorgen um ihre Tante macht, da sie immer alleine in der Wohnung ist und sie die Zeitungsanzeige vor Wochen in der Zeitung gelesen hat und sich auch schon auf Altennachmittagen kundig gemacht hat, da wurde von solchen Haushaltshilfen erzählt und dass man bei den ambulanten Diensten halt sehr viel dazubezahlen muss, für noch nicht mal ne halbe Stunde. Und so sind wir auf sie gekommen, wir würden gerne einmal wissen, was sie so anbieten.
Frau Wilmers erklärt: Wir haben Hausfrauen, die kochen, waschen, putzen, die pflegen aber auch, helfen beim Anziehen, beim Waschen, Essen zubereiten, füttern und Getränke anreichen. Wir haben aber auch Altenpflegerinnen, Rotkreuzschwestern und auch gelernte Krankenschwestern, wenn jemand künstlich ernährt wird, einen Katheter hat, dann habe ich immer Angst, eine Nur-Hausfrau dafür zu nehmen. (...)
Herr Kuranski zeigt den Vertrag und erläutert, dass alle selbstständig arbeiten.
Es taucht die Frage nach dem eigenen Zimmer für die Polin auf. Zimmer ist vorhanden, nur im Moment noch mit Gerümpel zugestellt, kann aber geräumt werden und steht kurzfristig zur Verfügung. Die Sachen werden am Wochenende abgeholt und dann wird saubergemacht. Es folgt ein bisschen small talk über die Familie, den Beruf und das Alter.
Frau Hüber-Wilhelm erzählt, dass sie zweimal die Woche Essen auf Rädern von der AWO bekommt, ansonsten versorgt sie sich selbst. Der Vertrag wird ausgehändigt und vereinbart, dass man sich meldet, sobald das Zimmer leer ist. Es soll alles noch mal ausführlich besprochen werden und danach will man sich entscheiden.
Frau Hüber-Wilhelm erzählt, dass ihre Eltern aus Oppeln stammen, Frau Wilmers erzählt daraufhin, dass Danuta auch aus Oppeln ist. Herr Kuranski unterhält sich kurz auf Polnisch und Russisch mit Frau Hüber-Wilhelm. Frau Hüber-Wilhelm hat in Berlin gelebt und Toiletten geputzt bei den Russen.

> Frau Reimer-Otten fragt, wie viele ältere Frauen betreut werden. Laut Frau Wilmers werden ca. 45 Familien betreut, es werden stetig mehr, weil es sich herumspricht, wenn die Leute zufrieden sind. Es gibt aber auch viele, die Angst haben, weil sie nicht wissen, wer da kommt, und deshalb sind wir da und dann auch für die Polinnen zuständig. In den ersten ein bis zwei Wochen halte ich sehr engen Kontakt, um zu klären, ob die Chemie stimmt. Danach wird von der Maria, die bei meiner Mutter ist, immer mal wieder angerufen und gefragt, ob alles in Ordnung ist. Gibt es Probleme, kommt Herr Kuranski und schaut, wo er helfen kann. (...)
> Herr Kuranski muss zur Toilette.
> Es folgt ein wenig small talk.
> Frau Wilmers: ›Wenn wir ihnen eine Frau bringen dürfen, wie soll die denn sein? Ne lustige und lebendige oder lieber ne stille?‹
> Frau Hüber-Wilhelm hätte am liebsten einen jüngeren Mann. Alle lachen.«

Über eine Anwaltskanzlei gelangte das vollständige Protokoll zur Staatsanwaltschaft.

Irgendwann in jener Zeit muss dann die Entscheidung gefallen sein, gegen die Familie Wilmers und ihre Firma vorzugehen.

Am 15. Mai 2006, zweieinhalb Monate nach dem geschilderten Schmierenstück, stand der Staatsanwalt morgens, es war etwa 8.30 Uhr, zusammen mit dem Zoll bei den Wilmers vor der Tür, in der Hand einen Durchsuchungsbeschluss. Die Herren sahen sich intensiv in den Büro- und einigen Privaträumen um, unter anderem im Schlafzimmer der Mutter, anschließend packten sie stapelweise Akten und die Computer ein und gingen wieder.

Im Sommer 2006 verbreitete der größte und mächtigste Lobbyverband privater Pflegedienste und Altenheime dann aus Berlin die folgende Pressemitteilung:

bpa-Pressemitteilung

Illegale Pflege: Vermittlungsagentur durchsucht und Datenbestände sichergestellt. Es drohen Geld- oder Freiheitsstrafe, vorübergehendes Berufsverbot und Gewerbeuntersagung.

Endlich einmal erfolgreich setzten sich Pflegekräfte und -einrichtungen gegen die boomende Schwarzarbeit in der Pflege zur Wehr: Aufgrund von Hinweisen ehrlich arbeitender Einrichtungen sowie Angehöriger von Pflegebedürftigen konnten die Staatsanwaltschaft (...) und das Hauptzollamt (...) in einer gemeinsamen Aktion gegen augenscheinliche Hintermänner illegaler Beschäftigungen in Pflegehaushalten vorgehen: Es wurden die Geschäftsräume einer Agentur im Bezirk (...) durchsucht, die sich auf die Einschleusung und Vermittlung illegaler Pflegekräfte für den »Rund um die Uhr«-Einsatz in Privathaushalten spezialisiert haben soll.

»Der konkrete Tatverdacht hat sich bestätigt«, so der ermittelnde Staatsanwalt. (...)

Angesichts des konkreten Tatverdachts (...) würden alle sichergestellten Gegenstände nun beim Hauptzollamt untersucht. Parallel fänden weitere Ermittlungen statt: Neben den Mitarbeitern der Agentur würden auch weitere Zeugen polizeilich vernommen. Insgesamt befänden sich die Ermittlungen noch im Anfangsstadium; über konkrete Sanktionen werde das Gericht entscheiden. (...)

»Es wurde höchste Zeit, dass die Strafverfolgungsbehörden jenseits wohlfeiler aber wirkungsloser Appelle der Politik endlich einmal konkret eingeschritten sind«, begrüßt Jochen Rindfleisch-Jantzon, Sprecher der Initiativen gegen Schwarzarbeit in der Pflege in Süddeutschland, das konsequente gemeinsame Vorgehen von Staatsanwaltschaft und Hauptzollamt. »Der Zugriff der Staatsanwaltschaft (...) in einer Gegend, in der eine regionale Initiative von Pflegeeinrichtungen besonders aktiv ist, zeigt, dass Schwarzarbeit kein Kavaliersdelikt ist und erfolgreich bekämpft werden kann.«

Nach Schätzungen des Bundesverbandes privater Anbieter sozialer Dienste (bpa) sind weit über 100 000 illegale Pflegekräfte aus Osteuropa in deutschen Pflegehaushalten zu Dumpingpreisen tätig. Die Qualität der Versorgung schutzbedürftiger alter Menschen bleibt auf der Strecke, und kriminelle Schleuserbanden beuten die illegalen Kräfte aus. Sozialversicherungspflichtige Arbeitsplätze in ambulan-

> ten und stationären Pflegeeinrichtungen gehen durch systematische Steuerhinterziehung und Sozialversicherungsbetrug verloren. Besonders verwerflich: Diese Form der Schwarzarbeit wird zum Großteil noch durch die Sozialabgaben regulär tätiger Firmen und Arbeitnehmer »finanziert«, da das Pflegegeld aus der Pflegeversicherung als Schwarzgeld in die illegale Pflege fließt.
> »Der jetzt erzielte Ermittlungserfolg darf als eine deutliche Warnung an alle verstanden werden, die mit unlauteren Mitteln das schnelle Geschäft mit alten Menschen machen wollen«, so Jörg Schomaker, stellvertretender Präsident des bpa und Inhaber einer Pflegeeinrichtung in (...).
> (...)
> Jörg Schomaker: »In Zukunft werden sich so manche Hintermänner noch wundern, wie schnell man ihren Machenschaften auf die Schliche kommt, wenn Pflegekräfte und rechtschaffene Einrichtungen mit Pflegebedürftigen und deren Angehörigen an einem Strang ziehen.«[132]

Inhaltlich war die Meldung zum Teil irreführend: Das ganze Verfahren hatte mit der Frage, ob es sich um Polinnen oder Deutsche handelte, nichts zu tun. Stattdessen ging es um einen ganz anderen Punkt, und nur um diesen: Nach Ansicht des Staatsanwalts waren die Haushaltshilfen lediglich zum Schein Selbstständige, in Wahrheit aber weisungsgebunden und abhängig, also Angestellte. Dann aber wären Lohnsteuer und Sozialabgaben fällig gewesen, die niemand bezahlt hatte.

Der Vorwurf lief also auf Scheinselbstständigkeit sprich Sozialversicherungsbetrug hinaus.

Das »letzte Gefecht« tobt um die Scheinselbstständigkeit

Dieses Thema ist mittlerweile einer der letzten Schauplätze in der Auseinandersetzung um die 24-Stunden-Betreuung: Menschen aus osteuropäischen EU-Ländern dürfen nach Deutschland kommen, sie dürfen sich als Einzelunternehmer selbstständig machen und sie dürfen auch in der Pflege arbeiten. Sie müssen eben nur wirklich Selbstständige sein und nicht Angestellte.

Belangt wird bei Scheinselbstständigkeit grundsätzlich der Arbeitgeber, nicht der Arbeitnehmer. Doch wer ist im vorliegenden Fall als Arbeitgeber zu betrachten: Der Vermittler? Oder eher die Familien, bei denen die Haushaltshilfen gearbeitet hatten?

Vielleicht hätte es bei Razzien in Pflegehaushalten zu viel Ärger gegeben, Bild-Schlagzeilen oberhalb des Knicks und Diskussionen im Fernsehen. Wenn aber die Familien nicht die Übeltäter sein konnten, dann blieb ja nur die Firma der Familie Wilmers übrig.

Zunächst sah es allerdings nicht danach aus. Seine Geschäftsunterlagen bekam Stefan Wilmers zwar fürs Erste nicht zurück, die Computer aber nach einigen Wochen schon. Es gab weder eine Gewerbeuntersagung noch ein Berufsverbot, also machte er weiter wie bisher. Mit den Familien, in die er die Pflegekräfte vermittelt hatte, besprach er die Probleme, aber lediglich 10 Prozent von ihnen, so Wilmers, sprangen daraufhin ab.

Die Vermittlung von Angestellten schied grundsätzlich aus

Zum Fall befragt wurden von Seiten der Behörden weder die Familien noch die osteuropäischen Pflegekräfte. Trotzdem holten die Verantwortlichen hinter den Kulissen zum großen Schlag gegen die »augenscheinlichen Hintermänner illegaler Beschäftigungen« aus. Dieser Schlag kam am 30. November 2006: Diesmal gab es nicht nur eine Durchsuchung, sondern auch ein vorläufiges Berufsverbot für Stefan Wilmers und für seine Mutter. Außerdem beschlagnahmte der Ermittlungsrichter, quasi als Pfand für nicht gezahlte Sozialbeiträge, ein Grundstück der Eltern und sperrte für einige Tage das Geschäftskonto der Firma.

Was auf den ersten Blick wie der Auftakt zu einem großen Prozess aussah, hatte aber mehr den Charakter eines Einschüchterungsmanövers. Naheliegend war ein Deal, der folgendermaßen aussah: Sämtliche Pflegekräfte werden Angestellte, entweder bei den Familien oder bei der Wilmers-Firma. Die Staatsanwaltschaft schreibt eine Empfehlung an die Bundesagentur für Arbeit, damit sie die notwendigen Arbeitsgenehmigungen erteilt.

Finanziell hätte das bedeutet, dass die Polinnen und ihr Vermittler weniger verdienen und die Familien mehr bezahlen müssen. Und organisatorisch? Die Kräfte bei den Familien anzustellen, hielt Wilmers für unrealistisch. Es gab Fälle, bei denen der Betroffene dement und ein Anwalt als Betreuer eingesetzt war. Die Kinder lebten im Ausland. Wer sollte hier die Rolle des Arbeitgebers übernehmen? Der Anwalt?

Alle stattdessen zu festen Mitarbeiterinnen des Vermittlers zu machen, wäre auch problematisch. Das wirtschaftliche Risiko würde deutlich steigen, die Verdienstchancen zugleich sinken. Und den Familien als Ausgleich deutlich mehr als bisher zu berechnen, hieße vermutlich, dass viele abspringen und sich wieder mit einer unversicherten, steuerhinterziehenden Kraft, sprich Schwarzarbeiterin, behelfen würden.

Derart grundlegend das Geschäftsmodell zu ändern, das heißt mit Angestellten statt Selbstständigen zu arbeiten, hätte also de facto bedeutet, dass die kleine Firma am Ende vom Markt verschwindet. Zudem schrieb die Bundesagentur für Arbeit Stefan Wilmers am 10. Januar 2007, dass es keine pauschalen Arbeitsgenehmigungen für seine Haushaltshilfen geben wird. Damit schied die Vermittlung von Angestellten grundsätzlich aus, egal, ob sich so etwas nun rechnen konnte oder nicht.

Um aber mit dem Selbstständigen-Modell weitermachen zu können, und das wollte Stefan Wilmers auf jeden Fall, musste er sich auf juristischem Wege gegen sein Berufsverbot wehren. Er legte Beschwerde beim zuständigen Landgericht ein. Während die Sache lief, arbeiteten die von ihm vermittelten Pflegekräfte weiter wie bisher, allerdings legte er jetzt für jede von ihnen Geld für die anfallenden Sozialbeiträge zurück. Und natürlich hatte er die Sorge, man könnte ihn auch rückwirkend zur Kasse bitten. Die Kleinigkeit von 195 000 Euro wäre in diesem Fall fällig, das hatten ihm die zuständigen Stellen bereits vorgerechnet.

Würde die Geschäftsidee, auf die er immer so stolz war, ihn am Ende ruinieren?

Einen Monat lang sah es so aus. Dann, am 16. Februar 2007, die völlig unerwartete Wende: Die Begründung zu dem, was das Landgericht Marburg an diesem Tag entschied, war eine Ohrfeige für das Amtsgericht. Und auch die Heimlobby bekam einen Hieb ab.

»**Schwerwiegender Eingriff in das Grundrecht**« –
Die – vorläufige – Entscheidung des Landgerichts (...)
in Auszügen.

»Schon das objektive Tatbestandsmerkmal des ›Arbeitgebers‹ in § 266 a StGB [Vorenthalten und Veruntreuen von Arbeitsentgelt] erscheint vorliegend zweifelhaft. Die Abgrenzung zwischen einer legalen Vermittlungstätigkeit von Selbstständigen und einer illegalen Arbeitnehmervermittlung oder -überlassung bereitet den Straf-,

Arbeits- und Sozialgerichten erhebliche Schwierigkeiten. Diese liegen u. a. auch darin begründet, dass es Art. 2 GG [Jeder hat das Recht auf die freie Entfaltung seiner Persönlichkeit] gestattet, im Streben nach wirtschaftlicher Entfaltung große Phantasie zu entwickeln und durch ständig neue Geschäftsmodelle Lücken am Markt aufzutun (vgl. z. B. die in den letzten Jahrzehnten entwickelten Geschäftsmodelle des Leasing von Waren und Dienstleistungen, des Franchising, des Factoring usw., die jeweils mit z. T. existenziellen Abhängigkeiten der Nehmer vom Geber verbunden sind und gleichwohl von der Rechtsordnung anerkannt wurden). Der Beschwerdeführer hat vorliegend schwerwiegende Gründe vorgebracht, die gegen eine Arbeitnehmerschaft der polnischen Pflegekräfte im Verhältnis zu ihm als Arbeitgeber sprechen.
(...)
Jedenfalls ist es nicht Schutzgut des § 266 a StGB [Vorenthalten und Veruntreuen von Arbeitsentgelt], eingefahrene hiesige Betriebe, welche die Pflegekräfte als Arbeitnehmer beschäftigen, vor unliebsamer Konkurrenz durch neue Geschäftsmodelle zu schützen. Ebenfalls dient die Vorschrift nicht dazu, das Modell der bundesdeutschen Sozialversicherung als solches zu schützen, weil dies im Widerspruch zu Art. 12 GG, der die Selbstständigkeit unternehmerischen Handelns schützt, stünde. Es mag Sache des Gesetzgebers sein, hier im europäischen Rechtsraum eindeutige Regelungen zu schaffen.
Aus den vorstehenden Ausführungen ergibt sich, sogar schon ohne Heranziehung der von dem Beschwerdeführer eingeholten, alles andere als fragwürdig erscheinenden professionellen Rechtsmeinungen, dass erhebliche Zweifel an einem Tätervorsatz des Beschwerdeführers im Blick auf § 266 a StGB, § 3 bestehen.«

Das kleinere von zwei Übeln

Das vorläufige Berufsverbot wurde aufgehoben und die Kosten des Verfahrens dem Staat angelastet, weil das Gericht erhebliche Zweifel daran hatte, ob Stefan Wilmers als Arbeitgeber der Hilfskräfte anzusehen ist.

Doch wer glaubt, dass damit eine abschließende Definition von legal und illegal auf dem Tisch lag, irrt. Denn ob statt des Vermittlers die Familien juristisch als Arbeitgeber der Hilfskräfte anzusehen sind – was illegal wäre –, das klärte das Urteil nicht. Dazu müssten zunächst »die polnischen Beteiligten sowie deren Auftraggeber« vernommen werden, so das Gericht.

Genau dieser Satz bereitete den Boden für den letzten, entscheidenden Deal, der verhinderte und bis heute verhindert, dass die pflegebedürftigen alten Menschen endgültige Rechtssicherheit bekommen. Denn an einer Razzia bei sämtlichen Familien inklusive Vernehmung konnte Stefan Wilmers nicht gelegen sein. So ein Verfahren kann Jahre dauern, in der Zwischenzeit hätten die Familien ihre Pflegekräfte und Stefan Wilmers seine Kunden verloren. Was nützt es dann noch, wenn am Ende eine Entscheidung zu seinen Gunsten steht?

Auch dem Staatsanwalt war nicht um jeden Preis an einem Prozess gelegen. Also schlug er ein Geschäft vor: Stefan Wilmers und seine Mutter bezahlen jeweils 5000 Euro an die Deutsche Welthungerhilfe, damit ist das Strafverfahren erledigt. Die Staatsanwaltschaft untersucht nicht mehr, ob die Familien etwas Illegales getan haben, und sie will folglich auch nicht wissen, ob Stefan Wilmers und seine Mutter sie dabei unterstützten – was vielleicht strafbar gewesen wäre.

Stefan Wilmers grübelte drei Tage über das Sache nach. Schließlich stimmte er dem kleineren von zwei Übeln zu. Was hatte er schon für eine Wahl?

Danach stellte sich allerdings immer noch die Frage, wie das Unternehmen weiterarbeiten konnte. Denn dazu waren seine Macher fest entschlossen.

Er hätte sich den ganzen Ärger sparen können

Stefan Wilmers schrieb an die Deutsche Rentenversicherung, die Definitionen für »wirklich selbstständig« und »de facto angestellt« festlegt. Der zuständige Beamte antwortete, er betrachte Wilmers' Haushaltshilfen als Angestellte der Familien. Dann folgte eine Reihe von Definitionen. Und am Ende des Schreibens vom 18. April 2007 jener Satz, der der Vermittlungsfirma ein Weiterarbeiten bis heute ermöglicht:

»Unabhängig davon, ob eine abhängige Beschäftigung oder eine selbstständige Tätigkeit vorliegt, entfällt die Beitragspflicht in Deutschland, wenn eine entsprechende Entsendebescheinigung des Heimatlandes der Pflegekraft vorliegt.«

Einfach gesagt heißt das: Stefan Wilmers hätte sich den ganzen Ärger und Kosten von mehreren 10 000 Euro sparen können, wenn er seinen Haushaltshilfen einfach die so genannte E-101-Bescheinigung besorgt hätte, die bestätigt, dass sie in Polen sozialversichert sind. Denn dann dürfen die deutschen Behörden den Fall gar nicht mehr weiter prüfen (siehe Anhang).

Darüber hinaus fände es Stefan Wilmers ideal, wenn die Deutsche Rentenversicherung ihm eine Art Regelwerk zur Verfügung stellen würde, aus dem klar hervorgeht, was zu beachten ist, damit die Pflegekräfte seiner Firma offiziell und garantiert als Selbstständige arbeiten können.

Obwohl die Rechtslage bis heute nicht endgültig geklärt ist, hat Wilmers einen Bundesverband der Vermittlungsagenturen von Selbständigen gegründet. Er spricht mit Politikern und Interessenvertretern und versucht sie, von seinem Modell einer flexiblen, am Menschen orientierten Altenpflege zu überzeugen. Um endlich die Legalisierung der Vermittlung selbständiger Betreuungskräfte zu erreichen, macht Wilmers mittlerweile Lobbyvertretern und Sozialkas-

Selbstständig statt angestellt – E-101-Bescheinigung

Das Formular mit der Nummer E 101 benötigen all diejenigen, die sich innerhalb der Europäischen Union entsenden, dass heißt zum Arbeiten von ihrem Arbeitgeber in ein anderes Land schicken lassen wollen. Die Bescheinigung wird in der Heimat ausgestellt. Sie dient ihrem Träger im Ausland als Beweis dafür, dass er sozialversichert ist. Die Behörden des Gastlandes dürfen seinen Sozialversicherungsstatus laut EU-Recht dann nicht weiter überprüfen (siehe Anhang). Für die Vermittler von osteuropäischen Haushaltshilfen ist das vierseitige Formular eine Art »Wunderwaffe«, bestens geeignet, um sich Ärger vom Hals zu halten.
Und Stefan Wilmers bekam von der Deutschen Rentenversicherung indirekt sogar den Rat, sich dieses Kniffs zu bedienen. Deshalb sind seine Haushaltshilfen seit etwa einem halben Jahr ebenfalls in Polen registriert, allerdings nicht als Angestellte eines dortigen Pflegedienstes, sondern als Selbstständige. Die zahlen in Polen – ganz anders als in Deutschland – ebenfalls in die gesetzliche Sozialversicherung ein. Und das bedeutet, dass sie die begehrte E-101-Bescheinigung bekommen.
Gleichzeitig sind die von den Wilmers Vermittelten auch in Deutschland als Selbstständige angemeldet. Die Familien der Pflegebedürftigen sind ihre Kunden, sie kaufen eine Dienstleistung. Die osteuropäischen Frauen bleiben dabei unabhängig. Sie könnten zum Beispiel den Vermittler wechseln, wenn es ihnen bei den Wilmers nicht mehr gefällt. Oder ganz auf eine Agentur verzichten, sich selbst vermitteln und ihre Arbeit eigenständig managen.
Allerdings: Mit dem Vorwurf der Scheinselbstständigkeit werden sie vermutlich weiterleben müssen.

sen zwei wichtige Zugeständnisse. Das erste: Er plädiert dafür, dass die von ihm vermittelten Kräfte – obwohl sie selbständig sind – Beiträge zur gesetzlichen Rentenversicherung entrichten müssen. Zweitens schlägt er vor, dass Betroffene, die eine Pflegestufe haben und also Geld aus der Pflegekasse bekommen, zusätzlich zur osteuropäischen Betreuungskraft einen regulären deutschen Pflegedienst engagieren müssen.

Ob er seinen Kampf für die Legalisierung einer guten Idee – dieser Kampf dauert mittlerweile schon sechs Jahre – am Ende gewinnen wird, ist offen.

Sicher ist: Jeder Staatsanwalt, der in Zukunft gegen das Geschäftsmodell der Wilmers vorgehen will, muss die Pflegebedürftigen und ihre Angehörigen überprüfen.

Anfangen könnte er im Haus der Familie: Dorothea Wilmers pflegt mittlerweile ihre 87-jährige, schwer demenzkranke Mutter – zusammen mit einer Helferin aus Polen.

Dass es eine solche Razzia geben wird, ist natürlich nicht ausgeschlossen, aber doch sehr unwahrscheinlich. Sie würde eine Diskussion lostreten, die politisch niemand in Deutschland will.

»Die sollen doch den Leuten ihren Wunsch erfüllen.«

Wie es Familien mit ihren osteuropäischen Pflegekräften geht, dafür interessiert sich die Branchenlobby nicht – es sei denn, es passiert irgendein Skandal, der sich öffentlichkeitswirksam ausschlachten lässt.

Solche Skandale gibt es, ausländische Pflegekräfte machen ebenso Fehler wie eigene Töchter oder Söhne. Aber in den meisten Fällen sorgen die fremden Helfer einfach nur dafür, dass auch alte Menschen so leben können, wie sie wollen.

Eine von ihnen war Magda Türmer*. Dass die am Ende gegen ihren Willen doch noch ins Heim musste, war nicht Schuld der polnischen Pflegerin.

Ein kleiner Ort in Süddeutschland, August 2006. Eigentlich sollte der Raum nur als Wohnzimmer dienen. Nicht mehr als 15 Quadratmeter groß, und trotzdem so voller Möbel, wie es vor vielen Jahrzehnten einmal üblich war. Gegenüber der Tür unterm Fenster das hohe Sofa, eins, auf dem alte Menschen aufrecht sitzen und sich nicht quälen müssen, wenn sie aufstehen. Davor ein ebenfalls hoher Couchtisch mit zwei Wassergläsern. Rechts davon der passende Sessel, dahinter an der Wand Fernseher und ein Bord.

Auf der anderen Seite vom Sofa noch ein Sessel, ein Schrank und, nur Zentimeter entfernt, die Anrichte mit gerahmten Familienbildern darauf und darüber. Eigentlich ist der Raum damit mehr als komplett möbliert, und dennoch bleibt noch Platz für etwas, das eigentlich gar nicht hierher gehört, aber mittlerweile das Wichtigste ist: Zwischen linker vorderer Zimmerecke und Anrichte steht ein Bett, genauer gesagt ein Pflegebett, das sich elektrisch verstellen und hoch- und herunterfahren lässt.

»Zu Hause ist eben was anderes.«

Auf diesen wenigen Quadratmetern spielt sich das Leben von Magda Türmer zum überwiegenden Teil ab. Und sie ist glücklich, dass sie hier sein kann, noch. Schließlich ist es ihr Zuhause. Nicht nur das Zimmer, sondern das ganze Haus ist klein und verwinkelt, aber vor der Tür gibt es eine hübsche überdachte Terrasse mit vielen bunten Blumen. Magda Türmers Tochter Eva*, die alleinstehend ist und tagsüber arbeitet, wohnt Tür an Tür mit ihr. Die alten Häuser kleben förmlich zusammen, genau wie viele andere in dem kleinen Ort.

Magda Türmer sitzt auf ihrem Sofa und trinkt einen Schluck Wasser, die 86-Jährige lächelt viel, während sie spricht. Obwohl das, was sie zu berichten hat, nicht unbedingt vergnüglich ist. »Die Probleme fingen eigentlich an, nachdem ich gefallen war, ich hatte mir die Schulter ausgekugelt. Alleine ging es dann erst mal nicht mehr, und meine

Tochter arbeitet ja. Also kam ich ins Pflegeheim, und ich kann gar nicht mal sagen, dass es mir dort so schlecht gefallen hat. Aber zu Hause ist eben was anderes. Und dann stand ja mein 85. Geburtstag an, und den wollte ich nicht im Heim feiern (…). Das habe ich dann auch gemacht und das klappte auch alles gut, und danach wollte ich nicht zurück ins Heim. Nur allein ist das eben schwierig zu Hause. Dann haben wir aus Zufall erfahren, dass es im Nachbardorf einen Vermittler gibt. Und dann hat sich meine Tochter erkundigt, und aufgrund dessen haben wir dann Hilfe bekommen.«

»Ich finde das nicht schön.«

Sylwia* sitzt im Sessel neben ihr und lächelt etwas unsicher. Seit vier Monaten bewohnt die Polin jetzt oben ein Zimmer, ist über ein Babyphon immer für Magda Türmer erreichbar. Sie hilft ihr morgens im Bad und beim Anziehen, dann frühstücken die beiden. Sylwia macht die übliche Hausarbeit und kocht, isst gemeinsam mit Magda Türmer. Dann legt sich die alte Dame für zwei Stunden hin, und Sylwia liest oder schreibt einen Brief. Später, wenn das Wetter schön ist, setzt sich Magda Türmer raus, und Sylwia geht einkaufen.

Die 86-Jährige kennt die Geschichte von den Altenheimbetreibern, die den Vermittler von Sylwia angeschwärzt hatten, und ärgert sich darüber. »Ich finde das nicht schön. Die sollen doch den alten Leuten ihren Wunsch erfüllen, wenn jemand gerne zu Hause bleiben will. Es ist ja schön, dass es die Altenheime gibt. Aber es ist doch noch schöner für die alten Leute, die das wollen, dass die zu Hause bleiben können. Anders wäre es, wenn es gar nicht möglich wäre. Aber es gibt doch diese Möglichkeit, und ich habe Hilfe, und deshalb möchte ich gerne hier bleiben.«

Ohne Unterstützung käme sie nicht mehr zurecht. Sie

kann sich zum Beispiel zwar noch alleine das Gesicht waschen, nicht aber den Rücken oder die Haare, von den Füßen ganz zu schweigen. Sie kann sich auch nicht mehr alleine anziehen, nicht die Stützstrümpfe, die sie jeden Tag tragen muss.

»Sie kann ja nicht mehr alleine aufstehen.«

Als die Mutter noch fitter war, hat sich Eva Türmer selbst um sie gekümmert, neben dem Job. Aber jetzt braucht Magda auch tagsüber Unterstützung, und die Tochter hat insgesamt zu wenig Zeit. »Ich wollte gerne eine Kraft haben, die Tag und Nacht bei der Mutter ist. Auch weil sie geistig noch sehr rege ist und auch Ansprache braucht. Und Sylwias Deutsch ist ja ziemlich gut. Eine deutsche Kraft, die immer da ist, wäre zu teuer gewesen, das können wir uns schlicht nicht leisten. Und ein normaler Pflegedienst kommt nur morgens und abends, der kocht ja nicht, und meine Mutter muss auch mittags was essen. Und die Sylwia ist wirklich immer da. Mutter ist auch schon nachts rausgefallen, dann wurde ich gerufen, und wir haben sie gemeinsam wieder ins Bett gebracht. Sie kann ja nicht mehr alleine aufstehen.« Dass es Interessengruppen gibt, die Arbeitsverhältnisse wie das mit Sylwia ganz unterbinden wollen, findet auch Eva Türmer sehr beunruhigend. »Ich möchte, dass meine Mutter zu Hause sein darf und sein kann, solange sie lebt. Sie hat ihr Leben lang gearbeitet, und sie möchte gern in ihrem häuslichen Umfeld bleiben, und das sollte man ihr doch gewähren. Und die Politik sollte dafür sorgen, dass der Mensch in Würde seines Lebens und seiner Lebensleistung zu Hause alt werden darf und die Möglichkeiten, die es dafür gibt, unterstützen.«

Am Ende musste sie doch ins Heim

Zum Zeitpunkt des Interviews, im August 2006, lief das Ermittlungsverfahren gegen Sylwias Vermittler Stefan Wilmers noch. Die Türmers wussten davon, hatten aber wenig Angst vor Scherereien mit Polizei und Justiz. Und tatsächlich kam auch nie jemand vorbei, um ihnen unangenehme Fragen zu stellen. Hätte es aber eine Razzia gegeben und die Familie dadurch ihre Hilfskraft verloren, wäre für Magda Türmer innerhalb von Tagen der Umzug ins Heim unvermeidlich gewesen.

Ganz so ging die Geschichte nicht aus, aber traurig endet sie trotzdem. Den Türmers gingen irgendwann die Ersparnisse aus, mit denen sie ihre Hilfe zum größten Teil bezahlten, Magdas Rente hatte dazu nicht gereicht. Natürlich bekam sie auch Pflegegeld, aber das betrug in der Stufe I nur 215 Euro. Sylwias Unterstützung kostete aber etwa 1500 Euro im Monat.

Ginge Magda Türmer ins Heim, dann bezahlte die Kasse 1023 Euro. Das bedeutete, dass die Versorgung in den eigenen vier Wänden für die Familie nicht mehr bezahlbar wäre, die im Heim aber schon.

Anfang April 2007 musste Magda Türmer deshalb schließlich doch umziehen. Und weil sie, nicht anders als im August davor, noch völlig klar im Kopf war, sah sie auch ein, dass es nicht anders ging. Weniger unglücklich war sie deshalb nicht. Genau das, was ihr jetzt bevorstand, ein Ende im Heim, hatte sie um jeden Preis vermeiden wollen.

Auch für ihre Tochter Eva Türmer begann eine schwere Zeit. Sie besuchte die Mutter jeden Tag, musste dabei aber mit ansehen, wie sie körperlich rapide abbaute, sich häufig erbrach und nicht wieder zu Kräften kam. »Man kann wirklich sagen, dass sie irgendwann nicht mehr wollte«, so die Tochter.

Magda Türmer starb am 13. Juni 2007, zehn Wochen nach ihrem Umzug ins Heim.

Fälle wie dieser wären relativ leicht zu verhindern, wenn es den politischen Willen dazu gäbe. Das Rezept: mehr Pflegegeld und die Möglichkeit, es ganz offiziell für eine Rundum-die-Uhr-Betreuerin zum Beispiel aus Polen auszugeben, dafür bei den Heimen – zumindest in Pflegestufe I – etwas einsparen.

Hausdurchsuchung wie bei der Drogenmafia

Vor acht Jahren hätte der Fall eines Journalisten beinahe dafür gesorgt, dass die 24-Stunden-Betreuung durch Osteuropäerinnen in Deutschland legal und praktikabel wird. Beinahe.

Die Angelegenheit sorgte für viel Aufsehen, schließlich war der Betroffene prominent: Im Juni 2001 verschafften sich drei Herren der Hanauer Polizei Zugang zum Haus von Frank Lehmann, der damals als ARD-Börsenexperte arbeitete, und hielten ihm ein Schreiben der Frankfurter Staatsanwaltschaft unter die Nase. Der Vorwurf: Beihilfe zum illegalen (sic!) Menschenhandel.[133]

Zeitgleich hatten Beamte auch die 200 Meter entfernte Wohnung von Lehmanns Schwiegervater aufgesucht und dort das Corpus Delicti gefunden: Marketa*, die 56-jährige Pflegerin aus der Slowakei. Auf die Frage: »Du hier arbeiten?«, sagte sie: »Nein, ich zu Besuch hier«, darauf die Beamten: »Ja, das kennen wir, das sagen sie alle.«

Lehmanns Schwiegervater musste diesem Dialog und dem, was dann folgte, hilflos vom Bett aus zusehen. Auf dem Bürgersteig vor dem Haus stand ein Beamter Wache;

das Ganze lief ab, als handele es sich um einen Schlag gegen die Drogenmafia.

Entsprechend benahmen sich die Beamten: Sie durchsuchten die kleine Wohnung nach Beweisen und verfrachteten Marketa in den Polizeiwagen.

»Die war natürlich total verzweifelt, weil sie ja sicher war, etwas Gutes zu tun. Außerdem machte sie den Job ja in erster Linie, um ihre arbeitslosen Kinder in der Slowakei zu unterstützen. Und jetzt kam sie sich plötzlich vor wie eine Verbrecherin«, erinnert sich Frank Lehmann, der sie mit seiner Frau abends in einer Zelle im Keller der Hanauer Polizei besuchte, auch um ihr die restlichen persönlichen Sachen zu bringen. »Als die Tür aufging, fiel sie uns schluchzend entgegen, hatte einen Nervenzusammenbruch«, erinnert sich Lehmann.

»Natürlich wussten wir, dass die Sache illegal war.«

Er rief bei der Ausländerbehörde an und beschwerte sich über die seiner Meinung nach völlig überzogene Aktion und das harsche Vorgehen der Beamten. Man habe seine Familie behandelt wie Drogenhändler. »Und da meinte mein Gesprächspartner doch wahrhaftig, ob Verstoß gegen das Ausländerrecht oder Drogendelikt, das sei aus Behördensicht das Gleiche. Formal mache man da keine Unterschiede.«

Der Fernsehjournalist war auch deshalb so wütend und fassungslos, weil er mit einer solchen Razzia niemals gerechnet hätte. »Natürlich wussten wir, dass die Sache illegal war. Aber es gab schon damals allein in unserer Gegend unzählige ähnliche Fälle, und zwar seit Jahren. Ich bin mir sicher, dass die Behörden das auch wussten, es aber mehr oder weniger stillschweigend duldeten, weil viele Familien ja keine andere Wahl hatten. Es sei denn, man konnte mehrere Tausend Euro für deutsche Pflegekräfte hinblättern, die sich alle acht Stunden abwechselten. Aber wer hatte dafür schon das Geld?«

Doch die Ruhe war trügerisch, wie sich herausstellte: In jenem Sommer 2001 fanden in Hessen viele solcher Razzien statt. »Einer der Betroffenen war so aufgebracht, dass er der Polizei sagte, wenn ihr mir die Polin jetzt sofort wegnehmt, dann schiebe ich das Pflegebett mit meiner Mutter auf die Straße. Ich muss arbeiten, und sonst ist keiner da. Dann werdet ihr ein Problem kriegen. Die Mitarbeiter von Ordnungsamt und Ausländerbehörde waren so baff, dass die Helferin immerhin noch eine Woche bleiben durfte«, erzählt Lehmann. »Ansonsten wurde aber unverzüglich abgeschoben.«

Auch wenn er mit einigen Jahren Abstand über gewisse Ereignisse schmunzeln kann: Damals war die Situation seiner Familie alles andere als lustig.

»Das wagen die nicht noch einmal.«

Marketa, ihre slowakische Pflegekraft, hatte keinen Aufschub, nicht einen Tag.

Am nächsten Morgen brachten die Beamten sie im Polizeiwagen zum Frankfurter Flughafen, um sie in die slowakische Hauptstadt Bratislava zu fliegen.

Lehmanns Familie war das alles sehr unangenehm, und sie fühlte sich hilflos, weil sie nichts für jene Frau tun konnten, die ihnen eine solche Stütze war.

Abgesehen von Scham und Wut stellte sich nun erneut die Frage, wie man dem pflegebedürftigen Vater den Gang ins Heim ersparen konnte.

In den ersten drei Wochen nach der Razzia kümmerte sich seine Tochter, Frank Lehmanns Ehefrau, rund um die Uhr um ihn. Eine Dauerlösung konnte das nicht sein. Also doch ins Heim? Sich in das für viele in dieser Lage Unver-

Die Arbeitsamts-Lösung

Familien, die zu Hause einen Pflegebedürftigen versorgen, können sich von der Arbeitsagentur eine Haushaltshilfe aus Osteuropa vermitteln lassen. Dezidiert pflegerische Leistungen darf diese aus Sicht der Arbeitsagentur nicht übernehmen.
Um die Haushaltshilfe beschäftigen zu dürfen, müssen allerdings folgende Bedingungen erfüllt sein:
- Im betreffenden Haushalt muss eine pflegebedürftige Person wohnen, die Leistungen von der Pflegekasse bekommt.
- Der Antrag auf Vermittlung einer Hilfe wird bei der örtlichen Arbeitsagentur gestellt.
- Die prüft anschließend, ob den Job nicht auch eine deutsche Kraft übernehmen könnte.
- Auch selbst ausgesuchte Haushaltshilfen müssen bei der Arbeitsagentur angemeldet werden.
- Die Haushaltshilfen müssen sich nach Einreise bei der Meldebehörde anmelden. Dort erhalten sie eine Lohnsteuerkarte. Eine Arbeitserlaubnis stellt die Arbeitsagentur bei Antritt der Tätigkeit aus.
- Die Familie muss für diese Mitarbeiterin Beiträge zur Kranken-, Pflege-, Renten-, Unfall- und Arbeitslosenversicherung bezahlen.
- Die Arbeitszeit darf höchstens 38,5 Stunden pro Woche betragen.
- Eine angemessene Unterkunft muss vorhanden sein.
- Das Gehalt muss deutschen Tarifen angeglichen sein.

In der Praxis kostet die Familie ein solches Arbeitsverhältnis etwa 1500 Euro pro Monat inklusive Sozialabgaben. Das Finanzamt schlägt dem Lohn pauschal 362 Euro für Kost und Logis zu, so dass die Haushaltshilfe insgesamt 1800 bis 1900 Euro versteuern muss. Als Alternative zu dieser Lösung können Familien auch Hilfskräfte als Minijobber beschäftigen. Für Betreuungsleistungen in der Pflege sind generell bis zu 1200 Euro jährlich von der Steuer absetzbar.

meidliche zu fügen, dazu waren die Lehmanns nicht bereit. Es gab ja eine Lösung, wenn auch eine illegale, die seit über einem Jahr reibungslos funktioniert hatte. Nachdem Frank

Lehmanns Schwiegervater ohne große Konflikte von Frankfurt nach Hanau in die unmittelbare Nachbarschaft der Kinder gezogen war, betreuten die ihn hier gemeinsam mit osteuropäischen Hilfskräften. Vor der Slowakin Marketa waren das zwei Frauen aus Polen. Für umgerechnet 1000 Euro im Monat auf die Hand, plus Kost und Logis im eigenen Zimmer. Den Lehmanns ging es immer um eine Lösung, die die Lasten verteilt und für alle erträglich ist. Vor allem für den Schwiegervater, der auf keinen Fall ins Heim sollte. Also blieb die Familie stur, engagierte eine 25-jährige Polin, wieder illegal. Die betreute den Schwiegervater bis zu seinem Tod – zusätzlich zu den ambulanten Pflegediensten. »Die waren oft froh, dass sie am Bett eine richtige Hilfe hatten, die mit anpacken konnte. Wir dachten damals einfach: Wir gehen das Risiko ein. So eine Aktion wie mit Marketa, das wagen die nicht noch einmal«, so Frank Lehmann.

Er sollte Recht behalten, was vermutlich auch daran lag, dass er als bekannter Journalist gute Kontakte hatte. Er schrieb an die Oberbürgermeisterin von Hanau und informierte die Presse. Dann ging er ins Fernsehen, und danach sah es eine Zeitlang wirklich so aus, als könnte der Fall die Politik nachhaltig wachrütteln.

»Der Minister handelte tatsächlich.«

Lehmann hatte in einer Talkshow seine Erlebnisse erzählt, und irgendjemand im Bundesarbeitsministerium muss ein Videoband der Sendung an den damaligen Minister Walter Riester geschickt haben, der gerade Urlaub machte. Riester sah den Beitrag an, telefonierte mit Lehmann und versprach, sich der Sache anzunehmen.
Und der Minister handelte tatsächlich: Ab Januar 2002 konnten sich Familien vom Arbeitsamt ganz legal eine Hilfskraft aus Osteuropa vermitteln lassen. Diese Lösung

sollte eigentlich als Teil des neuen Zuwanderungsgesetzes auf Dauer angelegt sein. Doch daraus wurde nichts, die Regelung verschwand sehr schnell wieder.

Später erneuerte die rot-grüne Bundesregierung die Verordnung, die Opposition stimmte auch im Bundesrat zu. Seit Januar 2005 gibt es deshalb die »Arbeitsamts-Lösung« wieder. Doch fast niemand nutzt sie, weil das ganze Vermittlungsverfahren »ein typisch deutscher bürokratischer Wust ohne Ende ist«, findet Frank Lehmann. »Die Pflegehaushalte sind dann nämlich rechtlich Unternehmer, müssen sich eine Betriebsnummer beim Finanzamt besorgen und die osteuropäische Kraft wie einen deutschen Arbeitnehmer versichern einschließlich Arbeitslosenversicherung und Soli-Beitrag. Insgesamt ist das für viele Normalhaushalte einfach zu teuer.«

Für ihn und seine Familie hatten die Razzia und die Anzeige natürlich ein Nachspiel. Das strafrechtliche Verfahren (»Beihilfe zum illegalen Menschenhandel«) wurde zwar eingestellt, aber erst, nachdem die Lehmanns zusammen 1500 Mark an eine Jugendhilfeorganisation bezahlt hatten. Aber auch für die unfreiwillige, demütigende Reise seiner Pflegekraft Marketa bat der Staat sie zur Kasse: Umgerechnet 478 Euro kostete der Flug von Frankfurt nach Bratislava und sage und schreibe 269 Euro die insgesamt 70 Kilometer lange Fahrt des Polizeiwagens von Hanau zum Frankfurter Flughafen und zurück.

Kaum jemand sprach deutsch

Etwa 1,4 Millionen Pflegebedürftige in Deutschland werden zu Hause betreut. Nur etwa jeder Tausendste davon – im Jahre 2005 waren es genau 1667 Fälle – nutzt das Angebot, sich vom Arbeitsamt legal eine osteuropäische Hilfskraft vermitteln zu lassen.[134]

Wer wissen will, warum es so wenige sind, braucht nur jene zu fragen, die es ausprobiert haben. Eine davon ist Ursula Baars.[135]

»Eine Hilfe aus Osteuropa zu engagieren war aus meiner Sicht gerade für uns die ideale Lösung: Wir brauchten keine ausgebildete Krankenschwester, mein Vater ist 90 und Oberschenkel amputiert, aber nicht bettlägerig. Einiges kann er noch alleine, vieles aber auch nicht mehr, er benötigt ständig Hilfe. Und meine Mutter schafft das nicht mehr. Sie ist zwar noch gut zurecht, aber eben auch schon 89.

Wir wollten in jedem Fall eine legale Lösung. Ich hatte mich über das Angebot der Arbeitsagentur informiert, und es klang zunächst ganz überzeugend. Auch die beiden Damen von der zentralen Arbeitsvermittlung, mit denen ich telefonierte, waren sehr freundlich und kompetent. Sie erklärten mir das ganze Verfahren und schickten mir einen Stapel Formulare. Mit denen sollte ich zum örtlichen Arbeitsamt gehen, wo ich noch mehr Formblätter bekam. Außerdem erfuhr ich, dass mein Vater eine so genannte Betriebsnummer brauchte, also durch die ganze Sache quasi zum Unternehmer wurde. Nachdem wir alles ausgefüllt und mein Vater die vielen Blätter unterschrieben hatte, musste das Arbeitsamt zuerst eine Pro-forma-Suche starten, also prüfen, ob sich nicht auch eine deutsche Bewerberin für den Job finden ließe.

Wie erwartet war die Suche erfolglos, und nach zwei weiteren Wochen bekam ich vier Angebote. Allerdings per Fax, die Bilder darauf waren so dunkel, dass ich fast nichts erkennen konnte. Auf meinen Wunsch hin schickte mir das Amt weitere Vorschläge, schließlich hatte ich Unterlagen von acht Kandidatinnen auf dem Tisch. ›Die müssen Sie dann alle anrufen und diejenige, die Ihnen am besten gefällt, nach Deutschland einladen‹, hatte mir die Mitarbeiterin der Arbeitsagentur erklärt.

Das Problem war nur, dass von den acht Bewerberinnen sieben nicht etwa ›mäßige Deutschkenntnisse‹ hatten, wie es auf den Angeboten stand, sondern schlicht gar keine. Sie verstanden noch nicht einmal, wer ich bin, warum ich anrufe und was ich will. Die einzige, die einigermaßen Deutsch konnte, war mit den Bedingungen – die die Behörde vorgibt – nicht einverstanden.

Wir luden schließlich eine Frau ein, deren Tochter deutsch sprach, und die dann aus der Slowakei anreiste. Ich hatte zwar ein ungutes Gefühl, brauchte aber Hilfe und beruhigte mich damit, dass es ja eine Probezeit von zwei Wochen gab.

Am Ende war sie drei Monate bei uns, glich ihre mangelnden Deutschkenntnisse durch großes Engagement und einen sehr liebevollen Umgang mit meinen Eltern aus. Die Verständigung war und blieb schwierig, trotzdem hätten wir sie gerne behalten. Aber irgendwann musste sie plötzlich aus familiären Gründen zurück in die Heimat. Meine Eltern standen wieder von einem Tag auf den anderen ohne Betreuung da. Nach diesen Erfahrungen wollte ich es nicht noch einmal über das Arbeitsamt probieren. Ich habe dann über einen privaten Vermittler eine andere, bessere Lösung gefunden.«

Raus aus der Illegalität!

Wer aus einem Mitgliedsland der EU stammt, kann – wie bereits beschrieben – problemlos nach Deutschland einreisen und hier auch in der Pflege arbeiten. Allerdings nur als selbstständiger Einzelunternehmer. Einen Vermittler braucht es dazu nicht unbedingt – theoretisch kann sich jeder selbst vermitteln und seine Arbeit auch alleine managen. Diese Unabhängigkeit ihrer Kräfte wünschen sich die meisten Vermittler allerdings gar nicht. Menschen, die bei einem Pflegedienst – beispielsweise in Tschechien – angestellt sind, lassen sich von dort lieber zum Arbeiten nach Deutschland schicken, wie es das »Entsendegesetz« vorsieht (siehe auch Seite 259).

Lobbyisten bekämpfen die halb- oder vielleicht legalen Beschäftigungsmodelle – und fördern damit indirekt die reine, steuervermeidende Schwarzarbeit.

Samstagnachmittag in einer deutschen Kreisstadt, ein Sommer Mitte der 1990er Jahre. Langsam rollt der Bus auf den Parkplatz, ungefähr ein Dutzend Hausfrauen hat schon auf ihn gewartet. Sie wussten, dass er kommt, nur nicht so genau wann. Erst hieß es um zwei, dann um drei, auf jeden Fall wollte keine von ihnen zu spät kommen. In der Zeitung hatte der Termin nicht gestanden, und keine hätte sich auf Nachfrage erinnern können, woher sie überhaupt davon wusste. Sie hatten es eben gehört.

Endlich kommt der Bus zum Stehen, die Tür öffnet sich automatisch. Dann hören die Wartenden gedämpfte Wortwechsel auf Polnisch, ansonsten passiert ungefähr zwei Minuten lang nichts.

Schließlich erscheint ein Gesicht in der Tür, dann tritt eine dunkelhaarige, etwa 30-jährige Frau zaghaft auf den Parkplatz. Weitere folgen, ebenso ängstlich, offenbar saßen in dem Bus ausschließlich Frauen, insgesamt etwa 15. Die

Jüngsten von ihnen sind ungefähr 20, die Ältesten an die 60. Zu den Wartenden sagt keine etwas, man mustert sich nur gegenseitig. Als Letzte verlässt eine resolute ältere Dame den Bus, die fließend Deutsch und Polnisch spricht und offenbar als Übersetzerin fungiert. Und schließlich noch ein jüngerer Mann, dessen Rolle unklar bleibt.

Viele Frauen vermitteln sich mittlerweile selbst

So ungefähr kamen Deutsche in jenen Tagen zu einer preiswerten – und natürlich illegalen – Pflegekraft für Eltern oder Großeltern. Sie suchten sich unter den per Bus Angekarrten eine Frau aus, die gut Deutsch konnte oder ansonsten irgendwie den besten Eindruck machte. Wer von den Frauen keinen Job bekam, wurde zum nächsten Dorf gefahren.

Dass das Geschäft so meist nicht mehr läuft, hat zwei Gründe. Erstens gehören Polen und andere osteuropäische Länder mittlerweile zur EU, die Menschen von dort brauchen keine »Schleuser« mehr, wenn sie nach Deutschland kommen wollen. Zweitens spielt sich heute die Vermittlung von illegalen, halb- und viertellegalen Pflegekräften in erster Linie übers Internet ab, das Medium ist dazu wie geschaffen. Wer in Deutschland arbeiten will, veröffentlicht einfach auf einer der einschlägigen Seiten seine Handynummer und einen kleinen Text dazu, interessierte Familien können die Betreffende dann direkt anrufen.

Ganz überflüssig sind die Menschenhändler trotzdem nicht geworden, weil nicht alle, die nach Hilfe suchen, auch Lust haben, viele Auslandsgespräche zu führen, bis sie eine geeignete Kandidatin gefunden haben. Sie wenden sich lieber an einen Ansprechpartner, der Vorschläge macht und das Geschäft anbahnt.

In der Regel geht es dabei um profane Schwarzarbeit,

also um eine Dienstleistung gegen Bargeld mit möglichst wenigen Fragen. Der Vermittler kassiert dabei eine Gebühr von der Familie oder von der Hilfskraft oder von beiden.

Nicht immer steckt Not dahinter

Wie viele auf dieser Basis in Deutschland alte Menschen pflegen, weiß niemand genau, Schätzungen gehen von etwa 100 000 Fällen aus; nach Ansicht des Schwarzarbeits-Forschers Friedrich Schneider von der Uni Linz sind es einschließlich des Bereichs der allgemeinen Krankenpflege sogar 200 000 (siehe Interview Seite 165).

Dass es sie gibt, liegt aber nicht an geldgierigen Vermittlern oder rücksichtslosen Menschenhändlern, sondern an der großen Nachfrage. Hinter einem Gutteil dieser Schwarzarbeitsfälle verbirgt sich Not, Ausweglosigkeit und der Wunsch, den Verwandten auf keinen Fall ins Heim zu geben. Aber sicher nicht hinter allen. Denn Schwarzarbeit ist auch billig, sie sorgt auch dafür, dass von Opas Erspartem nach seinem Ableben noch ein größeres Stück übrig bleibt.

Hinzu kommt, dass das juristische Risiko bei zweifelsfrei illegaler Schwarzarbeit geringer sein kann als bei halb- oder vielleicht legalen Verhältnissen. Wer bar bezahlt und nichts schriftlich hat, hinterlässt keine Spuren. Wie aber wollen Behörden ohne Dokumente zweifelsfrei beweisen, dass die Pflegekraft schon seit einem halben Jahr da ist und nicht erst – wie die Familie behauptet – seit zwei Tagen? Wer dagegen zwei Jahre lang selbstständige, steuerzahlende Kräfte beschäftigt und alle Unterlagen brav aufhebt, gegen den hat die Staatsanwaltschaft im Zweifelsfall deutlich mehr in der Hand.

Wenn aber auch die kriminalisiert werden, die einen legalen Weg suchen, dann müssen sich viele Familien fragen, warum sie sich einem größeren Risiko aussetzen sollen als unbedingt nötig. Und das heißt am Ende: Diejenigen, die jede Form von Rund-um-die-Uhr-Betreuung in den eigenen vier Wänden durch osteuropäische Kräfte seit Jahren torpedieren und kriminalisieren, fördern damit massiv die echte, steuervermeidende Schwarzarbeit. –

»Schwarzarbeit steigert den Wohlstand.« – Interview mit Prof. Friedrich Schneider

Professor Schneider ist der bekannteste Schwarzarbeits-Experte im deutschsprachigen Raum. Er ist Professor für Volkswirtschaftslehre an der Johannes-Kepler-Universität im österreichischen Linz und untersucht für die OECD – Organisation für wirtschaftliche Zusammenarbeit und Entwicklung – regelmäßig Entwicklung und Ursachen der Schwarzarbeit in den Industriestaaten. Seiner Ansicht nach beschäftigt sich die Öffentlichkeit zu sehr mit möglichen volkswirtschaftlichen Schäden durch Schwarzarbeit und zu wenig mit ihren positiven Effekten.

CHRISTOPH LIXENFELD: *Wie viele Menschen arbeiten in Deutschland illegal in der Pflege?*
FRIEDRICH SCHNEIDER: Detaillierte Befragungen von Januar 2007 kamen zu dem Ergebnis, dass es einschließlich der Krankenschwestern etwa 200 000 Voll- und Teilzeitkräfte sind.

Welche Ursache hat das Massenphänomen?
In der Pflege ist die Schwarzarbeit noch mehr als in anderen Branchen ein Reflex auf die herrschenden Zustände. Die Menschen wählen diese Lösung, weil sie schlicht keine Alternative haben.

Welcher volkswirtschaftliche Schaden entsteht dabei?
Der denkbare Schaden, nämlich dass offizielle Pflegekräfte dadurch vielleicht ihren Job verlieren, ist weitaus geringer als der volkswirtschaftliche Nutzen: Sozialämter, Kranken- und Pflegekassen werden ja durch die Schwarzarbeit massiv entlastet. Ich gehe davon aus, dass der Nutzen dreimal so hoch ist wie der Schaden.

Ist das der Grund, warum die Behörden so halbherzig gegen diese Form der Schwarzarbeit vorgehen?
Natürlich, auch Politiker wissen, wie nützlich diese Kräfte sind. Sie konsequent zu verfolgen, ist außerdem sozial gar nicht durchzuhalten. In einigen ländlichen Regionen gäbe es ohne Osteuropäerinnen überhaupt keine angemessene Betreuungsmöglichkeit für alte Menschen.

Warum geißelt die Politik dann regelmäßig mit markigen Worten die Schwarzarbeit?
Aus moralischen Gründen. Wenn Politiker offiziell die Schwarzarbeit gutheißen, dann untergraben sie massiv die Steuermoral, niemand möchte mehr legal arbeiten. Das kann sich natürlich kein Staat leisten.

Wie sollten die Regierenden auf die viele Schwarzarbeit in der Pflege reagieren?
Sie sollten die Entsenderichtlinie ändern, das heißt den Frauen die Möglichkeit geben, ganz offiziell in Deutschland tätig zu sein. Dann würde ihre Arbeit zwar etwas teurer, aber dafür zahlen mehr Menschen in die Sozialkassen ein. Wir haben damit sozusagen eine systemkonforme Lösung.

Würde die Schwarzarbeit dadurch ganz verschwinden?
Nein, aber das ist auch gar nicht das Ziel.

Pflege zu Hause

Die Familie allein kann es nicht richten

Sie kommt immer dann ins Spiel, wenn die Politik ein Problem nicht lösen kann oder soziale Aufgaben zu teuer werden: die gute alte Familie. Reihenweise hat es in den zurückliegenden Jahren Appelle gegeben, die mit Wendungen wie »Wir brauchen wieder mehr …« oder »Wir müssen wieder zurück zu …« begannen.

Solche Appelle beziehen sich meistens entweder auf Kinder oder auf Alte.

Bei Kindern fordern Sozialpolitiker, Eltern sollten sich wieder mehr einmischen, sich dafür interessieren, welche Internetseiten die Kleinen anklicken, einfach wieder stärker »die Zügel anziehen«, wie Väter in den 1960ern gesagt hätten.

Bei den Alten geht es in erster Linie um die Pflege, auch dabei soll die Familie »ihrer Verantwortung wieder mehr gerecht werden«, so eine beliebte Politiker-Floskel.

Natürlich ist die Mithilfe der Angehörigen unerlässlich. Aber die – biologischen – Familien werden bei der Pflege von Eltern und Großeltern in Zukunft weniger leisten können als bisher. Warum das so ist, darum geht es in diesem Kapitel. Und darum, wie unsere Gesellschaft im Alltag mit Pflegebedürftigkeit umgeht.

*Häusliche Pflege und Beruf: Die ganz normale
Verdrängung*

Immer mehr Menschen leben mit einem hilfsbedürftigen Familienmitglied zusammen, doch ihr Umfeld will davon oft so wenig wie möglich wissen. Pflegende stehen oft ziemlich allein da, Kollegen reagieren mit einer Mischung aus Unverständnis und Wegsehen.

Donnerstag war mal wieder einer von den Tagen, an denen Yvonne Horch* heulen könnte vor ohnmächtiger Wut und fluchen auf den Laden, in dem sie arbeitete, und auf ihre ganze Situation.

Das Meeting war für 13.30 Uhr angesetzt, es ging um einen neuen Kunden der PR-Agentur, und Beraterin Yvonne Horch gehört zu dem Team, das ihn betreuen würde. Außer ihr sollten noch fünf Kollegen teilnehmen, vier Frauen und ein Mann. Und die Geschäftsführerin der Agentur; Yvonne Horch hatte sie schon vor dem Mittagessen gebeten, doch bitte pünktlich anzufangen. »Du weißt, dass ich um Viertel nach drei bei meiner Mutter sein muss?« Die Chefin hatte nur genickt und ein gemurmeltes »ist klar« von sich gegeben.

Was dann folgte, erlebte die PR-Beraterin jetzt schon zum ungefähr zehnten Mal: Es wurde halb zwei, zwanzig vor, Viertel vor. Die Geschäftsführerin telefonierte, das konnte sie durch die gläserne Bürotür sehen. Vermutlich etwas Privates, jedenfalls lachte sie viel dabei.

Yvonne Horch hasste solche Situationen, weil sie natürlich wusste, wie alles enden wird. Der Chefin einen dezenten Hinweis zu geben, etwa leise die Tür zu öffnen und auf die Uhr zu zeigen oder so, traute sie sich nicht mehr. Das hatte sie einmal gewagt – und war mit einer Handbewegung verscheucht worden wie eine lästige Fliege.

Also abwarten. Um zehn vor legte sie endlich auf, öffnete die Tür, rief den Namen einer Kollegin. Die verließ ihren Schreibtisch und trabte wortlos ins Büro der Chefin, schloss die Tür hinter sich. Es folgte eins von den Gesprächen, die alle sehen, aber niemand hören konnte, und in die immer viel hineininterpretiert wurde. Dann flog die Tür auf, und die Geschäftsführerin warf ihr bewährtes: »Kinder, es geht los« hin.

Als sie endlich in dem kleinen Konferenzraum saßen, war es schon nach zwei, in einer Stunde würde Yvonne Horch die Agentur verlassen müssen, egal, wie weit sie bis dahin waren. Denn exakt um 15.15 Uhr kam der Pflegedienst in ihre Wohnung, und gemeinsam wurde ihre bettlägerige Mutter dann gewendet. Im Grunde könnte der Pfleger das auch alleine, aber die Mutter besteht darauf, dass Yvonne dabei ist.

Die versuchte nun auf's Tempo zu drücken, moderierte die Besprechung mit den Kollegen. Sagte ein paar Worte über den Kunden und über das Konzept der PR-Kampagne, auf das sie sich bei vorherigen Meetings schon geeinigt hatten. Heute sollte es um die Aufgabenverteilung gehen und um die Planung der nächsten Schritte. Die Chefin hielt sich bei solchen Meetings meistens zurück. Sie war sowieso nur dabei, weil es sich um einen neuen Kunden handelte und sie sichergehen wollte, dass alles in den richtigen Bahnen verlief.

Yvonne Horch kam zügig darauf zu sprechen, was anstand. Oder wollte es zumindest. Aber schon vor dem dritten Satz fiel ihre genau jene Kollegin ins Wort, die für ihre ausschweifenden Monologe bekannt war. »Vielleicht sollten wir erst mal darüber reden ...«, hörte Yvonne Horch sie noch sagen, dann sah sie auf die Uhr ihres Handys, das unterm Tisch auf ihrem Oberschenkel lag. 14.25 Uhr. Fünf Minuten würde das Statement der Kollegin voraussichtlich dauern, ohne die Sache auch nur einen Millimeter voranzubringen. Die Baustelle in der Viktoriastraße sollte eigentlich heute weggeräumt sein, das heißt es könnte sogar reichen, wenn sie um 15.05 losfuhr. Die Kollegin war irgendwann fertig mit ihrem Grundsatzreferat, und in den kommenden

Minuten kam man wahrhaftig ein gutes Stück voran. Um 14.40 Uhr ging die Tür auf, die Assistentin war zu sehen mit einer etwas aufgeregten Mimik in Richtig Chefin. »Ich glaube, es ist wirklich wichtig«, sollte das wohl bedeuten. »Macht einfach weiter«, sagte die Geschäftsführerin im Hinausgehen.

Sie wusste, dass sie wieder nicht pünktlich bei ihrer Mutter sein würde

Das taten sie. Um 14.50 Uhr kam die Chefin mit einem »Bringt ihr mich auf den Stand?« zurück. Kurze Zusammenfassung, immerhin hatten sie von zehn Punkten sieben abgehakt. 14.55 Uhr. Während eine andere Kollegin sprach, tippte Yvonne Horch unterm Tisch mehr oder weniger unauffällig eine SMS an den Pfleger, den Text hatte sie gespeichert, es stand ja sowieso immer dasselbe drin: Dass sie es vielleicht nicht ganz schaffen würde ... »Wir haben jetzt noch drei Punkte, ihr wisst, dass ich gleich weg muss«, sagte sie in eine Pause der anderen hinein. »Also lasst es uns wenn möglich straffen.« Sie hatte sich diesen offensiven Umgang mit ihrer Situation angewöhnt, weil sie sich dabei besser fühlte, als wenn sie kleinlaut um Verständnis bitten würde.

Eine Reaktion auf ihre Ankündigung gab es nicht, niemand verzog eine Miene. Yvonne fuhr fort mit Punkt acht und sagte etwas wie: »Vielleicht können wir uns ja einfach darauf einigen, dass ...«. Als die Kollegin daraufhin meinte: »Ich denke, dazu müssen wir aber schon ein paar Worte verlieren«, war Yvonne Horch klar, dass es wieder nicht reichen wird. Dass sie wieder vor Ende der Besprechung gehen musste mit dem Gefühl, ihren Job nicht anständig zu machen. Und eine schlechte, herzlose Tochter war sie sowieso, schließlich kam sie ja zu spät zur Mutter.

Als die Uhr 15.06 zeigte, war die Kollegin immer noch bei ihren »paar Worten«. Yvonne Horch hatte jetzt keine Wahl mehr. Sie unterbrach sie mitten im Satz. »Sorry, so leid es mir tut, ich muss jetzt, meine Mutter wartet.« Die anderen taten, als hätten sie sie nicht gehört, die Kollegin machte einfach da weiter, wo sie aufgehört hatte. Als Yvonne aufstand und ihre Papiere zusammenpackte, suchte sie den Blick ihrer Chefin. Doch der war stur auf das Blatt vor ihr gerichtet.

Das Protokoll des Meetings war zufällig verloren gegangen

Am Montag – der Freitag war ein Feiertag – ging der Vorgang genau so weiter, wie sie erwartet hatte, sie kannte die Rituale ja mittlerweile. Als sie fragte, was am Donnerstag noch besprochen worden war, hatten sämtliche Kollegen zufällig gerade keine Zeit, es ihr zu erzählen. Das Protokoll des Meetings war auf dem Weg in ihre Mailbox ebenso zufällig verloren gegangen, zweimal musste sie nachfragen, bevor sie es bekam.

Das Problem war nicht, dass sie einen Vertrag über 28 Wochenstunden hatte und die anderen über 38, sondern dass sie wegen der Mutter keine einzige Überstunde machte. Sie kam um 9 und ging um 15 Uhr. Die anderen blieben zum Teil bis 20 Uhr, 50-Stunden-Wochen waren keine Seltenheit. Anlass genug für Neid und Missgunst, und an Verständnis fehlte es auch, weil die anderen im Schnitt zehn Jahre jünger waren als Yvonne, ihre Eltern deshalb noch weit entfernt vom Pflegealter.

Unzählige Frauen in Deutschland sind in einer ähnlichen Situation wie die PR-Beraterin aus Hamburg. Mit der Vereinbarkeit von Familie und Beruf ist es in Deutschland nicht weit her, daran ändern auch Pressekampagnen einiger Großunternehmen oder Absichtserklärungen von Ministerien nichts. Vor allem wer in einem kleinen Unternehmen arbeitet, hat schlechte Karten. Nicht nur weil das Verständnis fehlt, sondern auch weil der Betrieb nur funktioniert, wenn alle ständig alles geben und das Privatleben hinten anstellen.

Pflegende haben es dabei noch ungleich schwerer als Erziehende. Ein Kind ist etwas Positives, jeder berichtet begeistert von der Geburt und von den vielen amüsanten Erlebnissen danach. Und wenn Mama den Spross mal mitbringt in die Firma, dann finden ihn die Kolleginnen natürlich hinreißend.

Jeder hofft, dass es ihn nicht trifft

Aber eine kranke Mutter, die zu Hause liegt und Pflege braucht? Was soll man im Büro darüber erzählen? Wer will das hören? Menschen, die in dieser Lage sind, kennen die einschlägigen Situationen: Keiner fragt, wie es der Mutter geht. Und wer von sich aus erzählt, einfach weil es manchmal rausmuss, erlebt zwar, dass sich die eine oder andere Kollegin verpflichtet fühlt, zuzuhören. Aber auch unübersehbar froh ist, wenn irgendwer ins Zimmer kommt und das Gespräch unterbricht, oder wenn das Telefon klingelt. Ein mitfühlender Blick und ein »Sorry, ich muss. Aber wenn Du da später noch mal drüber reden möchtest, kein Problem«, beenden dann das Thema. Der Umgang damit ist derselbe wie der mit einer schweren Krankheit, die unerwartet irgendwen getroffen hat. Die Anderen wollen Augen und Ohren verschließen, fast so, als könnten sie sich anstecken durch die Beschäftigung damit.

Auch beim Thema Pflege hoffen alle, ihnen möge das Schicksal der Kollegin erspart bleiben. Jeder weiß, dass es auch ihn treffen kann, und diese Erkenntnis will man verdrängen.

Wenn auch nachvollziehbar und verständlich, ist dieser Reflex des Umfelds für die Betroffenen eine Katastrophe. Denn in einer Situation, in der sie am dringendsten Unterstützung bräuchten, fühlen sie sich am meisten allein gelassen. Hinzu kommt, dass Menschen, die seit Jahren einen Angehörigen pflegen, häufig einen niedergeschlagenen Eindruck hinterlassen. Nicht gerade eine begehrte Gesellschaft für andere.

Außerdem erschwert ein Pflegebedürftiger den Arbeitsalltag viel mehr als ein Kind. Elternschaft und Elternzeit sind planbar, auch wenn der Plan immer mal wieder durcheinander gerät. Pflege ist es nicht, weder in ihren täglichen Herausforderungen noch in ihrer Dauer.

In mehr als einem Drittel der Fälle pflegen die Betroffenen ihre Angehörigen zwischen 5 und 14 Jahre lang, in 13 Prozent der Fälle dauert die Pflege länger als 14 Jahre, wie die Sozialforscher von Infratest herausfanden.[136] Treffen kann es Menschen in jedem Alter, und während bei der Kindererziehung im Laufe der Jahre die Erfolge mehr und die Belastungen weniger werden, ist es bei der Pflege umgekehrt.

Ein Zurück in die »gute alte Zeit« gibt es nicht

Bereits jeder fünfte Deutsche hat mittlerweile einen Fall in seinem familiären Umfeld, Pflege von Angehörigen wird von der Ausnahme fast zum Normalfall. Dabei fühlen sich die meisten in dieser Situation von Politik und Gesellschaft alleingelassen, so das Ergebnis einer Studie von TNS Emnid im Auftrag des Heimbetreibers Marseille-Kliniken.[137]

Knapp zwei Drittel der Angehörigen, die zu Hause ein Familienmitglied versorgen, klagen danach über zu wenig Unterstützung, zugleich konstatiert TNS Emnid eine »beeindruckende Solidarität« innerhalb der Familien. Die Mehrheit der Befragten pflegt deshalb zu Hause, weil der Betroffene oder die Familie das wünschen; in etwa einem Fünftel dieser Fälle ist rund um die Uhr Hilfe notwendig. Vor allem dabei – neben der Finanzierung – wünschen sich pflegende Angehörige mehr Hilfe von der Politik.

Hilfen gibt es zwar wenig, aber dafür überschwängliches Lob und Solidaritätsadressen. Politiker aller Parteien haben die Familie (wieder-)entdeckt, weil ohne die Mithilfe von Angehörigen die Pflege völlig unbezahlbar würde.

Es sollte sich aber niemand der Illusion hingeben, eine Rückkehr in die »gute alte Zeit« oder gar die Renaissance der Großfamilie könnten die Probleme lösen. Großfamilien funktionierten in punkto Altenpflege auch vor Jahrzehnten nur dann, wenn zwei Bedingungen erfüllt waren: Hausfrauenehe der Kinder und geringe Lebenserwartung der Eltern. Wenn die eigene Karriere der Ehefrau nie vorgesehen ist, dann hat sie Zeit, sich um die Eltern zu kümmern. Die Belastungen waren dabei bis vor einigen Jahrzehnten geringer als heute, weil Pflege selten jahrelang dauerte; schließlich wurden die alten Herrschaften noch vor einigen Jahrzehnten höchstens 70 oder 75 Jahre alt. Heute werden sie 90, und manchmal sind neben den Eltern auch noch die Großeltern zu versorgen.

*Frauen sollen Karriere machen, Kinder kriegen –
und pflegen*

Die Vorstellung, dass es die Familie schon richten wird, ist auch aus einem anderen Grund realitätsfern. Fast die Hälfte aller Pflegebedürftigen – knapp eine Million Menschen – wird zu Hause von der eigenen Familie, Verwandten oder Freunden versorgt. Dabei sind 80 Prozent der Pflegenden Frauen, meist Ehepartnerinnen oder Töchter mittleren Alters. Die jüngeren, heute 20- bis 30-Jährigen, werden diese Aufgabe weniger meistern können als ihre Mütter, wenn sie irgendwann »an der Reihe« sind.[138] Jedenfalls gilt das dann, wenn sie all die anderen Pflichten erfüllen wollen, die die Politik ihnen aufbürden will. Sie sollen studieren und, damit es sich gelohnt hat, Karriere machen. Und natürlich Kinder bekommen, so viele wie möglich. Wie soll sich da noch die Pflege eines Angehörigen managen lassen? Außerdem fordert die Politik seit Jahren, auch privat für das eigene Alter vorzusorgen. Wie aber macht das eine Frau, die mit 50 oder früher ihren Job aufgibt – oder ihn zumindest für lange Zeit unterbricht –, um die eigene Mutter zu pflegen?

Familienarrangements: Perfekt organisiert, aber auf Kante genäht

In einem hübschen Neubaugebiet im Süden des Ruhrgebiets haben sich die Osthoffs* ihren Traum vom Eigenheim erfüllt. Das geräumige Doppelhaus teilen sie sich mit Freunden, die sie schon seit der Schulzeit kennen. Dietmar Osthoff arbeitet als Ingenieur bei einem Autozulieferer, seine Frau Bärbel halbtags in einer Werbeagentur. Tom und Inga, 11 und 13 Jahre alt, gehen aufs Gymnasium. Bärbel Osthoff hatte wieder angefangen zu arbeiten, als die Jüngste in die Schule kam. Ihr Mann verdient nicht schlecht, aber sie will unbedingt »im Geschäft bleiben«. Außerdem haben sich die Osthoffs durch das Haus verschuldet und ihre Kinder teure Wünsche: Reitstunden, Markenturnschuhe, elektronisches Spielzeug.

Dietmar Osthoff kommt fast nie vor 19 Uhr nach Hause, und ein bis zwei Samstage pro Monat opfert er der Firma auch. Seine Frau managt deshalb – abgesehen von Job und

Haus – auch die Freizeit der Familie, fährt Inga zum Reiten oder Tom zum Handball.

Bärbel Osthoff würde sich gut für einen Prospekt des Bundesfamilienministeriums eignen: Eine Frau, die alles will – Job, Mann, Kinder –, alles kriegt und alles schafft. Die das Leben führt, das sie sich immer gewünscht hat. Und deshalb trotz hohem Stresspegel fast nie die Nerven verliert, selbst dann nicht, wenn Inga die Mathe-Hausaufgabe auch nach dem dritten Erklärungsversuch nicht verstanden hat.

Der Alltag der Osthoffs gleicht dem tausender anderer Familien in Deutschland. Und gemeinsam ist ihnen auch, dass die Familienarrangements extrem auf Kante genäht sind: Das gut geölte Räderwerk funktioniert nur so lange, wie nichts Unvorhergesehenes passiert. Bricht sich Bärbel Osthoff den rechten Arm, hat die Familie keine Köchin, keine Gärtnerin und keine Chauffeurin mehr.

Meistens ist es jedoch etwas anderes, das den eingespielten Alltag solcher Familien aus dem Gleichgewicht bringt, etwas, das fast immer unvorhergesehen und niemals unvorhersehbar ist: das Altwerden der Großeltern. Bärbel Osthoffs Vater ist vor einigen Jahren gestorben, ihre Mutter, 76, bewohnt im benachbarten Oberhausen eine gemietete Wohnung. Bisher ist sie ziemlich fit und stolz darauf, geht alleine einkaufen und spazieren, trifft sich mit Freundinnen. Ungefähr einmal im Monat holt sie der Schwiegersohn ab, dann verbringt sie das Wochenende bei den Kindern. Zwischendurch fährt Bärbel Osthoff nach Oberhausen, hilft ihrer Mutter beim Fensterputzen oder besorgt ihr mit dem Auto eine Kiste Mineralwasser. Über Fragen nach ihrem Befinden amüsiert sich die Mutter eher, sagt: »Du meinst wohl, die Alte klappt jeden Moment zusammen« oder: »Nun mach dir mal nicht so viele Gedanken, Kindchen, ich komm schon zurecht.«

Mit 40 sind die meisten im Dauerstress

Genau davon will sich Bärbel Osthoff bei den Besuchen überzeugen: Dass die Mutter noch zurechtkommt, allein. Auf jeden noch so kleinen Hinweis, es könnte sich etwas ändern am Status quo, reagiert sie mit großer Sorge. Beim vorletzten Besuch hatte sie den Eindruck, ihre Mutter tue sich schwerer als sonst mit den zwei Treppen in den ersten Stock. Bärbel Osthoff sagte zwar nichts, grübelte aber zwei Tage lang nach über die Sache. Wie soll es weitergehen, wenn die Mutter wirklich unselbstständig wird? Bei ihren Kindern zu wohnen, ist schwierig: Platz gibt es zwar, aber auch Treppen. Außerdem ist ihr minutiös geplanter Alltag ohne eine hilfebedürftige Oma zu bewältigen, mit ihr aber nicht, an diesem Punkt macht sich Bärbel Osthoff nichts vor. Von ihrem Bruder, der in Osnabrück wohnt, ist keine Hilfe zu erwarten. Er hat zwar keine Familie, aber eine 60-Stunden-Woche und ist für den Job ständig unterwegs.

Die Biographie der Osthoffs ist typisch für Akademiker: Die Ausbildung dauert extrem lange, oft haben sie erst mit Anfang 30 beruflich Fuß gefasst. Entsprechend spät kommen die Kinder, in vielen Familien sind die Eltern schon Anfang bis Mitte 40, wenn ihr Nachwuchs eingeschult wird.

Mit 50 sind sie dann von drei Seiten unter Druck: Sie arbeiten mehr denn je, ihre Kinder brauchen sie noch, und die eigenen Eltern werden alt und gebrechlich. Für unzählige Familien wird diese Situation zur Zerreißprobe, und auch die Osthoffs müssen sich ihr über kurz oder lang stellen.

Viele wohnen nicht mehr in der Stadt ihrer Eltern

Es ist also unrealistisch, sich von den Familien in punkto Pflege für die Zukunft mehr zu erhoffen als sie schon bisher leisten. Trotzdem werden die Erwartungen an sie nicht weniger, sondern mehr. Das gilt für die Politik, und es gilt auch für bestimmte Lobbygruppen. So sagte Bernd Meurer, Präsident des Heim- und Pflegedienstverbands bpa, über die Forderung nach einer Legalisierung osteuropäischer Helferinnen: »Man argumentiert damit und sagt: Wir brauchen eine 24-Stunden-Betreuung, wie sollen wir die bezahlen? Ich bin der Meinung, dass ein Stück weit auch die Familie in Verantwortung ist und sich von einem Teil der Betreuung nicht entziehen sollte. Das mag mal sein, dass beide Familienangehörigen berufstätig sind, das sind dann sieben oder acht Stunden (…) Man braucht nicht 24 Stunden (…).«[139]

Vielleicht nicht, wenn alle in derselben Stadt leben. Aber auf wie viele Familien trifft das heute noch zu? Der Normalfall sind eher Biographien wie die von Roland Dellbrück*. Der Programmierer stammt aus dem westfälischen Lünen, studierte in Dortmund und fand anschließend eine Stelle in München, wo der Single seit mittlerweile fünf Jahren lebt. Sein Vater starb, als Dellbrück zwölf war, seitdem lebt die Mutter Dorothea alleine in Lünen. Wie die meisten anderen Menschen mit einer ähnlichen Geschichte hielt der Sohn telefonisch Kontakt zu seiner Mutter, besuchte sie drei- bis viermal im Jahr in der alten Heimat und lud sie ebenso oft nach München ein.

Die Schwester bekam einen Medizin-Studienplatz in Baden-Württemberg, verliebte sich an der Uni und trat schließlich den ersten Job in Freiburg an, seit einem Jahr hatte sie außerdem ein Baby. Ihre Mutter sah sie etwas öfter als der Bruder, dafür sorgte vor allem der Enkel.

Unproblematisch war all das, auch hier ist die Geschichte alltäglich, solange die Mutter noch reisen konnte. Schließlich hatte sie mehr Zeit als ihre berufstätigen Kinder, und Spaß machte es ihr auch. Doch irgendwann um den 75. Geburtstag herum begannen die Zugfahrten, anstrengend zu werden. Außerdem fehlte ihr immer öfter die Kraft, in München allein in die Stadt oder ins Museum zu gehen, wenn ihr

Sohn arbeiten musste. In Freiburg beschäftigte sie sich viel mit dem Enkel, aber auch die Reise war weit und das Leben von Tochter und Schwiegersohn zwischen Überstunden und Hausrenovierung sehr hektisch.

Dorothea Dellbrücks Fahrten zu den Kindern wurden seltener, trotzdem konnten die nicht öfter als bisher zu ihr nach Lünen kommen.

Auch die Kinder wollen ihr bisheriges Leben nicht aufgeben

Als die Mutter überhaupt nicht mehr weg wollte aus Lünen, besprachen die Geschwister das Problem ausführlich am Telefon. Was sollte werden, wenn es ihr schlechter ging?

Konnte die Mutter zu einem der Kinder ziehen? Roland Dellbrücks Altbauwohnung lag im dritten Stock. Wenn Dorothea Dellbrück irgendwann nicht mehr vor die Tür käme, weil sie die Treppen nicht mehr schafft, dann wäre sie unter der Woche tagsüber ständig allein. Wer sollte schon zu Besuch kommen? Sie kannte ja niemanden in München außer dem Sohn. Und eine eigene Wohnung für die Mutter ohne Treppen musste man erst einmal finden und bezahlen können.

Oder nach Freiburg zur Tochter? Die baute mit ihrem Mann gerade ein altes Bauernhaus um, Platz genug gab es hier. Allerdings glich das Ganze noch einer Baustelle, und auf der hatte sich seit etwa einem halben Jahr nichts bewegt. Ihre Jobs fraßen die beiden auf. Aktuell war also gar nicht daran zu denken, die Mutter aufzunehmen. Außerdem: Dorothea Dellbrück wäre nur ungern weggezogen aus Lünen, weil sie das halbe Dutzend Freunde und Bekannte, das sie noch hatte, nicht verlieren wollte.

Dass eins der Kinder stattdessen zur Mutter zieht, war nur theoretisch eine Alternative, schließlich hätte das für die Geschwister bedeutet, so ziemlich ihr gesamtes bisheriges

Leben aufzugeben. Weder Sohn noch Tochter, das gestanden sie sich offen, wären dazu bereit.

Im Augenblick versuchen beide, so oft sie können nach Lünen zu fahren. Die Mutter ist bisher nicht pflegebedürftig, kann ihren Haushalt und die alltäglichen Dinge noch weitgehend alleine regeln. Außerdem bekommt sie Hilfe von einer Nachbarin und von Freunden. Natürlich hoffen alle Beteiligten, dass die Situation möglichst lange so bleibt. Was auf Dauer aber vermutlich nicht der Fall sein wird ...

Wer Karriere machen will, muss zum Umzug bereit sein

Hunderttausende von Familien in Deutschland sind in einer ähnlichen Lage wie die Dellbrücks: Wenn die Kinder nicht schon zum Studium oder zur Ausbildung ihre Heimatstadt verlassen haben, dann ziehen sie spätestens weg, sobald sie den ersten Job antreten. Denn wer kann sich schon aussuchen, in welcher Stadt er arbeiten möchte?

Flexibilität und die Bereitschaft, auch mehrfach umzuziehen, erwartet heute jedes größere Unternehmen von seinen Mitarbeitern. Auslandsaufenthalte werden immer wichtiger für die eigene Laufbahn, wer sich verweigert, muss einen Karriereknick befürchten.

Konkurrenzdruck, ständige Rationalisierung und gesteigertes Arbeitstempo führen dazu, dass sich – jenseits aller politischen Wunschvorstellungen – Beruf und Familie im 21. Jahrhundert nicht besser, sondern immer schlechter miteinander vereinbaren lassen.

Neben der Elternzeit auch eine bezahlte Pflegezeit einzuführen, wie es die Bundesgesundheitsministerin im Rahmen der jüngsten Reform ursprünglich vor hatte, wäre der richtige Schritt und ein wichtiges Signal. Schließlich gibt es in Deutschlands Haushalten schon heute doppelt so viele Pflegebedürftige, wie es Kinder im Alter von bis zu einem Jahr gibt.

Wir werden in Zukunft mehr arbeitsrechtliche Regelungen für die Pflege brauchen, auf die sich Betroffene berufen können. Die Familie fördern und unterstützen, zugleich aber das Arbeitsrecht so weit wie möglich liberalisieren zu wollen, gleicht der Quadratur des Kreises.

Trotzdem wollen uns einige Politiker seit Jahren glauben machen, der Spagat sei machbar. Paul Kirchhof, ehemaliger Verfassungsrichter und damals Finanzminister im Schattenkabinett von Angela Merkel, sagte während des Bundestagswahlkampfs 2005 zum Beispiel: »Im gesamten Bereich der Wirtschaft würde ich viele Regeln lockern. In der Familienpolitik wünsche ich mir mehr staatliches Engagement – durch Schutzrechte, aber auch finanziell.«[140]

Berater empfehlen, alle Rücksichten über Bord zu werfen

Wie weltfremd eine Kombination aus Lockerungen und mehr Schutzrechten ist, zeigt folgendes Beispiel aus der Pflegebranche: Ein niedersächsisches Altenheim hatte eine Unternehmensberaterin engagiert, um Tipps für effizienteres Arbeiten und verbesserte Strukturen zu bekommen. Einer der – absolut üblichen – Vorschläge lautete: Dienstpläne orientieren sich in Zukunft ausschließlich am optimalen, das heißt kostengünstigen Personaleinsatz. Rücksichten auf persönliche Belange wie Kindererziehung gibt es nicht mehr.

Mehr Schutzgesetze betrachten Unternehmen und Interessenvertreter oft als Eingriff in ihre Freiheiten. Einen gesetzlichen Freistellungsanspruch zur Pflege von Angehörigen hält die Bundesvereinigung der Deutschen Arbeitgeberverbände beispielsweise für »nicht erforderlich. Individuelle vertragliche sind pauschalen gesetzlichen Lösungen vorzuziehen.«[141]

Die Vorstellung, das Gros der Unternehmen werde von sich aus familienfreundliche Arbeitsbedingungen schaffen, ist aber wenig realistisch. Arbeitszeiten sind entweder optimal an die Laufzeiten von Maschinen oder an die Notwendigkeiten eines funktionierenden Familienlebens angepasst. Beides gleichzeitig ist selten erreichbar. Wenn die Politik Familienfreundlichkeit will, dann muss sie regelnd eingreifen. Der Markt sorgt nicht dafür; er sorgt für Unternehmensberaterinnen, die Arbeitgebern dazu raten, alle Rücksichten über Bord zu werfen.

Junge, gut ausgebildete Frauen gehen als Erste

Und noch aus einem anderen Grund sollte sich die Politik bei der Lösung der Probleme nicht zu sehr auf die Familien verlassen. Pflege leisten, wie schon beschrieben, in erster Linie Frauen. Gerade die wandern aber aus Regionen, wo sie am dringendsten gebraucht würden, massenweise ab. Zwischen 1991 und 2005 verließen 400 000 junge Frauen, aber nur 270 000 Männer die ehemalige DDR. In vielen Regionen Ostdeutschlands kommen auf 100 junge Männer nur noch 80 Frauen. Den Rekord hält Pasewalk in Vorpommern mit einem Verhältnis von 74 zu 100 bei den 18- bis 29-Jährigen[142] (Angaben aus 2003). Frauen haben oft die besseren Schulabschlüsse und deshalb größere Chancen auf dem westdeutschen Arbeitsmarkt. Außerdem sind sie motivierter, haben weniger Angst vor einem Umzug als Männer und finden sich in der Ferne schneller zurecht. Dass sie irgendwann wieder in die alte Heimat zurückkehren, ist mehr als unwahrscheinlich, und das bedeutet, dass es in den neuen Bundesländern in 20 Jahren nicht nur weniger Mütter, sondern auch weniger potenziell pflegende Töchter geben wird als im Westen. –

Viele Angehörige fühlen sich bevormundet

Ohne Angehörige geht in Deutschlands Altenpflege nichts. Und die Finanzlage der Pflegeversicherung würde sich in kürzester Zeit dramatisch verschlechtern, wenn sich die Töchter und Schwiegertöchter plötzlich flächendeckend weigern würden, den Job zu übernehmen. Die Politik muss also vor allem dafür sorgen, dass die wichtigsten Pflegeeinrichtungen des Landes – die Familien – motiviert bleiben. Je mehr professionelle Unterstützung sie dabei bekommen, desto besser gelingt das. Weil die Profis aber bisher in den starren Regeln der Pflegeversicherung agieren müssen, fühlen sich Familien von den Helfern oft abgefertigt und bevormundet. Und das demotiviert.

Motiviert sind Angehörige dann, wenn sie den Pflegeprozess selber steuern und autonom über Art und Umfang der Hilfen entscheiden können. Und zu dieser Freiheit muss es auch gehören, vom Geld der Pflegeversicherungen der Nachbarin mal einen Blumenstrauß schenken zu können, weil sie ohne viel Aufhebens hilft, wo sie kann.

Wenn sich die Politik also mehr Mithilfe der Familien wünscht, dann sollte sie als Erstes die Pflegeversicherung aus ihrem bürokratischen Korsett befreien.

Niemand muss ins Heim

Wie Selbstbestimmung im Alter funktioniert

Das vorletzte Kapitel dieses Buches ist ein Reisebericht, der uns nach Berlin, Rendsburg, Bielefeld, Erfurt, Unna und Mülheim führt. Er handelt von Menschen, die sich dem Trend zur Kasernierung einer ganzen Altersgruppe widersetzen. Die – zum Teil seit Jahrzehnten – für ihre Ideen gekämpft, sich über menschenverachtende Bürokratie und wirtschaftliche Interessen hinweggesetzt haben und so zum Vorbild wurden für Dutzende anderer Initiativen in ganz Deutschland.

Und er stellt Menschen vor, die von diesen Initiativen profitieren, denen es trotz Pflegebedürftigkeit gelingt, ein selbstbestimmtes Leben zu führen.

Berlin-Friedrichsfelde: »Dann haben die auch nicht so viel Zeit für ihre Zipperlein.«

Was braucht es, um die Welt zu verändern? Wenigstens die von ein paar Hundert Menschen?

Antwort: Eigeninitiative, Mut, Durchhaltevermögen. Und vor allem: Die richtige Vision. Ein Beispiel aus der deutschen Hauptstadt.[143]

Friedrichsfelde, ein Ortsteil des Bezirks Lichtenberg, liegt ganz im Osten der Stadt, wenige Kilometer dahinter ist Berlin zu Ende. Die Straßenzüge nordwestlich der Rummelsburger Straße stammen aus den 1920er und 1930er Jahren, die im Südosten aus den 1960ern und 1970ern. Hier gibt es gestreckte Plattenbauten in jeder erdenklichen Höhe und Wuchtigkeit, verwinkelte, balkonlose Hochhäuser mit den damals beliebten, glänzenden Kachelfassaden. Und es gibt drei so genannte Punkthochhäuser: relativ weit voneinander entfernte, scheinbar planlos ins Stadtbild geworfene 17-Stöcker auf fast quadratischer Grundfläche, deren Fassaden ausschließlich aus Balkonen bestehen.

Dieser Kiez ist keineswegs eine Betonwüste, sondern hat viel Grün inklusive eines großen Tierparks. Wohnen sollte platzsparend, bezahlbar und zentralbeheizt sein, aber eben auch idyllisch, jedenfalls waren das die Träume von Stadtplanern der 1960er Jahre.

Diese Utopien scheinen dick mit Staub bedeckt zu sein. Dennoch lässt sich genau hier in Friedrichsfelde unsere Zukunft besichtigen. Nicht die architektonische zwar, aber die gesellschaftliche. Hier gibt es schon heute die Probleme, mit denen in einigen Jahren ganz Deutschland und sämtliche anderen Industrienationen zu kämpfen haben werden. Und es gibt eine Lösung, die einzige wahrscheinlich, mit der wir diese Probleme in den Griff bekommen können. Dumm nur, dass das Überleben dieser Lösung am seidenen Faden hängt. –

In den drei Punkthochhäusern gab es bis zu Beginn unseres Jahrtausends ausschließlich Einraumwohnungen, insgesamt über 1000, jede von ihnen mit einem Menschen auf kaum 25 Quadratmetern. Die meisten Bewohner kamen mit dem Bauboom der 1960er her. Jetzt werden sie gemeinsam alt, ungefähr die Hälfte der Menschen hier ist über 55. Viele haben niemanden, Frauen vor allem: verwitwet, geschieden, die Kinder weggezogen. Eine Klientel, die größere Gefahr läuft, im hohen Alter im Pflegeheim zu landen, gibt es nicht. Und doch, und das ist das Wunder, passiert das hier nur den Allerwenigsten. –

Die älteste »Sportfreundin« ist 93

Eines der Punkthochhäuser liegt in der Volkradstraße 8. An diesem Hochsommertag sind die Fenster des flachen Anbaus auf der Rückseite geöffnet, dezent dringt Roger Whittakers »Abschied ist ein scharfes Schwert« ins Freie. Allerdings will hier niemand Abschied nehmen, Brigitte Jammer hat dieses Lied nur ausgewählt, weil sich sein eindringlicher Vierviertel-Groove bestens dazu eignet, die Zuhörerinnen sanft, aber unmissverständlich anzutreiben. Neun Frauen stehen im Raum verteilt vor der Übungsleiterin und bewegen Oberkörper und Arme zur Musik. Eine von ihnen hält sich gelegentlich an dem Stuhl vor ihr fest, die Zehnte erledigt die Übungen im Sitzen. »Renate, wenn das heute nicht anders geht, dann nimmst du halt nur die Linke«, übertönt Übungsleiterin Brigitte Jammer jetzt Roger Whittakers Bass. Die Frauen werfen sich zu zweit gegenseitig einen Gummiring zu, der dabei in der Horizontalen bleiben soll. »Wie eine Torte«, sagt Brigitte Jammer, die promovierte Diplom-Sportlehrerin. »Und achtet darauf, dass die Erdbeeren möglichst drauf bleiben.« Das gelingt nicht immer, Ringe fallen, es gibt viel zu lachen.

Die Übung soll das Reaktionsvermögen schulen, und das hat bei der einen oder anderen »Sportfreundin« verständlicherweise schon etwas nachgelassen: Die Jüngste der Truppe ist 70, die Älteste 93 Jahre alt, sie trainieren jeden Montag.

Sport ist nur eine der unzähligen Aktivitäten des Vereins Miteinander Wohnen.

Weiterhin gibt es Angebote wie Spielenachmittage, Keramikzirkel, Lachyoga, Gedächtnistraining, Bowling, Spaziergänge, Grillen, Tanzen, Ausflüge rund um Berlin und vieles mehr. Wer oben im Haus wohnt und Langeweile hat, muss nur hinuntergehen, irgendetwas ist immer los. Die Nachbarn dürfen auch mitmachen, 600 Menschen etwa nutzen regelmäßig die Angebote.

»Wie sollten sich die alten Leute da noch zurechtfinden?«

Gegründet haben den Verein 1991 sieben Frauen, eine von ihnen ist Gudrun Hirche. Strukturen, die es gab, lösten sich damals, kurz nach der Wiedervereinigung, in rasantem Tempo auf. Lokale Gruppen der DDR-Wohlfahrtsorganisation Volkssolidarität fielen auseinander, Kinder und Enkel zog es in den Westen, Nachbarn gingen weg. »Der Bus bekam eine neue Nummer, die Haltestelle hieß anders und viele Straßen auch. Wie sollten sich da die alten Leute noch zurechtfinden?«, so Gudrun Hirche. Sie und ihre Mitstreiterinnen wollten verhindern, dass jeder desorientiert und allein in seiner Mini-Wohnung sitzen bleibt. Die ersten Aktionen waren ein Spaziergang in den Tierpark und ein Zettel, auf dem jede ankreuzen konnte, welche Aktivitäten sie sich wünschte.

Gudrun Hirche hatte zu DDR-Zeiten am Institut für Hochschulpädagogische Forschung gearbeitet, wusste also, wie man Menschen motiviert. Die Fähigkeit brauchte sie auch für sich und die anderen Macherinnen des Vereins, der am Anfang ausschließlich mit Ehrenamtlichen funktionierte. Dann kämpften sie sich durch den bürokratischen Dschungel der ABM-Projekte, von denen viele nur ein Jahr liefen. Wer anschließend neues Geld wollte, musste sich als Erstes einen neuen Namen ausdenken, das lernten die Gründerinnen schnell. So wurde zum Beispiel aus »Prävention bis ins hohe Alter« »Bewegung statt Ruhestand«.

Der Verein hatte Zulauf und Erfolg, 1996 eröffnete er den Treffpunkt, in dem heute der Sport und die meisten anderen Aktivitäten stattfinden. 70 Prozent der Kosten für den Anbau in der Volkradstraße hatte der Berliner Senat beglichen.

Auch der Bezirk Lichtenberg half, zu dem Friedrichsfelde gehört, trotzdem blieb die Alltagsarbeit des Vereins chronisch defizitär. Als Miteinander Wohnen 1996 für seine »Wohnquartiernahe Alltagshilfe« in einem Wettbewerb den ersten Platz belegte, reichten die 20 000 Mark Preisgeld gerade, um das Loch in der Kasse zu stopfen.

»Die Bewegung euphorisiert die Leute regelrecht.«

Der Verein hat knapp 440 Mitglieder, jedes von ihnen bezahlt 2 Euro im Monat. Der Betrag ist absichtlich gering; schließlich kosten fast alle Aktivitäten und Ausflüge zusätzliches Geld, und jede hier soll nur für das bezahlen, was sie auch noch nutzen kann.

Natürlich helfen die Mitglieder sich gegenseitig, davon abgesehen kann aber Miteinander Wohnen nur funktionieren, weil unzählige Ehrenamtliche mit anfassen, in der Nähstube zum Beispiel oder beim Wäschedienst. Um gemeinsam einkaufen zu gehen und anschließend die Taschen nach Hause zu tragen, brauchte es jüngere, fitte Helfer, und um den Kleinbus ins Grüne zu steuern erst recht.

»Den Jahren Leben geben«, das ist offizielle Losung von Miteinander Wohnen, und Leben bedeutet für die Vereinsgründerin Gudrun Hirche aktiv zu sein. »Die Bewegung und das Gemeinsame, das motiviert, das euphorisiert die Leute regelrecht. Wenn die was unternehmen, mit anderen zusammen, dann haben die auch nicht so viel Zeit, sich auf ihre Zipperlein zu konzentrieren.«

Grundgedanke des Vereins war von Beginn an, die gesamte »geriatrische Versorgungskette« anzubieten, also Prävention, Rehabilitation und Pflege. Nicht zu warten, bis ein alter Mensch, warum auch immer, hilfsbedürftig wird, sondern im Vorfeld dafür zu sorgen, dass er auf den Beinen bleibt. Gudrun Hirche und der Verein Miteinander Wohnen glauben an die Heilkraft der Bewegung, und die Resonanz gibt ihnen Recht: Sportveranstaltungen sind extrem beliebt bei den Mitgliedern, von denen mehr als ein Drittel über 80, ein Zehntel sogar über 90 ist.

Montags turnen neben der beschriebenen noch zwei weitere Gruppen, mittwochs gibt es »Fitness-Kraft-Koordination« und »Übungen zur Kräftigung des ganzen Körpers«, donnerstags »Hüftschule« und »Gutes für den Rücken«, freitags »Pro Beweglich« und »Lachyoga«.

Einmal in der Woche macht auch Berta Hübner* noch Sport, obwohl sie pflegebedürftig ist. Die 87-Jährige fiel vor zwei Jahren beim Einkaufen rückwärts über den Ständer eines Sonnenschirms, brach sich links den Oberschenkel und den Oberarm. Seitdem, und weil sie Arthrose (Knochenverschleiß) hat, läuft Berta Hübner* an einem Stock, für längere Ausflüge benutzt sie einen Rollator oder den Rollstuhl. Was schlimmer ist: Seit dem Unfall kann sie den linken Arm nicht mehr richtig benutzen, sich nicht mehr alleine waschen und anziehen. Zweimal am Tag kommt deshalb der Pflegedienst.

Das Punkthochhaus an der Volkradstraße, in dem sie lebt, wurde vor einigen Jahren umfänglich saniert und umgebaut. Statt Mini-Appartements gibt es jetzt vor allem Zweiraumwohnungen, Berta Hübner* hat zwei Balkone und aus dem neunten Stock einen herrlichen Blick Richtung Westen.

Kochen kann sie noch, »hauptsächlich mit der Rechten. Das dauert natürlich, aber Zeit habe ich ja genug.« Auf ihren Sport will sie auf keinen Fall verzichten, obwohl sie die meisten Übungen nur noch im Sitzen bewältigen kann. Mit 85, vor ihrem Sturz, tanzte sie noch und bowlte. Das geht jetzt nicht mehr, trotzdem bleibt sie Teil der Gemeinschaft, spielt alle 14 Tage Canasta.

Nur 16 von 178 starben im Heim

Ohne die Strukturen von Miteinander Wohnen müsste Berta Hübner* über kurz oder lang ins Heim, um das festzustellen, braucht es keine Dramatisierung: Ihr Mann ist »aus dem Krieg nicht zurückgekommen«, außer einem Neffen hat sie keine Angehörigen. Der Verein, Ehrenamtliche und eine ehemalige Kollegin sorgen dafür, dass sie trotzdem möglichst oft rauskommt aus ihrer Wohnung.

In einem normal-anonymen Haus irgendwo anders hätte sie kaum eine Chance, bis zum Schluss zumindest halbwegs autark, jedenfalls aber in den eigenen vier Wänden zu bleiben. In der Volkradstraße wird ihr das gelingen, davon ist Berta Hübner* felsenfest überzeugt. Und die Erfolgsbilanz des Vereins nährt diese Hoffnung: Seit der Gründung sind 178 Mitglieder verstorben. Lediglich 16 davon waren am Ende im Heim, und einige auch nur deshalb, weil wegen der Renovierung zwischenzeitlich alle Hochhausbewohner ausziehen mussten. Eine von ihnen war zu diesem Zeitpunkt schon 105.

Berta Hübner* lebt seit 1960 im Kiez; jahrzehntelang in Sichtweite des Punkthochhauses, dann, als ihr da die Treppen zuviel wurden, zog sie in die Leopoldstraße am anderen Ende von Friedrichsfelde. Aber da kannte sie niemanden und die Bushaltestelle war weit weg. Über den Verein – sie war schon damals Mitglied – erfuhr sie vor fünf Jahren vom Umbau der Volkradstraße 8, und dass es hier jetzt nicht nur Einraumwohnungen gab. Gudrun Hirche, die Vorsitzende, überzeugte sie schließlich, noch einmal umzuziehen.

Die Wohnungen im 17-stöckigen Plattenbau sind begehrt, jede, die frei wird, ist in kürzester Zeit wieder vermietet. Aber natürlich kann nicht jeder, der sich im Alter Gesellschaft wünscht oder Hilfe braucht, in die Volkradstraße 8 ziehen. Lichtenberg hat etwa 250 000 Einwohner, der Ortsteil Friedrichsfelde 25 000.

Zum 80. Spenden statt Geschenke

Um alle kann sich der Verein nicht kümmern. Aber er will noch mehr für seine Mitglieder tun und für die 6000 Menschen, die im direkten Umfeld leben; jenen helfen, die nicht in einer Wohnung über den Vereinsräumen wohnen, aber regelmäßig Unterstützung brauchen.

Das Projekt »Begleitetes Wohnen« begann im Mai 2006. Es handelt sich dabei um ein Rundum-Hilfspaket für Hochbetagte und Behinderte, die in der eigenen Wohnung bleiben wollen. Jeder von ihnen bekommt einen persönlichen Ansprechpartner, der erreichbar ist, vorbeikommt und die notwendige Hilfe organisiert. An den Wochenenden gibt es einen telefonischen Bereitschaftsdienst.

Im Grunde betreibt der Verein seit 16 Jahren diese Form der »aufsuchenden Sozialarbeit«. Nur wird der Bedarf immer größer, denn wo heute viele Alte sind, gibt es morgen viele sehr Alte. Den Service umsonst anzubieten und über Freiwillige abzuwickeln, kann sich der Verein auf Dauer nicht leisten. Durch das Projekt soll deshalb aus der Sozialarbeit eine professionelle Dienstleistung werden, Miteinander Wohnen stellte dazu zwei feste Mitarbeiter ein. 100 000 Euro Zuschuss kamen vom Deutschen Hilfswerk, weitere 25 000 brachte der Verein selber auf: Als Gudrun Hirche 80 wurde, wünschte sich die Jubilarin statt Geschenken Spenden, außerdem hatte Miteinander Wohnen mal wieder einen Preis bekommen und zusätzlich einige Tausender von den fünf Wohnungsgesellschaften, mit denen der Verein kooperiert.

Im April 2008 ist das Geld verbraucht, ab dann kostet das Begleitete Wohnen 20 bis 30 Euro pro Monat. Ob das genügt, wird sich zeigen und auch davon abhängen, wie viele die Leistungen in Anspruch nehmen. Für den Anfang rechnet Gudrun Hirche mit etwa 60 bis 80 Menschen.

Seit es keine ABM-Stellen mehr gibt, sind solche Projekte schwieriger zu realisieren als früher, aber sie hofft, die Sache mit Menschen aus geringfügiger Beschäftigung – sprich: 165-Euro-Jobs – hinzukriegen.

Der ökonomische Nutzen ist überragend –
lässt sich aber nicht auf den Cent vorrechnen

Wenn das Begleitete Wohnen weitere Unterstützung von öffentlicher Seite braucht, wird der Verein schlau argumentieren müssen. Gudrun Hirche hat die Erfahrung gemacht, dass »in diesem Land nur zurechtkommt, wer den ökonomischen Nutzen von Dingen nachweisen kann.«

Dabei ist dieser ökonomische Nutzen – neben dem menschlichen – bei allem, was Miteinander Wohnen macht, unübersehbar. Fitte, bewegliche Alte brauchen weniger Pillen, weniger Arztbesuche und kommen seltener ins Krankenhaus, die Krankenkassen sparen dadurch riesige Summen. Die Versorgung zu Hause ist – abgesehen von Schwerst-Pflegebedürftigen – preiswerter als die im Heim, was nicht nur die Pflegekassen, sondern auch die kommunalen Sozialhilfeetats schont. Nebenbei sorgt Miteinander Wohnen dafür, dass selbst ein Vermieter von Plattenbauten keine Leerstände hat. Und das in einer Stadt, in der es mehr als genug freie Wohnungen gibt.

Das Problem ist nur, dass sich der wichtigste Effekt, der für die Kranken- und Pflegekassen, schwerlich auf den Cent genau nachweisen lässt. Und dass die Krankenkassen – wie bereits dargestellt – keinen Nachteil davon haben, wenn ein alter Mensch im Heim landet. Im Gegenteil: Dann zahlt alles die Pflegeversicherung – und teure Rehabilitationsmaßnahmen gibt es nicht mehr. Die Pflegeversicherung wiederum kann sich nicht wehren, weil ihr dazu die eigenen Strukturen fehlen.

Miteinander Wohnen spricht aktuell mit den Krankenkassen über eine finanzielle Unterstützung, bisher (Stand: Juni 2007) gibt es lediglich eine Erstattung der Kursgebühren des Nordic Walking.

Wären Pflege- und Krankenkasse eins, so viel ist sicher, hätten die Krankenkassen ein großes finanzielles Eigeninteresse, den Verein zu unterstützen. Weil dann jeder Pflegebedürftige, der nicht im Heim landet, für sinkende Krankenversicherungsbeiträge sorgen würde.

Bis der Verein – falls überhaupt – Unterstützung aus den Sozialkassen bekommt, kämpft er mit dem Irrsinn der Arbeitsmarktbürokratie, finanziert seine Stellen mühselig über »Mehraufwandsentschädigung« (MAE, sprich: 1-Euro-Jobs), hofft auf den »Öffentlich geförderten Beschäftigungssektor« und bekommt nur solche Mitarbeiter, die die Bedingungen erfüllen: Hartz-IV-berechtigt – das heißt ohne Ehemann, der Geld verdient –, über 50, mit Wohnsitz im Bezirk. Und für viele von ihnen ist nach maximal 11 Monaten, das heißt gerade wenn sie optimal eingearbeitet sind, wieder Schluss mit dem Job bei Miteinander Wohnen. Sieben Mitarbeiter musste der Verein in den zurückliegenden Monaten so austauschen. Denn wenn zuvor Hartz-IV-Berechtigte zwölf Monate arbeiten, haben sie wieder Anspruch auf »richtiges« Arbeitslosengeld. Der Verdacht liegt nahe, dass die Arbeitsagentur das um jeden Preis vermeiden will. »Am einfachsten wäre es, man würde über 50-Jährige von der Arbeitslosenversicherung befreien«, findet Gudrun Hirche, »dann erwerben sie zwar keine Ansprüche, aber sie können wenigstens kontinuierlich arbeiten. Und das ist es doch, was alle wollen.«

Deutlich schlimmer als das ständige Kommen und Gehen im Mitarbeiterstab ist die Tatsache, dass zuletzt eine Reihe von Stellen ganz weggefallen ist mit der Begründung, es gebe keine Aussicht auf langfristige Beschäftigung. Nach dem Motto: Auf Dauer könnt ihr sie ohnehin nicht bezahlen, deshalb geben wir auch kein Geld für die ersten zehn Monate.

Dabei geht es doch vor allem darum, dass die »Wunschfamilie«, wie Gudrun Hirche den Verein nennt, nicht auseinanderfällt und ihre Arbeit fortsetzen kann.

Im Jahr 2005 belegte Miteinander Wohnen im »Werkstatt-Wettbewerb Quartier« des Kuratoriums Deutsche Altershilfe und der Bertelsmann Stiftung unter 85 Teilnehmern den zweiten Platz. Bei der Ehrung sagte jemand zu Gudrun Hirche: »Im Grunde bekommt ihr den Preis dafür, dass es euch überhaupt noch gibt.«

Rendsburg: »Die pflegeheimlose Stadt.«

Wo es Alternativen gibt, da sinkt die Nachfrage nach Heimplätzen. Den Beweis dieser These hat Rendsburg angetreten. In der Schleswig-Holsteinischen Stadt ist seit fast 20 Jahren keine stationäre Einrichtung mehr eröffnet worden.[144]

Der Gemeinschaftsraum einer modernen Jugendherberge sieht nicht anders aus, nur dass da die Gäste ein paar Jahre jünger sind. Vom langen gedeckten Tisch fällt der Blick in die offene, helle Küche, wer will, kann dem Personal beim Kaffeekochen zusehen. Im Regal unter der Anrichte eine ganze Batterie von Thermoskannen, daneben Getränkekisten. Die beiden Katzen auf der hinteren Couch lassen sich im Schlaf nicht stören, Hund Meggi hat neben der Tür sein eigenes Sofa.

»Wolln mal sehen, ob es Kuchen gibt«, murmelt eine Dame, während sie langsam auf den Tisch zuschlurft, an dem schon ihr Nachbar sitzt. Die Hausgemeinschaft Neuwerk ist ein Wohnprojekt für zwölf demenzkranke Menschen.

Nur drei von ihnen sind bisher zum Kaffeekränzchen erschienen, und wie viele es am Ende sein werden, lässt sich schwer vorhersagen. Schließlich kann hier jeder machen, was er will.

Waltraud Lücker* wohnt schon lange hier. Wie lange, weiß sie nicht mehr, aber sie weiß, dass sie im Aufzug auf die eins drücken muss, um in ihre Wohnung zu kommen. Sie ist chic gekleidet und akkurat geschminkt, einen ähnlich ordentlichen Eindruck macht auch ihre Wohnung. Auf einem kleinen Tisch stehen gerahmte Fotos von Verwandten und Freunden, daneben ein aufgeklappter Sekretär mit Telefon und Adressbuch. Im Schlafzimmer gibt es einen Balkon. Über dem Bett ein Foto: Waltraud Lücker und ihr verstorbener Mann in den Bergen beim Wandern.

Auch Demenzkranke springen nicht vom Balkon

Neuwerk ist ein beschaulicher Stadtteil mit viel Kopfsteinpflaster, Rotklinkerfassaden unter spitzen Dächern und noch einigen Fachwerkhäusern aus dem 19. Jahrhundert. Die Bevölkerung ist typisch für Altstädte, die die Jungen irgendwann für sich entdecken. Es gibt Arbeitslose und Sozialhilfeempfänger, aber auch Studenten, Ärzte, Rechtsanwälte und Lehrer. »Wir wollten mit der Hausgemeinschaft ganz bewusst hier hin, sie ist ein normaler Teil des Lebens«, sagt Norbert Schmelter, Geschäftsführer von Pflege Lebens-Nah, der das Projekt auf die Beine gestellt hat.

Und dieses Leben können die Bewohner der Kirchenstraße 1 betreten; hier wird niemand »beschützt« wie ein kleines Kind. Die Haustür im Erdgeschoss hat auf der Innenseite eine ganz normale Klinke. »Wenn jemand alleine in die Stadt gehen will, dann ist das nicht unbedingt ein Problem«, fügt er hinzu. »Wir haben Schulungen gemacht mit der Polizei, die Beamten wissen, wie sie mit der Situation umgehen müssen. Bis jetzt ist noch jeder wieder zurückgekommen.«

Viele da draußen, sagt er, haben die merkwürdigsten Vorstellungen von Demenzkranken. »Mich haben schon Menschen gefragt, ob die Balkone an den Wohnungen nicht gefährlich sind. Als ob Demenzkranke zwangsläufig und gewohnheitsmäßig vom Balkon springen!«

Das Haus gehört einer privaten Wohnungsbaugesellschaft, jeder der Mieter hat einen normalen Mietvertrag. Pflege LebensNah kümmert sich um die Alltagsbegleitung, das heißt es ist immer jemand da, der kocht, die Bewohner zum Arzt begleitet oder mit ihnen spazieren geht. Bei Demenzkranken gerät der Tagesablauf ohne solche Hilfen aus den Fugen; sie wissen nicht, wie spät es ist oder vergessen, etwas zu essen. Die Alltagsbegleitung kostet 1000 Euro pro Monat inklusive Nachtbereitschaft. Wer sich das nicht leisten kann, dem schießt das Rendsburger Sozialamt 705 Euro zu. Pflege gehört nicht dazu, die besorgt auf Wunsch – und auf Kosten der Pflegeversicherung – ein ambulanter Dienst.

Die Bewohner sind keine Pflegefälle, sondern Mieter

Mit Altenheim hat die Konstruktion nichts zu tun: Es gibt Bewohner, die für einige Wochen im Jahr nicht hier sind, weil sie bei Verwandten wohnen. Im Heim könnte das Riesenprobleme geben. Weil während der Abwesenheit kein Geld von der Pflegeversicherung fließt, und weil schon der bürokratische Aufwand, den solche Fehlzeiten produzieren, jede Heimleitung an den Rand des Nervenzusammenbruchs bringt.

In der Rendsburger Kirchenstraße sind die Bewohner keine Pflegefälle, sondern Mieter. Und die können ihre Wohnung nutzen, wie sie wollen. Aber sie brauchen Hilfe, und der Spagat zwischen Unterstützung und Respekt gelingt nur mit dem richtigen Personal.

Wer in der Alltagsbegleitung arbeitet, muss alles machen: putzen, kochen, waschen, zuhören, spazieren gehen, Bilder aufhängen. »Examinierte Kräfte, die sich bei uns bewerben, wollen das nicht. Weil sie nicht verstehen, dass sich damit ihre Kompetenzen erweitern und sie nur gewinnen können«, erzählt Norbert Schmelter.

Mitarbeiter, die vorher einen Job im Heim hatten, müssen lernen, nicht immer alles kontrollieren und im Griff haben zu wollen. Nicht zu schimpfen, wenn eine Mieterin nachts um 3 Uhr im gemeinsamen Vorratskeller steht, das geöffnete Marmeladenglas in der einen und einen Löffel in der anderen Hand, sondern sie vielleicht nur zu bitten, das Glas hinterher wieder zuzuschrauben. Es als normal zu betrachten, dass auch in einem Haus mit Demenzkranken mal jemand in einer fremden Wohnung übernachtet. »Und wenn es Probleme gibt, dann sollen sie nicht sofort nach dem Zuständigen rufen. Stimmt mit einer Mieterin vielleicht etwas nicht, und ihre Tür ist verschlossen, dann kann die Mitarbeiterin natürlich bei uns im Büro anrufen. Besser wäre allerdings, sie fragt erst mal die Nachbarn, ob noch jemand einen Schlüssel hat«, so Norbert Schmelter.

»Die stationäre Denke muss raus aus den Köpfen.«

Das Prinzip Selbstverantwortung und Selbstständigkeit betrifft nicht nur das Personal, sondern auch die Mieter. Wer kann, soll mithelfen beim Kuchenbacken oder Tischdecken.

Dazu braucht es die richtige Logistik. Eine Demenzkranke zu bitten, eine Vase zu holen, ist nutzlos, weil sie vergessen hat, was Vase bedeutet. Wenn aber zugleich ihr Blick auf die Vasen fallen kann, weil die – wie im Gemeinschaftsraum in der Kirchenstraße – alle offen im Regal stehen, dann fällt es ihr wieder ein.

Alte und Kranke nicht an den Rand zu drängen oder hinter Mauern zu verstecken, sondern in die Mitte zu nehmen, gelingt in Rendsburg besser als woanders. Die Hausgemeinschaft für Demenzkranke ist dafür nur ein Beispiel. Pflege LebensNah, ein Unternehmen der Evangelischen Kirche, hat ein Netzwerk von Angeboten geschaffen, das einem einzigen Ziel verpflichtet ist: Pflegebedürftige Menschen optimal zu versorgen, ohne sie im Heim unterzubringen. Es gibt Beratungsstellen und Fortbildungsangebote, einen ambulanten Dienst, Kurzzeit- und Tagespflegen, betreutes Wohnen, das bezahlbar ist, dezentralen Hausnotruf und ein Hospiz.

Abgesehen davon, dass sich in einem Städtchen mit 28 000 Einwohnern integrierte Netzwerke leichter knüpfen lassen als in einer Metropole: Was in Rendsburg passiert, ist auf jede andere Stadt übertragbar. Theoretisch. Praktisch müsste nach Ansicht von Norbert Schmelter dazu aber erst »die stationäre Denke raus aus den Köpfen.«

Tagespflegeeinrichtungen wirken dem »sozialen Tod« entgegen

Ist diese größte aller Hürden genommen, finden sich auch schnell Verbündete: Wohnungsbaugesellschaften, die in Zeiten schrumpfender Bevölkerungszahlen auf der Suche nach Mietern sind. Zum Beispiel in der Ernst-Barlach-Straße. Der gestreckte, blau-beige Wohnriegel, vier Etagen hoch, hat zwar eine frisch verkleidete Fassade, dennoch ist das Flair des schnellen, ökonomischen Wohnbaus der 1960er Jahre nicht ganz zu tilgen. Aus Sicht der Jungen wohnt man hier nicht. Doch 70-Jährigen sind solche Kriterien egal, zumal das Gebäude etwas hat, wovon sie träumen: Aufzüge.

Im linken Teil hat der ambulante Dienst von Pflege LebensNah seine Büros, weiter rechts, in der ersten Etage, gibt es eine ähnliche Hausgemeinschaft von Demenzkranken wie in der Kirchenstraße. Nur dass hier alle Wohnungen auf einer Etage liegen, dazwischen der Gemeinschaftsraum mit der offenen Küche. Für diese Fläche kommt Pflege LebensNah auf, ansonsten zahlen die Bewohner ihre Miete direkt an die Wohnungsbaugesellschaft. Die kommt auch für das Risiko von Leerständen auf. Allerdings verringert sich mit einem Partner wie Pflege LebensNah dieses Risiko erheblich, weil das Unternehmen die Hausgemeinschaft über sein Netzwerk bekannt macht.

Direkt gegenüber, Ernst-Barlach-Straße 2, gibt es betreutes Wohnen. Das funktioniert allerdings ganz anders als gleichnamige Halsabschneider-Projekte, mit denen Investoren und Pflegeheimbetreiber landauf landab werben: Pflege LebensNah ist nicht Vermieter, sondern bietet den Bewohnern lediglich für 86 Euro im Monat einen Rund-um-die-Uhr-Notrufservice. –

Das Altenhilfe-Netzwerk in Rendsburg will möglichst alle auffangen, die nicht ins Heim wollen, was nur möglich ist, wenn das Netz keine Löcher hat. Wenn es Kurzzeit- und Tagespflegeeinrichtungen gibt, einen ambulanten Dienst, Hausgemeinschaften und Hospiz. Alles aus einer Hand anzubieten, hat den Vorteil, dass der gut funktionierende ambulante Dienst nicht lukrative Teile wie Tagespflege oder Beratung bezuschussen kann.

Ohne Ehrenamtliche geht es nicht

Aber eine lückenlose Versorgung ist sehr teuer, und auch der Arbeitgeber von Norbert Schmelter kann nicht zaubern und sich den Sachzwängen des Systems nicht entziehen. Tagespflegeeinrichtungen zum Beispiel, die dem »sozialen Tod« entgegenwirken, also dafür sorgen, dass Menschen Kontakte pflegen können, statt zu Hause zu vereinsamen, sind in Deutschland kaum zu finanzieren: Die notwendige Infrastruktur ist sehr teuer, der Gesetzgeber schreibt zum Beispiel auch für Tagesgäste Ruheräume vor. Dass die Regeln buchstabengenau eingehalten werden, darüber wacht die Heimaufsicht, der die Tagespflegen rechtlich unterstehen.

Bei den Einnahmen wiederum konkurrieren sie mit den ambulanten Diensten. Bekommt ein Pflegebedürftiger in Pflegestufe II 980 Euro von der Versicherung, dann kann er davon entweder regelmäßig eine Pflegekraft nach Hause bestellen oder die Tagespflege besuchen. Für beides reicht das Geld nicht. Die Anbieter stehen deshalb vor der Situation, dass ihre Einrichtungen in einem Monat von vielen Menschen genutzt – und bezahlt – werden und im nächsten von sehr wenigen.

Diese Unkalkulierbarkeit hat bereits viele Einrichtungen ruiniert. Auch Pflege LebensNah musste eine Tagespflege schließen, obwohl solche Angebote nach Ansicht von Norbert Schmelter »genauso wichtig sind wie Kindertagesstätten.«

Eigentlich handelt es sich um eine klassische städtische Aufgabe. »Aber die Kommunen«, so Norbert Schmelter, »haben sich aus der Altenpflege generell sehr zurückgezogen, seit es die Pflegeversicherung gibt.«

Die 60 Ehrenamtlichen können die Lücken natürlich nicht komplett schließen, aber ihre Arbeit ist extrem wichtig. Pflege LebensNah fällt es leicht, Menschen zum Mitmachen zu bewegen, weil das Unternehmen bekannt ist und viele sein Konzept spannend und sinnvoll finden. –

Rendsburg ist nicht wirklich eine »pflegeheimlose Stadt«, aber es gab hier mal einen Kongress, der so hieß. Pflegeheimbetreiber regten sich erwartungsgemäß auf, der Verband der Privaten verbreitete eine Pressemitteilung, in der er vor Illusionen warnte.

Mittlerweile feilen die örtlichen Heime an ihrem Image, zum Beispiel gibt es regelmäßig so genannte Ü70-Partys.

»Seit 1989, als ich nach Rendsburg kam, ist immerhin kein neues Heim mehr eröffnet worden«, sagt Norbert Schmelter. »Aber ich würde natürlich niemals behaupten, dass es hier einen kausalen Zusammenhang gibt.«

Bielefeld: »Besser leben kann man nicht.«

Das »Bielefelder Modell« für ein »selbstbestimmtes Wohnen mit Versorgungssicherheit« ist mittlerweile zur Pilgerstätte für Entscheidungsträger anderer Kommunen geworden, so erfolgreich ist die Idee. Umsetzen ließ sie sich allerdings nur, weil Stadt, Wohnungsbaugesellschaften und ambulante Dienstleister an derselben Seite des Stricks zogen.[145]

Die 78 traut ihr niemand zu, und Irene Truders* weiß das ganz genau. Sie schmunzelt wahrscheinlich immer ein bisschen, wenn sie ihr Alter nennt. So wie jetzt, als sie zurückgelehnt in der Mitte ihres breiten Sofas sitzt. Und erzählt, wie es sie, die Mecklenburgerin, vor zehn Jahren nach Bielefeld verschlagen hat. Und warum sie nicht bei ihrer Tochter einziehen will, obwohl die im benachbarten Detmold wohnt.

Irene Truders lebt in der Dahlemer Straße im Schürmannshof. Dieses erste Bielefelder Projekt entstand 1996, sechs weitere folgten seitdem. Ihre Wohnung hat 55 Quadratmeter und kostet 368 Euro warm. Es gibt ein Wohnzimmer und eine offene Küche, Balkon, großes Schlafzimmer. Das war ihr wichtig. Eine andere Wohnung im Haus mit kleinerem Schlafzimmer hatte sie strikt abgelehnt, weil sie da ihren schönen Kleiderschrank nicht hätte aufstellen können.

Die Tochter hatte damals in Bielefeld einen Job gefunden. Irene Truders erklärte sich bereit, nachzukommen, wollte die alleinerziehende Mutter und ihren damals elfjährigen Sohn unterstützen. Tochter und Enkel brauchten schnell eine Wohnung, und was sie fanden, reichte nur für zwei. Der Schürmannshof lag um die Ecke. Doch als sie die Wohnung mit dem Mini-Schlafzimmer sah, fuhr Irene Truders erst einmal wieder zurück ins heimische Mecklenburg. »Eigentlich gefiel mir das Ganze am Anfang nicht so gut. Die langen Gänge haben mich ein bisschen an Krankenhaus erinnert.«

Heute, zehn Jahre später, findet sie, dass man »eigentlich nicht besser leben kann als ich hier.«

Das liegt nicht nur am Schnitt ihrer Wohnung. Was ihr die Tochter beim zweiten Besuch präsentierte, war groß genug, und das steigert natürlich das Wohlbefinden. Viel wichtiger ist aber der Lebensstil und das Selbstbewusstsein, zu dem ihr diese Wohnung verhilft.

Irene Truders hat drei Kinder: eine Tochter in Göttingen, einen Sohn in Mecklenburg und die Tochter, wegen der sie einst herkam. Mit allen dreien versteht sie sich gut und besucht sie regelmäßig, »aber ich freue mich auch jedes Mal wieder, wenn ich zu Hause bin und meine Tür zumachen kann.«

Sie genießt das Gefühl, dass sie nicht auf ihre Kinder angewiesen ist. Und es auch nicht sein wird, wenn sie irgendwann Hilfe braucht.

Auch die einfachste Idee braucht jemanden,
der darauf kommt

Der Schürmannshof ist Teil des »Bielefelder Modells«, einer Idee, die jeden Beobachter umso mehr an die Geschichte vom Ei des Kolumbus denken lässt, je intensiver er sich damit beschäftigt. Der Entdecker, so jedenfalls geht die Mär, hatte einst mit seinen Kumpanen darum gewettet, wer als erstes ein Ei aufrecht hinstellen könne. Während die anderen sich abmühten und konzentrierten, versuchten, herauszufinden, welches Ei sich am besten zum Aufrichten eignete, titschte Kolumbus seins leicht auf den Tisch. Die Schale drückte sich ein, das Ei stand fehlerlos. Auch die einfachste Lösung braucht eben jemanden, der darauf kommt. Beim »Bielefelder Modell« funktioniert das so: Man vermietet von 50 Wohnungen acht an schwer Pflegebedürftige. Deren Versorgung bringt so viel Geld von den verschiedenen Kostenträgern ein, dass der zuständige ambulante Dienst ständig im Haus sein und sich um ein Wohncafé kümmern kann, das der Vermieter zur Verfügung stellt. Hier treffen sich die Bewohner; wer Hilfe braucht, kann sie bekommen, selbst bezahlt oder nicht. Für den Dienstleister ist das interessant, weil ihn andere Bewohner über kurz oder lang auch in Anspruch nehmen werden.

Irene Truders kommt noch sehr gut alleine zurecht, findet es aber sehr beruhigend, »dass ich hier alles habe, wenn ich es brauche«. Die Tochter hat ihr angeboten, bei ihnen einzuziehen, zusammen mit ihrem neuen Mann hat sie mittlerweile ein eigenes Haus. Irene Truders sagt: »Warum sollte ich?«

In der Dahlemer Straße hilft sie jeden Tag zwischen elf und zwei als Beiköchin beim Zubereiten des Mittagessens. Mit ihrem verstorbenen Mann betrieb sie zu DDR-Zeiten eine Gastwirtschaft, kennt sich also bestens aus. Außerdem trifft sie dabei die anderen und bleibt informiert.

Wer will, kann auch morgens und abends im Gemeinschaftsraum des Schürmannshofs essen. »Das Frühstück ist großartig, so viele Sorten Marmelade, das könnte sich ja jeder Einzelne gar nicht leisten«, sagt Irene Truders. Sie bleibt morgens trotzdem lieber in ihrer Wohnung. »Das wird mir sonst zu viel, schließlich sehe ich ja mittags alle.«

Auch bei ihrem Job setzt sie auf Unabhängigkeit. Ehrenamtliche, die wie sie regelmäßig mithelfen, können eine Aufwandsentschädigung bekommen. Irene Truders braucht das Geld nicht, und sie verzichtet wohlkalkuliert. »Wenn ich für zwei Wochen zur Tochter nach Göttingen fahren will, dann sage ich in der Küche einfach tschüss. Und später: Hallo, da bin ich wieder. Weil ich kein Geld nehme, muss ich mich nicht rechtfertigen, kann machen, was ich will.«

Sie sagt nie »Pflegebedürftige«, sondern immer »Kunden«

Im Schürmannshof gibt es 55 barrierefreie Wohnungen, ein Gästeappartement, Servicestützpunkt und Wohncafé. Die Bewohner zahlen keine integrierte »Servicemiete« wie beim klassischen betreuten Wohnen, Hausbesitzer und Dienstleister gehören nicht zusammen. Für die Versorgungssicherheit im Haus ist der Verein Alt und Jung zuständig, er betreibt auch den Servicestützpunkt. Das Geniale an dieser Konstruktion ist, dass sie fast unabhängig vom menschenverachtenden Verrichtungsbezug der Pflegeversicherung funktioniert. »Wir orientieren uns nicht daran, was der Kostenträger bereit ist, zu bezahlen, sondern am Bedarf unseres Kunden. Für ihn wollen wir so viel wie möglich erreichen, notfalls begleiten wir die Anerkennung und Durchsetzung des Bedarfs auch bis vor Gericht«, so Kirsten Thöne, Teamleiterin bei Alt und Jung.

Sie sagt nie »Pflegebedürftige«, »Klienten« oder »Patienten«, sondern immer »Kunden«. Diese Wortwahl spiegelt das Selbstverständnis des Vereins wider. Bedürftigen wird zugeteilt, Kunden hätschelt man: Kleine Gefälligkeiten wie Glühbirnen wechseln oder einen Nagel in die Wand schlagen, erledigt das Team umsonst und unbürokratisch. Zeichnet sich ab, dass jemand regelmäßig Unterstützung braucht, erstellt Alt und Jung einen Hilfeplan.

Grundgedanke ist dabei, dass es nicht genügt, Pflegebedürftige im Akkordtempo aus dem Bett zu holen, zu waschen und zu kämmen. Dass niemand auf seine Körperfunktionen reduziert werden will, sondern auch zwischenmenschliche, soziale Bedürfnisse hat. Und dass irgendwer auch einkaufen und die Balkonpflanzen gießen muss, wenn der Mieter das nicht mehr selber kann.

Ist der Hilfeplan fertig, wendet sich Alt und Jung an die Kostenträger wie Kranken- und Pflegekassen, Sozialämter oder Berufsgenossenschaften. Aber Hilfe zu organisieren heißt nicht nur, Geld einzufordern, auch weil die staatlichen Stellen meist nur einen Teil dessen bezahlen, was notwendig ist. »Wir klären, wer im Versorgungsarrangement welche Aufgabe übernehmen kann«, so Kirsten Thöne. »Wenn die Familie oder Freunde und Nachbarn mithelfen, sparen alle Geld, auch der Kostenträger. Im Heim dagegen wird am Ende des Monats der immer gleiche Preis fällig, völlig egal, ob sich Angehörige stark engagieren oder gar nicht. Das motiviert natürlich nicht gerade.«

Auf der anderen Seite verhindert das »Bielefelder Modell« auch eine Überlastung von Angehörigen in der häuslichen Pflege: Auf sich allein gestellt, empfinden sie die Aufgabe manchmal als Last, beglückende Momente nehmen sie nicht mehr wahr. »Bei uns können sich die Verwandten mehr auf die schönen Dinge konzentrieren, sich zum Beispiel in Ruhe mit der Mutter oder Oma unterhalten.«

Irene Truders weiß, dass sie bei Bedarf Hilfe bekommen wird, aber im Moment ist sie davon noch weit entfernt. Nur das rechte Knie tut ihr seit einigen Wochen weh.

Am kommenden Dienstag soll es geröntgt werden, sie unterhält sich gerade am Telefon mit ihrer Tochter darüber. Die will sie zu dem Termin begleiten, aber Irene Truders hält davon nichts: »So schlimm ist das doch nicht, das schaffe ich schon allein.« Und als die Tochter insistiert: »Also wirklich, du brauchst ehrlich nicht mitzukommen.«

»Wir müssen uns auf individuelle Wünsche einlassen.« – Interview mit Werner Stede

Die Bielefelder Gemeinnützige Wohnungsgesellschaft ist der mit Abstand größte Vermieter der Region. Werner Stede ist bei der BGW für das »Selbstbestimmte Wohnen mit Versorgungssicherheit« verantwortlich. Seiner Ansicht nach gehört solchen Projekten deutschlandweit die Zukunft.[146]

CHRISTOPH LIXENFELD: *Wie entstand diese spezielle Art des altersgerechten Wohnens?*
WERNER STEDE: Anfang der 1990er Jahre durften Sozialwohnungen für Senioren in Nordrhein-Westfalen nur in Verbindung mit einem Betreuungsnachweis entstehen. Für entsprechende Angebote mussten alle Mieter pauschal aufkommen, egal, ob jemand sie nun nutzte oder nicht. Es entstanden unzählige überteuerte Projekte, die das betreute Wohnen zurecht in Verruf brachten. Die BGW hatte schon damals andere Vorstellungen.

Welche?
Ein Bewohner sollte zwar bei Bedarf Hilfe bekommen, aber nur für das bezahlen, was er wirklich in Anspruch nimmt. Möglich wird das, wenn in jeder Wohnanlage sechs bis acht schwer Pflegebedürftige leben. Der ambulante

Dienst, der sie auf Kosten der Pflegeversicherung versorgt, ist 24 Stunden vor Ort und betreibt im Haus einen Servicestützpunkt, ein Wohncafé oder eine Wohnküche als Treffpunkt für alle. Wer Hilfe braucht, kann sie hier bekommen. Der Dienstleister wird zum Partner des Wohnungsunternehmens, aber Betreuung und Vermietung bleiben rechtlich getrennt. Sieben solcher Projekte hat die BGW mittlerweile realisiert.

Für wen eignen sich solche Wohnungen?
Für fast jeden. Wer wollte nicht unabhängig und selbstbestimmt bis zum Ende in der eigenen Wohnung leben und trotzdem viel Kontakt zu anderen haben? Lediglich Demenzkranke mit starkem Bewegungsdrang, also Menschen, die ständig herumlaufen wollen, sind hier nicht optimal untergebracht.

Werden solche Wohnanlagen nicht zu Altenghettos?
Wir versuchen das zu verhindern, indem wir die Nachbarn aus dem Viertel einladen und gezielt einbinden. Außerdem haben wir festgestellt, dass sich unsere Kunden ein »Mehrgenerationenhaus« nicht unbedingt wünschen. Vielen wäre das schlicht zu laut.

Welche Rolle spielen solche Projekte in Zukunft für die Wohnungsunternehmen?
Die Branche muss sich auf eine alternde Kundschaft einstellen. Das bedeutet, dass wir individuelle Wünsche erfüllen und neben Wohnraum auch Service anbieten. Durch die Kooperation mit einem ambulanten Dienstleister, der eine Rund-um-die-Uhr-Versorgungssicherheit in größeren Quartieren herstellt, vermeiden wir Auszüge von älteren Mietern, sorgen dafür, dass sie in ihrem gewohnten Umfeld bleiben können.
Aber es geht ja nicht nur um Neubauten. Wir müssen

unsere vorhandenen Wohnungen attraktiv halten und Leerstände vermeiden, auch dabei hilft unser »Wohnen mit Versorgungssicherheit«.

Warum orientieren sich nicht alle Städte in Deutschland am »Bielefelder Modell«?
Immer mehr tun das, gerade in letzter Zeit ist das Interesse riesengroß. Aber die Umsetzung dauert einige Jahre. Außerdem scheitert sie oft an den ambulanten Pflegediensten. Gerade die »Dinosaurier« der Branche sind nicht immer die Flexibelsten, wenn es um neue Ansätze geht. Ihre Mitarbeiter sind fest angestellt mit festen Arbeitszeiten, entsprechend starr sind die Strukturen. Da muss es dann zum Beispiel im Wohncafé um Punkt zwölf Mittagessen geben. Keine Minute eher und keine Minute später.
Mit Freiberuflern wie denen von Alt und Jung e. V. klappt die Zusammenarbeit wesentlich besser.

»Der Kunde hat Anspruch auf ausgeruhte Helfer.«

»Irgendwo angestellt zu sein, kann ich mir gar nicht mehr vorstellen«[147], sagt Kirsten Thöne. Seit sechs Jahren betreut sie jetzt als Freiberuflerin hilfsbedürftige Menschen in Bielefeld. So wie 450 andere, für die der Verein Alt und Jung Abrechnung und Organisation übernimmt. Fest angestellt ist hier, wie vom Gesetz vorgeschrieben, nur die Leitungsebene der Pflege. Ansonsten ist Selbstständigkeit Programm, die etwa 30-köpfigen Teams in den Stadtteilen organisieren sich selber. Kirsten Thöne: »Wenn ich eine Idee habe, dann trage ich sie nicht langwierig irgendwelchen Gremien vor, sondern bespreche sie im Team und setze sie dann um, sofern sie den vereinbarten Standards des Vereins entsprechen.«

Eigentlich hat Selbstständigkeit im sozialen und im Gesundheitsbereich Tradition, Hebammen zum Beispiel waren früher immer Freiberuflerinnen, und Alt-und-Jung-Gründerin Theresia Brechmann ließ sich in den 1970ern als selbstständige Gemeindeschwester nieder. »Heute tut sich die Branche allerdings schwer damit«, so Brechmann, »und das gilt besonders für die Freigemeinnützigen. Wenn es nur noch Freiberufler gäbe, dann wären die großen Wohlfahrtsorganisationen ja auch im Grunde überflüssig.«

Weil Alt und Jung mit Freien arbeitet, kann der Verein auf einen Geschäftsführungs-Wasserkopf verzichten und stattdessen mehr Geld an die Helfer ausschütten. Die werden pro Arbeitsstunde honoriert, müssen aber selbst dafür sorgen, dass sie genug Kunden und damit genug Arbeit haben. Die meisten Aufträge bekommen sie über Mundpropaganda und Empfehlungen, und natürlich hilft es, bei Ärzten und Apothekern bekannt zu sein.

Unternehmerisches Denken liegt vielleicht nicht jedem, aber die Art, wie Kirsten Thöne und die anderen bei Alt und Jung die Menschen betreuen, ist extrem motivierend: Es gibt nicht, wie sonst üblich, nach Jobs getrennte Touren. Es geben sich nicht erst die Pflegekraft, dann die Hauswirtschafterin, zwischendurch der Mann mit dem Essen und am Ende die psychiatrische Krankenpflegerin beim Kunden die Klinke in die Hand. Sondern eine Kraft kümmert sich – wo immer möglich – um alle Wünsche und Bedürfnisse. Fragt, was derjenige heute braucht, organisiert es und handelt.

Weil alle viel Verantwortung tragen, sind die Honorarunterschiede gering: Kirsten Thöne bekommt als eine von drei Teamleiterinnen 23, eine angelernte Kraft 19 Euro pro Stunde (Stand: September 2007). Tag und Nacht zu arbeiten, um möglichst viel zu verdienen, geht bei Alt und Jung nicht: Der Verein achtet darauf, dass niemand 180 Stunden pro Monat überschreitet und dass jeder sechs Wochen Urlaub im Jahr nimmt. Kirsten Thöne: »Das gehört bei uns zur Selbstpflege. Die Kunden haben Anspruch auf ausgeruhte Helfer.« Der Verein kontrolliert auch, dass sich alle Kräfte ausreichend kranken- und rentenversichern, »weil wir nicht wollen, dass irgendwer später sein eigener Kunde wird«, wie Alt-und-Jung-Gründerin Theresia Brechmann sagt. Von ihr handelt die folgende Geschichte.

»Das privatwirtschaftliche Prinzip gehört hier nicht hin.«

Als Visionäre bezeichnen wir Menschen, die ihre Träume wahr werden lassen. Die Idealvorstellungen entwickeln von einem besseren Auto, besserem Impfstoff oder einer besseren Welt. Und die dann halsstarrig daran festhalten; ihre Idee »Tausend Mal wiederholen, bis es alle kapiert haben«, wie Theresia Brechmann sagt.[148]

Sie ist eine solche Visionärin. Und sie lebt mittlerweile davon, dass sie ihre Ideen wiederholt. Reist an drei Tagen jeder Woche kreuz und quer durch die Republik, um als »Wohnprojektberaterin« Vermietern und Kommunen zu erklären, wie alte Menschen bis zu ihrem Ende selbstständig in der Mitte der Gesellschaft leben können.

Vorbild sind der Schürmannshof und sechs ähnliche Projekte in Bielefeld, die alle demselben Konzept folgen: Ein Wohnungsunternehmen baut Anlagen mit zwanzig bis sechzig barrierefreien Wohnungen, stellt Gemeinschaftsräume zur Verfügung und engagiert einen ambulanten Pflegedienst. Der darf einen Teil der Wohnungen an seine Kunden vergeben, als Gegenleistung betreibt er ein Wohncafé, kocht und bietet den Menschen alle Hilfen, die sie brauchen. Auch die Nachbarn sind eingeladen; das Wohncafé wird zum Gemeindezentrum, jeder im Viertel kann zum Essen herkommen oder zum Klönen.

Umsetzbar wurde die Idee des Schürmannshofs nur, weil

die richtigen Partner zusammenfanden. Da ist zum einen die Bielefelder Gemeinnützige Wohnungsgesellschaft (BGW), die zu drei Vierteln der Stadt Bielefeld gehört. Der mit etwa 12 000 Wohnungen größte Vermieter der Region beschäftigt sich schon seit über vierzig Jahren mit altersgerechtem Wohnen.

Der andere Partner heißt Alt und Jung, ein Verein, den Theresia Brechmann mit drei anderen 1977 gründete und der schon damals nach denselben Prinzipien arbeitete wie heute. 1979 existierten in Bielefeld fünf Stadtteilteams, bis 1981 waren aus vier Vereinsmitgliedern 80 geworden, die auf freiberuflicher Basis individuelle, am Kunden orientierte Alten- und Behindertenarbeit machten.

»Die allermeisten Prozesse haben wir gewonnen.«

Theresia Brechmann und die Mitstreiter lebten keineswegs immer so im Frieden mit der Kommune wie heute. Im Gegenteil: Es brauchte eine Rathausbesetzung und unzählige Gerichtsverfahren, bis sich ihre Ideen durchsetzten. »Wir haben drei Wellen von Prozessen erlebt. In der ersten ging es um die Frage, was Sozialämter und Kassen bezahlen müssen und was nicht. In der zweiten sollten die Einrichtungen zu Heimen erklärt und damit der Heimaufsicht unterstellt werden. Und in der dritten warf man unseren Freiberuflern vor, sie seien Scheinselbstständige. Die allermeisten Prozesse haben wir gewonnen, deshalb werden wir jetzt in Ruhe gelassen.«

Mittlerweile gibt es in den meisten Stadtteilen Bielefelds Teams von Alt und Jung, für den Verein arbeiten 450 Menschen. Voraussetzung für den Erfolg ist nach Ansicht von Theresia Brechmann die Gemeinnützigkeit. »Das privatwirtschaftliche Prinzip gehört hier nicht hin. Denn wenn man mit einem ambulanten Dienst Geld verdienen will, dann geht das entweder zu Lasten der Mitarbeiter oder der Kunden oder beider. Und das lehnen wir ab.«

Außerdem: Wer gemeinnützig ist, bekommt Unterstützung von Ehrenamtlichen, allein 25 von ihnen gehören zum Alt-und-Jung-Team in Dornberg, wo der Schürmannshof liegt. Ohne sie wäre das »Bielefelder Modell« undenkbar. »Wir erleben einen Aufschwung des Ehrenamts, und wir werden einen Aufschwung des Gemeinschaftsdenkens und eine Renaissance der Gemeindearbeit erleben«, glaubt Brechmann. »Das liegt auch daran, dass wir bald so viele Menschen über 70 haben werden, dass das Thema Altenpflege niemand mehr verdrängen kann.«

Um diese Menschen zu versorgen, setzt sie nicht nur auf gesellschaftlichen Wandel, sondern auch auf technischen Fortschritt. Sie selbst ist ein Hightech-Fan, fährt nie ohne ihren Minicomputer irgendwohin, und auch Alt und Jung arbeitet mit modernster Abrechnungs- und Planungssoftware.

Auf der anderen Seite ist Theresia Brechmann, wie alle Visionäre, auch altmodisch. Sie wohnt bis heute im Mehrgenerationenhaus Schildesche, einer im Ostwestfälischen legendären Wohngemeinschaft. 1981 sollte das Haus abgerissen werden, wurde besetzt, in Eigeninitiative aufgemöbelt und später mit Mitteln von Stadt und Land renoviert. Von den 15 Menschen, die hier leben, sind etwa ein Drittel pflegebedürftig. Die älteste Bewohnerin ist 83 Jahre, die jüngste heute, im Juli 2007, acht Wochen alt.

So gerne sie hier lebt: Theresia Brechmann glaubt nicht, dass sich diese Wohnform für jeden eignet. »Meistens sind es ja Alt-68er, die von einer WG träumen.« –

Für alle anderen gibt es das »Bielefelder Modell«, das sie mit so viel Erfolg bekannt macht: Republikweit setzen das Konzept in diesen Monaten Unternehmen mit einem Bestand von 180 000 Wohnungen um.

Auf die Frage, ob es nicht ein gutes Gefühl ist, etwas bewegt zu haben, antwortet sie, wie man es von einer Visionärin erwartet: »Wenn sich die Ideen, die man mal hatte, als richtig erweisen, das ist ein gutes Gefühl.«

»Das Thema Pflege gehört in die Mitte der Gesellschaft.« – Interview mit Prof. Thomas Klie

Der Modellversuch Pflegebudget endet nach vierjähriger Laufzeit im April 2008: In sieben deutschen Städten und Landkreisen können sich Pflegebedürftige das Geld von den Kassen auszahlen lassen und – im Rahmen bestimmter Regeln – selber entscheiden, welche Leistungen sie damit bei wem einkaufen. Ein Case Manager unterstützt die Familien und steuert den Prozess.

Ziel war es ursprünglich, die Budgets bundesweit einzuführen; sie sollten die starre Abrechnung von festgelegten Leistungen wie Waschen oder Anziehen ersetzen. Doch in der aktuellen Reform der Pflegeversicherung sind die Budgets nicht berücksichtigt, die Idee hat zu viele Gegner.

Thomas Klie, Professor für öffentliches Recht an der Evangelischen Fachhochschule Freiburg und »Vater« des Pflegebudgets, über die Idee, die Erkenntnisse aus dem Modellversuch und die Widerstände gegen das Projekt.[149]

CHRISTOPH LIXENFELD: *Was bedeutet es für Familien, ein Pflegebudget zu haben?*
THOMAS KLIE: Es bedeutet, dass sie aus dem »Modulgefängnis« aussteigen können. Sie bekommen nicht mehr vordefinierte Sachleistungen zugeteilt, sondern entscheiden selbst, was sie brauchen. Und das kaufen sie dann nach individuellen Bedürfnissen ein. Dabei muss es sich

nicht allein um Leistungen handeln, die auf ein Defizit reagieren, etwa Inkontinenz. Es kann auch um »Wellness« gehen, einen Spaziergang zum Beispiel oder eine Massage.

Welche Rolle spielt der Case Manager?
Zunächst einmal kümmert er sich darum, dass die Betroffenen bekommen, was ihnen zusteht; außerdem sortiert er die Angebote, die es am Markt gibt. Er ist aber auch Berater der Familien, hilft beim Aufbau des richtigen Hilfemixes. Und er sorgt dafür, dass diese Strukturen stabil bleiben, dass sich beispielsweise kein Familienmitglied bei der Pflege übernimmt. Durch solch ein effizientes Case Management könnten 40 Prozent aller Heimunterbringungen vermieden werden.

Wie lässt sich gewährleisten, dass die Familien das Geld ausschließlich für legale Hilfen einsetzen, also zum Beispiel keine Schwarzarbeiterinnen beschäftigen?
Das Verhältnis zwischen Case Manager und Pflegebedürftigem beziehungsweise seiner Familie lebt davon, dass man sich vertraut. Gleichzeitig ist der Case Manager aber durchaus auch für das »Gatekeeping« zuständig, dafür, zu sagen: Dieser Weg steht rechtlich offen, jener nicht.

Für die ambulanten Dienste bedeutet das Pflegebudget eine deutliche Umstellung. Wie haben sie reagiert?
Mit Widerstand, der viel massiver war, als wir erwartet hatten. Es gab Demonstrationen gegen das Pflegebudget, bei denen Arbeitgeber und Gewerkschaften gemeinsam agierten. An einem der Modellstandorte hat sich die freie Wohlfahrtspflege regelrecht verweigert.

Was ist der Grund für die heftigen Reaktionen?
Durch Budgets gerät die Kalkulation der Dienste aus dem Gleichgewicht, sie erhalten Konkurrenz und werden durch

Case Management einer Art Kontrolle unterzogen: Das ist unerwünscht. Leider verstehen immer noch viele Pflegedienste die Pflegeversicherung vor allen Dingen als Versicherung ihres Unternehmens, nicht aber zuvörderst als Sicherungsversprechen für die Pflegebedürftigen.

Wie steht es mit der Unterstützung des Pflegebudgets durch die Politik?
Alle Bundestagsfraktionen haben sich 2004 für die Erprobung des Pflegebudgets ausgesprochen und sind an den Ergebnissen interessiert. Die aktuelle Pflegereform sieht die Einführung (noch) nicht vor. Das zuständige Bundesgesundheitsministerium vermeidet jede Vorentscheidung zugunsten der Einführung von Budgets.

Warum?
Die Interessengruppen machen erfolgreich Druck, sie haben etwas zu verlieren. Ohne Sachleistungsprinzip funktioniert ja das ganze Kontrollsystem von Krankenkassen und Medizinischem Dienst nicht mehr, und die Institutionen wollen auch ihren Einfluss behalten. Richtig ist: Die Einführung des Pflegebudgets würde die Pflegeversicherung revolutionieren und müsste eingebettet sein in eine Strukturreform.

Müssten sich nicht zukünftig die Kommunen viel stärker beim Thema Pflege engagieren als in der Vergangenheit?
In der Tat, wir brauchen dringend eine Rekommunalisierung von Aufgaben. Bisher allerdings sind die Städte nicht die treibenden Kräfte, weil sie nur ein sehr kurzfristiges ökonomisches Denken haben.
Pflege muss eine gemeinsame Aufgabe von Kommunen, Pflege- und Krankenkassen sein. Zusammen sollten sie die notwendige Infrastruktur schaffen. Davon sind wir aber noch weit entfernt.

Was muss insgesamt passieren, damit die Altenpflege menschenwürdiger wird und sich mehr an den Bedürfnissen der Pflegebedürftigen orientiert?
Das ganze Thema muss genauso in die Mitte der Gesellschaft rücken wie die Kinderbetreuung. Und wir sollten aufhören, die Sache ausschließlich mit einem »Defizitblick« zu betrachten. Nach dem Motto: Es gibt hier ein Problem und das gilt es zu lösen. Der Begriff »Pflegefall« ist ein Unwort. Er reduziert den Menschen auf seine Defizite und übersieht seine Einzigartigkeit. Wir müssen auch lernen, dem Wort seinen eigentlichen Sinn zurückzugeben: Pflegen bedeutet, mit jemandem pfleglich, sorgsam umzugehen, einem Menschen etwas Gutes zu tun.

Wie wird aus ihrer Sicht – jenseits von allem Wunschdenken – die Zukunft der Pflege alter Menschen in Deutschland aussehen?
Wir werden erleben, dass noch mehr osteuropäische Pflegekräfte als bisher in Privathaushalten arbeiten. Für viele Menschen gibt es zu dieser Lösung keine Alternative. Gleichzeitig müssen wir in den kommenden Jahren verstärkt mit Leerständen in den Heimen rechnen. Hier entsteht eine »Investitionsblase«, die heute schon sichtbar ist. Ab 2020 füllen sich die Heime dann wieder mehr, weil erstens geburtenstarke Jahrgänge alt werden und zweitens das Potenzial an Pflegepersonen in den Familien deutlich abnimmt. Es wird aber auch mehr neue Wohn- und Versorgungsformen für Pflegebedürftige und Menschen mit Demenz geben: Wohngruppen, wohnortnahe Versorgungskonzepte. Hier bin ich zuversichtlich.

Erfurt: »Es läuft alles so, wie ich es mir wünsche.«

Jürgen Höpfner organisiert seine Versorgung mit Hilfe eines persönlichen Pflegebudgets. Sein Beispiel zeigt, wie sich mit Hilfe individueller Planung ein Umzug ins Heim gezielt vermeiden lässt.[150]

Mit Pflegediensten hat er schon viele Erfahrungen gemacht, obwohl Jürgen Höpfner noch vergleichsweise jung ist. Der 59-Jährige leidet unter Multipler Sklerose und benötigt seit Jahren Hilfe. Doch die ist mit Pflegestufe, Sachleistungsprinzip und Verrichtungsbezug, jenen bürokratischen Ketten, in die die Politik die Pflege gelegt hat, schwer zu organisieren.

Jürgen Höpfner verbringt seine Tage im Rollstuhl, aber das Umsteigen vom Bett dorthin schafft er nicht allein. Er kann allerdings mithelfen, wenn eine Kraft ihn unterstützt, und das will er auch. Der Pflegedienst, der ihn früher betreute, bestand darauf, für das »Umsetzen« eine Hebevorrichtung zu benutzen, Dienstanweisungen schrieben das vor, so die Begründung. Jürgen Höpfner: »Dadurch, dass ich selber nichts mehr tun musste, hatte sich meine Beinmuskulatur in kurzer Zeit drastisch zurückentwickelt.« Außerdem fühlte er sich in dem hydraulischen Lift, der ihn zur Passivität zwang, jedes Mal hilflos und ausgeliefert, das wollte er nicht.

»Aber um meine Bedürfnisse ging es gar nicht, sondern es ging um die Bedürfnisse und Notwendigkeiten des Pflegedienstes. Die kannten absolut nur Dienst nach Vorschrift. Ich habe einmal eine Woche vorher angerufen und gesagt, dass ich am kommenden Dienstag schon um 7 und nicht erst um 9 Uhr jemanden brauche. Und dann wird gestritten und gemault und sich geweigert«, erzählt Jürgen Höpfner. »Das hat mit Kooperation absolut nichts zu tun, sondern das nenne ich Ausnutzen einer Abhängigkeit. Dabei kann das doch nicht so schwierig sein, einen Termin zu verlegen, vor allem nicht für einen Laden mit 50 Angestellten.«

Einen so schwer Pflegebedürftigen zu versorgen, ist ohne flexible Strukturen fast unmöglich. Gelingen kann es nur, weil seine Partnerin intensiv mithilft. Und weil Höpfner das Glück hat, in Erfurt zu leben, einer der sieben Modellstädte für das Pflegebudget. Seit April 2007 nimmt er an dem Projekt teil, und sein Alltag hat sich seitdem tiefgreifend geändert. Zu Beginn jeden Monats bekommt er das Geld, das vorher der Pflegedienst bekam, bar auf sein Konto, und damit kann er dann seine Hilfen so einkaufen, wie er sie braucht. Zwischen 9 und 13 Uhr ist die Mitarbeiterin einer Assistenz-Agentur bei ihm, von Montag bis Freitag und an jedem zweiten Wochenende. Die beiden anderen übernimmt ein Theologiestudent, den Jürgen Höpfner über die Arbeitsagentur bekommen hat. »Zuerst habe ich mich natürlich schon gefragt, ob der das kann, aber dann merkte ich sehr schnell, dass das genau der richtige Mann ist.« Nachmittags unterstützt ihn seine Partnerin.

»Das Entscheidende ist, dass alles jetzt so läuft, wie ich es mir wünsche«, findet Jürgen Höpfner, »und dass es keine engen Vorschriften dafür gibt, was die Leute hier machen.«

Das bedeutet nicht, dass es keine Kontrollen gibt. Aurelia Römer-Kirchner, die Case Managerin des örtlichen Pflegebudget-Büros, kommt regelmäßig vorbei und sieht nach dem Rechten, und sie achtet auch darauf, dass die Familie das Geld der Kasse sachgerecht verwendet. Höpfner hat damit »kein Problem, ich weiß ja, dass das sein muss.«

Teurer, als ohne Budget zu arbeiten und einen Pflegedienst zu bestellen, ist das alles für die Pflegekasse nicht. In beiden Fällen stehen Jürgen Höpfner – in Pflegestufe III – 1470 Euro monatlich zu. Das reicht bei weitem nicht aus, insgesamt kostet die Betreuung etwa 3000 Euro. Das bedeutet, dass das Sozialamt noch erheblich zuschießen muss.

Jürgen Höpfner im Heim unterzubringen, wäre für die Behörde erheblich billiger. Zum Glück aber halten auch die zuständigen Beamten das für keine gute Lösung, das Amt bezahlt deshalb die Betreuung in den eigenen vier Wänden.

Der Modellversuch endet im April, und das Pflegebudget wird danach nicht zur bundesweit etablierten Option für alle. Menschen, die bisher mit dem Budget wirtschaften, wie Jürgen Höpfner sollen eine Art Bestandsschutz erhalten. Doch wie das in der Praxis dann aussieht, ist unklar, auch weil niemand weiß, ob und wie viele Case Manager wie Aurelia Römer-Kirchner es dann noch geben wird. Und vor allem: wer sie bezahlt.

Für Jürgen Höpfner ist das Budget »das Beste, was mir passieren konnte«. Seine größte Hoffnung ist, dass er nicht ins Heim muss, sollte er es irgendwann nicht mehr bekommen. »Da war ich schon mal. Für ein halbes Jahr. Das hat mir gereicht.«

Unna: Geringer Aufwand, millionenschwere Wirkung

Die Wohnberatung in Nordrhein-Westfalen ist ein beeindruckendes Beispiel dafür, wie sich in der Altenhilfe mit geringem Aufwand große Erfolge erzielen lassen. Sie bewahrt nicht nur unzählige Menschen vor dem gefürchteten Umzug ins Heim, sondern erspart auch der öffentlichen Hand und den Sozialkassen Ausgaben in Millionenhöhe. Trotzdem läuft die Zusammenarbeit mit den Krankenkassen schlecht, ja die Macher der Beratungsstellen fühlen sich regelrecht im Stich gelassen.

»Es gibt viele Wohnungen, in denen es geradezu nach Unfall riecht.« – Interview mit Hans Zakel

Der Leiter der Sozialplanung des Kreises Unna über die Ursachen des Problems und mögliche Auswege.[151]

CHRISTOPH LIXENFELD: *Welche Aufgaben haben die Wohnberatungsstellen in Nordrhein-Westfalen?*
HANS ZAKEL: Wir wollen alten Menschen dabei helfen, ihre Wohnung mit einfachen Mitteln so umzugestalten, dass sie weiterhin zu Hause leben können. Ziel ist es, den Umzug ins Heim zu verhindern oder zumindest so lange wie möglich hinauszuschieben.
Wir müssen auf den demographischen Wandel reagieren, anderenfalls haben wir immer mehr Heimunterbringungen!

Um welche Maßnahmen geht es dabei?
Zunächst kümmern sich die Wohnraumberater um die Dinge, die einfach umzusetzen und zugleich sehr wirkungsvoll sind. Es gibt zum Beispiel viele Wohnungen, in denen es geradezu nach Unfall riecht: Drei Teppiche liegen übereinander, einzelne Möbel stehen bei jedem Gang ins Bad im Weg, in der Küche lagern wichtige Geräte weit oben, so dass die Bewohnerin jedes Mal klettern muss, um dranzukommen etc.
Es gibt auch viele Menschen, die die eigene Wohnung nur noch zum kleinen Teil nutzen. Sie drapieren alles, was sie täglich brauchen, im Schlafzimmer rund um ihr Bett. Und das heißt, dass sie über all das hinwegklettern müssen, wenn sie ins Bad wollen. Dabei können sie natürlich leicht stürzen und sich etwas brechen. Und natürlich geht es

auch darum, Bäder so umzugestalten, dass auch behinderte Menschen sie benutzen können.

Wer bezahlt das alles?
Die erste Beratung ist umsonst, die konkrete Planung nicht. Allerdings zahlt die Pflegeversicherung einen Zuschuss für entsprechende Umbauten von Wohnungen in Höhe von 2557 Euro. Davon muss dann auch das Honorar für die Planung bezahlt werden.

Wie viele Menschen nehmen die Hilfen in Anspruch?
Die Wohnberatung gibt es in Nordrhein-Westfalen seit zehn Jahren, und allein im Kreis Unna mit seinen 430 000 Einwohnern haben wir in dieser Zeit 13 906 Klienten beraten und 3523 Wohnungen angepasst.

Mit welchen Ergebnissen?
Es gibt wahrscheinlich kaum eine Maßnahme in der gesamten Altenhilfe, bei der sozialer und wirtschaftlicher Nutzen so sehr im Einklang stehen wie bei der Wohnberatung. Anders gesagt: Wir ersparen unzähligen Menschen das Heim, und wir ersparen den Kostenträgern horrende Kosten.

Wodurch genau ergibt sich der Spareffekt?
Heimunterbringung ist in Nordrhein-Westfalen für die öffentliche Hand teuer, weil die Heime sehr viel kosten und die allermeisten Menschen dabei auch Sozialhilfe, Pflegewohngeld oder beides in Anspruch nehmen.
Im Durchschnitt verhindern wir mit der Wohnberatung 63 Heimeinweisungen pro Jahr. Daraus ergibt sich nur für den Kreis Unna eine Ersparnis von etwa 1,8 Millionen Euro.

Und wie groß ist der Spareffekt für die Kranken- und Pflegekassen?

Er ist zusammengenommen noch höher als bei den Städten und Kreisen. Die Sozialkassen sparen nicht nur durch weniger Heimunterbringungen, sondern auch, weil der Bedarf an ambulanter Pflege sinkt. Durch weniger Unfälle gibt es außerdem nicht so viele Krankenhausaufenthalte und geringere Arztkosten und weitere Folgekosten für Medikamente oder Rehabilitation.
Insgesamt könnten bundesweit bei den Kranken- und Pflegekassen Ausgaben in Milliardenhöhe eingespart werden, wenn es überall eine solche neutrale Wohnberatung gäbe.

Sind die ihnen entsprechend dankbar?
Das wäre schön, ist aber leider nicht der Fall. Bis 2001 haben sich die Kassen mit einem Drittel an der Finanzierung der Wohnberatung beteiligt. Doch dann fand irgendein findiger Mensch heraus, dass sie das laut Satzung überhaupt nicht dürfen. Damit entfielen diese Zuschüsse. Die Folge war, dass viele Wohnberatungsstellen in Nordrhein-Westfalen dicht machten, außerdem müssen wir seitdem die Betroffenen an den Planungskosten beteiligen. Neben der Wohnberatung gibt es auch eine allgemeine Pflegeberatung, und auch hier lehnen es einige Kassen kategorisch ab, sich an den Kosten zu beteiligen. Das sei nicht ihre Aufgabe, so das Argument, und sie machten ja schon Beratung für die eigenen Mitglieder.

Woher kommt die Verweigerungshaltung?
Fast keine Kasse interessiert sich für die Infrastruktur des gesamten Systems. Während Kreise und Städte die gesetzliche Verpflichtung zur Daseinsvorsorge haben, sind all die vielen Krankenkassen und Pflegekassen zunächst einmal nur für ihre eigenen Mitglieder verantwortlich. Wenn eine kleinere Kasse zum Beispiel nur wenige Mitglieder im Kreis Unna hat, dann hat sie auch nur wenige

Pflegefälle. Also kann es ihr in finanzieller Hinsicht auch egal sein, wie viele Menschen dort im Heim landen. Ohne klare gesetzliche Vorgaben werden niemals alle 241 Kassen in Deutschland Wohnberatung unterstützen und fördern.

Was müsste passieren?
Wir sollten die Trennung von Kranken- und Pflegekasse unbedingt beenden – zumindest beim Thema Wohnberatung. Die muss als Teil der Pflegeversicherung dringend gesetzlich festgeschrieben werden. Leider kommt sie in der aktuellen Reform noch nicht vor. Die Politik sollte begreifen, welche Chancen in dieser einfachen und preiswerten Maßnahme liegen. Mit ihr können wir Milliardenbeträge einsparen und zugleich vielen Menschen den Wunsch erfüllen, möglichst lange in ihrer eigenen Wohnung zu leben.

»Es geht darum, Menschen aus der Isolation herauszuholen.« – Interview mit Martin Behmenburg

Nicht alle privaten ambulanten Dienste leisten nur das, was sich mit der Pflegeversicherung abrechnen lässt. Einige tun viel mehr. Die Firma Pflege zu Hause aus Mülheim an der Ruhr zum Beispiel bietet ein Betreutes Wohnen zu Hause an.

Martin Behmenburg, der zusammen mit seiner Frau Andrea das Unternehmen führt, erklärt, wie die Sache funktioniert:[152]

CHRISTOPH LIXENFELD: *Was ist der Unterschied zwischen den normalen Leistungen der Pflegekasse und dem Betreuten Wohnen zu Hause?*
MARTIN BEHMENBURG: Natürlich bieten wir unseren

Kunden die normale Grund- und Behandlungspflege wie andere ambulante Dienste auch. Das Betreute Wohnen zu Hause geht darüber hinaus: Es beinhaltet eine Notfallbereitschaft, das heißt wir sind über ein Hausnotrufsystem jederzeit ansprechbar und bewahren für den Fall der Fälle auch einen Schlüssel des Kunden auf. Außerdem gibt es einen Besuchsdienst; das heißt einmal pro Woche kommt ein Mitarbeiter für 45 Minuten zu Besuch. Der soll ausdrücklich nicht im Haushalt helfen oder putzen, sondern sich mit dem betreffenden Menschen auseinandersetzen, zum Beispiel mit ihm spazieren gehen.

Warum bieten Sie diesen Service an?
Fast jeder möchte bis zuletzt in der eigenen Wohnung leben. Aber viele, die dort zu viel allein sind, hören irgendwann auf zu denken, werden dement und damit langfristig auch pflegebedürftig.
Es geht darum, Menschen aus ihrer Isolation herauszuholen und sie zu aktivieren. Schon seit über zehn Jahren treffen sich in unseren Räumen einmal in der Woche alte Menschen, um in Gesellschaft zu sein, den Kopf mit Gedächtnistraining und anderen Aktivitäten fit zu halten oder einfach nur zusammen Mittag zu essen. Das Betreute Wohnen zu Hause ist eine Weiterentwicklung und Ergänzung dieser Idee.

Wie teuer ist es und wer bezahlt dafür?
Die Betreuung kostet pauschal 84,89 Euro im Monat. Bei Sozialhilfeempfängern übernimmt die Stadt Mülheim auf Antrag diese Kosten.

Private Pflegedienste bieten selten solche umfassenden Serviceleistungen. Woran liegt das Ihrer Meinung nach?
Das frage ich mich manchmal auch. Vermutlich beschäftigen sich einige nur mit Dingen, mit denen sich sofort

Umsatz machen lässt. Außerdem braucht man eine gewisse Unternehmensgröße, um so agieren zu können wie wir. Bei uns gibt es zum Beispiel auch eine kostenlose Beratung, so etwas kann nur anbieten, wer mit dem normalen Pflegegeschäft auch Geld verdient.

Bedeutet dies, dass Zusatzleistungen für einen Pflegedienst nicht lukrativ sind?
Kurzfristig und für sich genommen sind sie das eher nicht. Aber erstens halten wir die Sache für sinnvoll und zweitens ist sie für uns auch ein gutes Marketinginstrument.

Müsste sich um all das eigentlich nicht die Stadt oder ein Wohlfahrtsverband kümmern?
Die Stadt Mülheim hat inzwischen zugesagt, unser Angebot mitzufinanzieren. Dass die Wohlfahrtsverbände sich insbesondere als Träger von Kliniken bei ihrem Entlassmanagement an der Belegung der von ihnen betriebenen Alteneinrichtungen orientieren, liegt nahe. Aus diesem Grund beschäftigen wir einen Überleitungsmanager, der in die Krankenhäuser geht, um von dort schon die Rückkehr in den eigenen Haushalt vorzubereiten und möglich zu machen. Nach unserer Überzeugung kann »ambulant vor stationär« nicht funktionieren, solange der Gesetzgeber das Entlassmanagement der Krankenhäuser in die Hand von Trägern legt, die gleichzeitig Altenheime betreiben.

Resümee: Weg mit den Heimen!

Legebatterien bleiben Massentierhaltung, auch mit Qualitätszertifikat

Menschenunwürdige Zustände in Pflegeheimen diskutieren wir seit Jahrzehnten. Und seit Jahrzehnten gelingt es uns nicht, die Gewalt gegen alte Menschen abzustellen. Obwohl wahrscheinlich nichts in diesem Land stärker kontrolliert wird als Altenheime. Obwohl, gerade seit es die Pflegeversicherung gibt, die Mitarbeiter nirgendwo so detailliert belegen müssen, was sie von morgens bis abends tun.

Qualität und menschenwürdige Behandlung lassen sich eben nicht hineinkontrollieren in Einrichtungen, die ausschließlich auf Gewinnmaximierung setzen. Die Vorstellung, es könnte eine kosteneffiziente Menschlichkeit geben, ist pervers. Legebatterien bleiben auch dann Massentierhaltung, wenn sie regelmäßig kontrolliert werden. Wollen wir weniger Gewalt und Vernachlässigung in Heimen, dann müssen wir als Erstes dafür sorgen, dass es weniger davon gibt.

Leider erleben wir das Gegenteil, und hier stellt sich die Frage: Warum kann ein »Produkt« – der Pflegeheimplatz – massenweise hergestellt und verkauft werden, obwohl es niemand haben will, ja es geradezu verhasst ist?

Warum landen heute mehr Menschen in Heimen als vor einigen Jahren? Wenn doch sämtliche Untersuchungen zum Thema belegen, dass fast jeder so lange wie möglich zu Hause bleiben möchte, auch wenn er pflegebedürftig ist. Wenn selbst Betreiber solcher Einrichtungen zugeben, dass fast niemand freiwillig in ein Heim zieht?

Heime dürfen nicht billig sein

Also unfreiwillig, sprich gezwungenermaßen: Offensichtlich finden wir es normal, dass 20-Jährige über ihren Lebensstil selbst bestimmen können, 80-Jährige aber nicht. Dass sie ins Heim müssen, weil es keine Alternative dazu gibt. Dass sich viele das Zimmer teilen müssen mit einem wildfremden Menschen, den sie sich nicht ausgesucht haben.

Es regt sich auch niemand auf, wenn ein Betreiber ankündigt, Billigheime zu bauen. Warum auch nicht? Pflege ist teuer, das weiß jeder, und sparen wollen wir doch alle.

Je billiger ein Heim aber ist, desto mehr verführt es Sozialämter – und manchmal auch Angehörige – dazu, Menschen aus Kostengründen dort unterzubringen, statt sie zu Hause versorgen zu lassen.

»Betreutes Wohnen« sorgt für volle Heime

Stationäre Einrichtungen für alte Menschen sollten bundesweit den gleichen, hohen und damit vergleichsweise teuren Standard haben. Dann gibt es diese »Verführung« zum Abschieben nicht, und wer tatsächlich keine Alternative hat, der ist gut versorgt. Der Grundsatz »ambulant vor stationär« wird sich niemals flächendeckend umsetzen lassen, wenn das Land zugebaut ist mit Billigheimen.

Oder mit Einrichtungen für betreutes Wohnen im klassischen, schlechten Sinne. Solche Anlagen binden Menschen früh an einen Betreiber, manchmal schon im Alter von plus/minus 65. Und ist die eigene Wohnung einmal aufgegeben, gibt es kein Zurück mehr. Der Lebensweg des Bewohners führt zwangsläufig in das – vielleicht nebenan vom selben Träger gebaute – Pflegeheim. Oder in ein anderes in der Nachbarschaft. In jedem Fall sorgt betreutes Wohnen, wie wir es kennen, nicht für weniger Heime, sondern für mehr.

In der Branche setzt man auf eine lückenlose »Versorgungskette im Pflegemarkt«. Der Begriff stammt aus einer Studie der HSH Nordbank und ihrer Immobilientochter HSH N Real Estate vom Oktober 2006.[153] Titel: »Pflegeheime in Deutschland – eine neue Investmentklasse für Portfolioinvestoren«.

Die darin enthaltenen Analysen sind ebenso offenherzig wie vielsagend: »Aus der Verbindung von Betreutem Wohnen, ambulanter und stationärer Pflege und der Kooperation mit einer Klinik können sich langfristig stetige Erträge ergeben.«[154]

Das ist aber genau das Gegenteil von dem, was gesellschaftlich wünschenswert und für die Alten sicher am besten wäre: Sie so lange wie möglich in den eigenen vier Wänden zu belassen.

Der Gesetzgeber sollte darüber nachdenken, wie er die Branche entflechten kann: Klinikbetreiber sollten nicht gleichzeitig Pflegeheime besitzen dürfen und Heimbetreiber nicht zugleich ambulante Dienste.

Die Kasernierung einer ganzen Altersgruppe

Kommunen wehren sich bisher viel zu wenig gegen das Entstehen solcher geschlossenen »Versorgungsketten im Pflegemarkt«, deren letzte Glieder zwangsläufig Heime sind. Jedes neue Heim schafft Fakten: Ist es erst einmal gebaut, wird der Betreiber alle Hebel in Bewegung setzen, es auch zu belegen. Und die Verantwortlichen der Kommune sind von der Pflicht befreit, intelligente Lösungen für eine Betreuung zu Hause zu suchen und umzusetzen. Viele Gemeinden rühmen sich noch immer damit, dass es für jeden ihrer Bewohner im entsprechenden Alter einen Heimplatz gibt. Als seien Heime eine soziale Errungenschaft wie Kindertagesstätten. Als sei es das Ziel von Kommunal- und Sozialpolitik, die Altersgruppe der 80-Jährigen möglichst flächendeckend zu kasernieren.

Pflegebedürftigkeit ist längst keine tragische Ausnahme mehr, sondern Normalität.

Und je mehr Menschen bis zum Schluss in ihrer gewohnten Umgebung – und damit auch in der ihrer Nachbarn – leben, desto mehr setzt sich die Gesellschaft mit dieser Normalität auseinander.

Desto mehr sucht sie nach Lösungen, die zwar diesseits der Heimunterbringung, aber auch jenseits der ausschließlichen Betreuung durch die eigene Familie liegen. Denn Skepsis gegenüber den Heimen bedeutet nicht, die ambulante Betreuung in den eigenen vier Wänden zu idealisieren. Sich um schwer Pflegebedürftige zu kümmern, ist ein harter, auch psychisch aufreibender Job, und auch in der häuslichen Pflege passiert Gewaltanwendung. Die ist ein noch viel größeres Tabu als die Gewalt in Heimen.

Die biologische Familie kann die häusliche Pflege auf Dauer keinesfalls alleine bewältigen. Weil die traditionell wichtigsten Pflegepersonen – Frauen – in einigen Jahren fast durchweg erwerbstätig sind und deshalb keine Zeit haben, sich intensiv um ihren Vater oder Schwiegervater zu kümmern. Und weil auch die vielen Mittvierziger, die heute kinderlos sind, irgendwann Hilfe brauchen.

Die eigentlich Zuständigen versagen

Um sie zu versorgen, brauchen wir »Wunschfamilien«, »Wahlverwandtschaften« und Netzwerke; Arrangements, die die Lasten auf mehrere Schultern verteilen. Dass diese Netze in erster Linie von Privatleuten geknüpft werden, dass Pflegeunternehmen Besuchsdienste für Alleinstehende organisieren und Vereine, die Gymnastikstunden anbieten, um jeden Euro kämpfen müssen – all das sind Beweise dafür, dass die ursprünglichen Aufgabenträger versagen. Kirchengemeinden haben für Altenarbeit erstens kein Geld und zweitens durch Mitgliederschwund und Überalterung immer weniger ehrenamtliche Helfer. Und Kommunen engagieren sich auf diesem Gebiet kaum, weil sie die Kosten scheuen. Vor allem seit Einführung der Pflegeversicherung haben sich Städte aus vielen Aufgaben zurückgezogen. Nach dem Motto: Wozu haben wir denn die Pflegekasse, soll die sich doch um die Menschen kümmern!

Nachvollziehbar ist diese Haltung insofern, als die Kommunen – jedenfalls finanziell – nichts davon haben, wenn sie ihre älteren Mitbürger darin unterstützen, fit zu bleiben. Wenn sie Wohnungen altengerecht umgestalten oder wenn sie verhindern, dass sich Menschen zurückziehen, einrosten und damit irgendwann pflegebedürftig werden.

Profiteur solcher Sozialarbeit durch die Städte wären sie nicht selber, sondern die Pflegekasse. Und genau das ist der entscheidende Konstruktionsfehler. Nach dänischem Vorbild sollten sich auch bei uns die Kommunen ganzheitlich um alte Menschen kümmern, ohne ständig auf die – in der Konsequenz menschenverachtende – Abgrenzung zwischen Sozialhilfe-, Pflege- und Krankenkassenetat Rücksicht nehmen zu müssen. Denn genau diese Abgrenzung führt zum beschriebenen Abschieben der Verantwortung. Und sie führt dazu, dass sich die politische Phantasie vieler Bürgermeister darauf beschränkt, lautstark und mit viel sozialem Pathos zusätzliches Geld für die Pflegeversicherung zu fordern.

Bielefeld ist Vorbild für viele andere

Wie viel Kommunen bei der Altenarbeit dagegen erreichen können, wenn die Verantwortlichen nur klare sozialpolitische Ziele haben, zeigt das in diesem Buch vorgestellte Beispiel Bielefeld. Das dort kreierte »Wohnen mit Versorgungssicherheit« ist so erfolgreich, dass die Stadt mittlerweile erklärt hat, sie sehe für neue Pflegeheime keinen Bedarf mehr.

Das »Bielefelder Modell« ist zum Vorbild für andere geworden, und Wohnungsunternehmen beginnen umzudenken: Wenn sie ihre Bestände auch in Zeiten von Bevölkerungsrückgang und Überalterung vermieten und Leerstände vermeiden wollen, müssen sie vom reinen Vermieter zum Servicepartner werden, der Konzepte mit entwickelt und umsetzt. Solche Ansätze funktionieren, das beweist neben dem beispielhaften Bielefeld auch die Entwicklung in Rendsburg. –

Städte müssen sich gegen die »Heimsuchung« wehren

Entscheidend ist nicht, mehr Geld in die Pflegeversicherung zu pumpen, sondern das Vorhandene anders zu verteilen und seinen Einsatz besser zu organisieren. Dabei müssen die Städte zu zentralen Anlaufstellen für alle Belange alter Menschen werden und so genannte Case Manager beschäftigen, die sich um Wohnberatung, psychosoziale Betreuung und bei Bedarf auch um die Pflege kümmern. Solche Case Manager – und sogar die flächendeckende Einführung so genannter Pflegestützpunkte – sind in der jüngsten Pflegereform zwar vorgesehen, nur dass dabei der wichtigste Punkt, die Finanzierung, nicht ausreichend geklärt ist.

Kranken- beziehungsweise Pflegekassen sollten den Gemeinden Mittel für diese Aufgaben zur Verfügung stellen, und mit diesen Mitteln setzen die Kommunen dann das Prinzip »ambulant vor stationär« um. Ganz ohne Heime wird es in den meisten Fällen nicht gehen, aber wie viele es sind und wie sie aussehen, darüber sollten maßgeblich die Städte und die Länder bestimmen.

Wollen wir mit Erfolg umsteuern, dann müssen wir uns beeilen. Wir brauchen tragfähige und nachhaltige ambulante Strukturen, bevor die geburtenstarken Jahrgänge alt und damit potenziell pflegebedürftig werden. Das wird um das Jahr 2030 der Fall sein. Wenn bis dahin der Grundsatz »ambulant vor stationär« nicht in die Tat umgesetzt ist, werden wir der flächendeckenden Heimsuchung kaum noch entgehen.

Schwarzarbeit schont die Pflegekassen

Zum notwendigen Umsteuern gehört auch ein neuer Umgang mit den vielen Schwarzarbeiterinnen in der Pflege. Denn nicht jeder braucht und will ein altersgerecht optimiertes Umfeld. Den meisten Menschen genügt es, wenn sie möglichst lange dort bleiben können, wo sie seit Jahren leben und sich wohlfühlen. Gerade in ländlichen Regionen sorgen Zehntausende von – zumeist illegal beschäftigten – Frauen aus Osteuropa dafür, dass dieser Wunsch in Erfüllung geht. Familien engagieren sie, weil sie oft nur mit Hilfe dieser Kräfte ihrem Vater oder Großvater den Umzug ins Heim ersparen können. Weil oft nur durch osteuropäische Billigkräfte eine Rund-um-die-Uhr-Betreuung schwer Pflegebedürftiger in den eigenen vier Wänden bezahlbar ist.

Die Osteuropäerinnen werden bleiben, ob es Gewerkschaften und Lobbygruppen nun passt oder nicht. Denn dass sie da sind, liegt nicht an irgendwelchen skrupellosen Vermittlern, sondern es liegt daran, dass wir sie brauchen. Sie zu verteufeln, nützt auch den Gegnern nichts, der Beweis dafür ist längst erbracht: Seit Jahren kriminalisieren Interessengruppen die osteuropäischen Pflegekräfte, dennoch kommen immer mehr von ihnen zu uns.

Sie wirksam zu bekämpfen, ist den zuständigen Zollbehörden gar nicht möglich, dazu sind es viel zu viele Fälle. Außerdem ist das Interesse an einer solchen Bekämpfung ohnehin nur noch vorgetäuscht. Schließlich sind es klassische Mittelschicht-Haushalte, die Polinnen oder Tschechinnen beschäftigen, mithin jenes Wahlen entscheidende Klientel, mit dem es sich keine der großen Parteien verscherzen will.

Showeinlagen statt konsequenter Fahndung

Außerdem sparen die Sozialkassen durch Schwarzarbeit in der Pflege jedes Jahr Millionen, weil viele der betreffenden Haushalte die Pflegeversicherung gar nicht in Anspruch nehmen. Die Politik kennt diesen Zusammenhang. Trotzdem kann sie natürlich nicht offiziell zur Schwarzarbeit aufrufen, sondern muss dafür sorgen, dass die Steuermoral einigermaßen intakt bleibt.

Statt konsequenter Fahndung gibt es deshalb Showprogramme: Zollbehörden laden Fernsehteams ein, präsentieren ihnen stolz Hundestaffeln und großkalibrige Waffen.

Razzien in Privathaushalten, wie es sie zu Beginn des Jahrtausends öfter gegeben hat, sind dagegen überaus selten geworden. Schließlich hatten die Verantwortlichen deutlich zu spüren bekommen, wie wenig Freunde man sich damit macht.

Und so beschränken sich Politiker darauf, das Phänomen anlässlich von Reden auf Verbandstagen pflichtschuldig zu geißeln und die Schwarzarbeit ansonsten – nützlich, wie sie ist – einfach zur Kenntnis zu nehmen.

Viele Familien nutzen auch eine der viertel- bis halblegalen Möglichkeiten. Die Helferinnen aus Osteuropa wirklich und offiziell zu legalisieren, dagegen wehren sich Lobbygruppen und Gewerkschaften in erprobtem Schulterschluss: Die einen, weil ihre Heime nicht mehr ausgelastet sind, wenn mehr Menschen bis zu ihrem Ende zu Hause versorgt werden, und die anderen, weil sie genau in diesem Fall den Abbau von sozialversicherungspflichtigen Jobs befürchten.

Dass die Politik der Argumentation der Gewerkschaften folgt und sich den Erhalt der Arbeitsplätze auf die Fahnen schreibt, ist einerseits nachvollziehbar. Wer Jobs gefährdet, kann keine Wahlen gewinnen, und der Staat braucht möglichst viele abhängig Beschäftigte, um die Sozialsysteme zu finanzieren.

Gefängnisbau als Jobmotor für Vollzugsbeamte?

Wirtschaftsförderung zu betreiben, kann aber nicht Aufgabe der Sozialpolitik sein. Anders gesagt: Das Geld der Pflegeversicherung ist nicht dazu da, Jobs in Heimen zu schaffen, sondern es soll eine optimale Versorgung der alten Menschen garantieren. Pflegeheime sind ein notwendiges Übel, das räumen sogar deren Betreiber ein. Zu argumentieren, die Politik müsse für deren Auslastung sorgen, damit die Pflegekräfte Arbeit haben, ist deshalb ungefähr so absurd wie Gefängnisse zu bauen, um Jobs für Vollzugsbeamte zu schaffen.

Zudem ist das Argument verlogen, die illegal Beschäftigten hätten keine Ausbildung, lieferten deshalb schlechte Qualität und seien eine Gefahr für die von ihnen Gepflegten. Die allermeisten Pflegebedürftigen werden von eigenen Angehörigen versorgt, die ebenso wenig qualifiziert sind. Nur von ihnen verlangt das auch niemand. Warum aber sollte eine Frau etwa aus Polen prinzipiell Schlechteres in der Pflege leisten als eine Tochter oder ein Sohn?

Natürlich gibt es hier – wie überall – auch schwarze Schafe. Aber sie zu entdecken und Missstände abzustellen, kann nur gelingen, wenn wir das ganze Phänomen der Osteuropäerinnen in der Pflege aus der Zwielichtigkeit und Verschwiegenheit herausholen und die Frauen legalisieren.

Ebenso absurd wie die Qualitätsdiskussion ist die Warnung vor Ausbeutung der illegal Beschäftigten und vor Sklavenhalter-Praktiken. Ausbeuten und schlecht behandeln funktioniert am besten, wo die Betroffenen keine Rechte haben. Und wer hat weniger Rechte als Schwarzarbeiterinnen? Nur wenn wir die Frauen aus Osteuropa legalisieren, können wir verhindern, dass sie den Falschen in die Hände fallen. Nur wenn wir ihnen eine Chance im Rahmen klar definierter Regeln geben, können wir jenen Vermittlern das Handwerk legen, die zum Schaden der Frauen und der Pflegebedürftigen nur den schnellen Euro machen wollen.

Die Annahme, nach einer solchen Legalisierung würden innerhalb von Wochen Millionen von Billigkräften in deutschen Familien anheuern, ist abwegig. Alte Menschen zu pflegen, ist auch für junge Osteuropäerinnen kein Traumjob. Sondern eher ein Ausweg für 40- bis 50-Jährige, die auf dem heimischen Arbeitsmarkt nur geringe oder gar keine Chancen mehr haben. Wenn es in Osteuropa mehr Arbeitsplätze gibt und diese Länder insgesamt wirtschaftlich aufholen, dann werden weniger Menschen von dort bereit sein, bei uns diese Arbeit zu machen.

Pflegehelfer verdienen etwa 1000 Euro brutto

Über jene, die zu uns kommen wollen, sollten wir uns freuen: Schließlich gibt es schon heute in vielen Regionen zu wenige deutsche Pflegekräfte, und das Problem wird sich in den kommenden Jahren drastisch verschärfen.

Schließlich: Der Vorwurf, die Osteuropäerinnen würden viel zu schlecht bezahlt, so etwas dürfe es in Deutschland nicht geben, ist zumindest aus dem Mund vieler privater Heimbetreiber bigott. Ein Pflegehelfer bekommt oft nicht mehr als 1000 Euro brutto im Monat. Wer mit einem Heim Geld verdienen will, spart nicht selten beim Personal.

Familien, die für vergleichsweise wenig Geld eine Hilfe aus dem Osten beschäftigen, profitieren von den Einkommensunterschieden zwischen verschiedenen Ländern. Das kann man grundsätzlich verwerflich finden, aber dann sollte man auch keine Fernseher Made in China oder T-Shirts aus Vietnam kaufen. Denn auch diese Produkte können nur deshalb billig sein, weil die Menschen, die sie herstellen, viel weniger pro Stunde verdienen als ein deutscher Arbeitnehmer. Viele Pflegekräfte aus Osteuropa arbeiten als selbstständige Einzelunternehmerinnen. In jüngster Zeit versuchen sich mehrere Unternehmen am Markt zu etablieren, die solche Selbstständigen vermitteln und für sie den Büroservice übernehmen. Es wird eine spannende Frage sein, ob Ermittlungsbehörden weiterhin versuchen werden, mit der Knute gegen Scheinselbstständigkeit vorzugehen.

Dass die absurde Diskussion darum überhaupt noch geführt werden muss, liegt auch daran, dass die Finanzierung der Sozialsysteme bei uns in erster Linie auf den Schultern der abhängig Beschäftigten lastet. Würden in Deutschland auch Selbstständige in die gesetzlichen Sozialkassen einzahlen, gäbe es auch keinen Grund mehr, sie kleinlich zu reglementieren und zu versuchen, sie auf juristischem Wege zu Angestellten zu machen.

Die Pflegeversicherung als Problemquelle

Bis zur Mitte der 1990er Jahre gerieten Pflegebedürftige schnell in die Rolle von Bittstellern: Weil die eigene Rente selten ausreichte, mussten die Betroffenen entweder bei den eigenen Kindern oder beim Sozialamt vorstellig werden, um die notwendige Hilfe bezahlen zu können. Die Pflegeversicherung verschaffte ihnen dann einen verbrieften Anspruch auf Hilfe. Sie bezahlten schließlich Beiträge, also hatten sie auch das Recht, etwas dafür zu bekommen.

Insofern war und ist die Pflegeversicherung prinzipiell eine gute Idee. Leider nur steckt ihre praktische Umsetzung voller Tücken, und dafür sind zwei grundsätzliche Fehler verantwortlich: Erstens machte man die Pflegekasse nicht zum Bestandteil der Krankenversicherungen, zweitens sollte, um die Kosten im Griff zu behalten, jedes Detail der Pflege messbar, zählbar und dann häppchenweise zuteilbar sein.

So entstanden die drei Pflegestufen, und so wurde die Idee geboren, einen Preis für jede Hilfestellung zu definieren – beispielsweise 88 Cent für das Kämmen. Damit hatte das »Sachleistungsprinzip« Eingang in die Altenhilfe gefunden: Ein ambulanter Pflegedienst wäscht den alten Menschen, zieht ihn an, kocht Kaffee, und rechnet diesen Service dann direkt mit der Pflegekasse ab.

Pflegestufe Null: Das System ist seine eigene Satire

Die starren Pflegestufen werden der individuellen Situation von Menschen jedoch nicht gerecht. Ist zum Beispiel ein Minimalwert von Hilfsbedürftigkeit unterschritten, dann sprechen die Experten absurderweise von Pflegestufe Null. Das bedeutet: Wir wissen, dass derjenige eigentlich Hilfe braucht, aber die Schwelle, ab der wir ihm etwas geben können, ist nicht erreicht. Pech gehabt …

Besser – und durchaus umsetzbar – wäre es, einen Zeitwert festzulegen. Das heißt der Prüfer sagt: »Ich erkenne an, dass Sie, Pflegebedürftiger, pro Tag zwei Stunden Hilfe benötigen.« So funktionierte die Hilfe für alte Menschen, die das Sozialamt bezahlte, ja auch vor Einführung der Pflegeversicherung.

Die Pflegeversicherung zwingt die Menschen ins Heim

Diese – zum Beispiel – zweistündige Hilfe kann von einem Pflegedienst erbracht und dann mit der Kasse abgerechnet werden. Entscheidend ist dabei, dass dieser Pflegedienst auch dann bezahlt wird, wenn sein Mitarbeiter mit dem Klienten spazieren gegangen ist. Nur wenn das möglich wird, hört das menschenverachtende Abfertigen der Alten auf. Nur dann bekommt der Begriff »Pflege« wieder seinen ursprünglichen, positiven Sinn. Schließlich rührt der Wohlfühleffekt für die Betroffenen nicht daher, dass ihr Hals gewaschen und das Bett gemacht ist, sondern dass ihnen jemand etwas Gutes tut, sie Zuwendung erfahren.

Und über die Art der Zuwendung sollten sie selbst entscheiden können, indem sie auf Wunsch ein »persönliches Budget« – sprich Geld statt Hilfsleistungen – von der Versicherung bekommen. Der Modellversuch dazu ist abgeschlossen, und die Bundesgesundheitsministerin hat sich noch im Mai 2006 für ein solches Budget ausgesprochen. Vorstellen könne sie sich dessen Einführung »in einer nächsten Stufe«, so Ulla Schmidt. Was in der Praxis wohl so viel heißt wie: irgendwann, vielleicht.[155]

Die jüngste Pflegereform jedenfalls sieht das Budget nicht vor, und eine Abkehr von den starren Verrichtungen auch nicht. Der Druck der Pflegelobby war wohl zu groß. Für ambulante Pflegedienste ist die Abrechnung von Spaziergängen nicht interessant, weil es dazu keine Fachkräfte braucht und somit die Preise der Branche generell ins Rutschen kommen würden. Und die Einführung eines Budgets wünschen sich die meisten noch viel weniger, weil sie lieber mit einer Behörde abrechnen, die das Geleistete nicht genau kontrollieren kann, als mit den Betroffenen selbst über Qualität und Zuverlässigkeit zu diskutieren.

Doch genau diese Kontrolle durch den Kunden würde den Kassen unzählige Auseinandersetzungen und Prozesse ersparen. Außerdem: Gibt es ein Budget, dann kaufen Pflegebedürftige beziehungsweise ihre Familien genau den Service ein, den sie brauchen.

Heute und in nächster Zukunft ist das in den meisten Fällen nicht möglich, und auch deshalb müssen viele Menschen unfreiwillig ins Heim umziehen. Das ist die verheerendste Folge der Konstruktionsfehler der Pflegeversicherung.

Je pflegebedürftiger, desto rentabler

Hinzu kommt, dass die im Heim höheren Sätze der Pflegeversicherung in den Stufen I und II dazu führen, dass stationäre Unterbringung in vielen Fällen billiger ist als eine Versorgung zu Hause. Außerdem bekommen die Heime mehr Geld, je höher die Pflegestufe des Einzelnen ist, das heißt die Betreiber müssen eher ein wirtschaftliches Interesse daran haben, dass es den Menschen schlechter statt besser geht. Ausgleichen lässt sich das, wenn der Heimbetreiber eine Prämie für das erfolgreiche Mobilisieren bekommt, eine Belohnung, wenn ein Bewohner fitter wird und deshalb weniger Pflege braucht.

Die jüngste Reform sieht eine solche Prämie zwar vor, aber sie ist viel zu niedrig, um wirken zu können. Außerdem ließe sich ein effizientes Prämiensystem nur etablieren, wenn Kranken- und Pflegeversicherung eins werden. Ihre Trennung diente auch dem Zweck, die Krankenversicherungsbeiträge niedrig zu halten. Medizinisch ist eine seriöse Abgrenzung zwischen Kranken und Pflegebedürftigen gar nicht möglich und die gängige unseriöse in ihren Folgen menschenverachtend.

Krankenkassen haben im vorhandenen System wenig Interesse daran, Rehabilitationsmaßnahmen für Pflegebedürftige zu bezahlen. Schon gar nicht mit der Folge, dass die Betroffenen irgendwann wieder in der eigenen Wohnung leben können. Schließlich ist das für die Krankenkasse teurer als die Unterbringung im Heim. Die Devise muss für sie also lauten: einmal Heim, immer Heim.

Sind Krankenversicherung und Pflegeversicherung eins, dann würden die Krankenkassen vermutlich auch gegen die Ständevertreter der Ärzte durchsetzen, dass mehr Heime eigene Doktoren haben. Dadurch ließe sich auch der absurde Schreibaufwand der Pfleger verringern, das Personal hätte mehr Zeit für die Menschen. Schließlich dient ein Gutteil der Dokumentationspflichten in den Heimen auch dazu, die Pfleger im Konfliktfall vor Anschuldigungen durch einen Arzt zu bewahren.

Für die Heimunterbringung von Menschen in Pflegestufe I, denen es noch – vergleichsweise – gut geht, sollte die Pflegekasse weniger bezahlen als bisher. Dann würden auch weniger von ihnen in den stationären Einrichtungen landen. Sinnvoll ist das allerdings nur, wenn zuvor die ambulanten Strukturen massiv ausgebaut werden. Das Geld dafür ist vorhanden: Bei den aktuellen Tarifen bezahlt die Pflegeversicherung für einen Menschen mit Pflegestufe I im Heim pro Jahr etwa 7400 Euro mehr als für die Versorgung zu Hause. Intelligent eingesetzt, ließe sich mit diesem Betrag ambulant viel bewirken.

Um nicht missverstanden zu werden: Ganz ohne Heime wird es in Deutschland – zumindest mittelfristig – nicht gehen, und Menschen, die nicht anders versorgt werden können, müssen auch weiterhin einen Platz bekommen. Nur muss diese Lösung vom Normalfall zur Ultima Ratio werden.

Wichtig für ein Umsteuern des Systems wäre auch, dass der MDK, der Medizinische Dienst der Krankenversicherung, sich von einer Einrichtung mit bedenklicher Nähe zu den Krankenkassen zu einem wirklich unabhängigen Institut für Prüfung, Qualitätssicherung und Kontrolle wandelt. Dieses

Institut muss dann eng mit den oben skizzierten kommunalen Pflegestellen zusammenarbeiten.

Von Unbezahlbarkeit kann nicht die Rede sein

Einer der hartnäckigsten Mythen im Zusammenhang mit der Altenhilfe ist die Vorstellung, die Kosten würden in den kommenden Jahren explosionsartig steigen und die Pflegeversicherung sei langfristig sowieso nicht bezahlbar. Mit der Realität hat das wenig zu tun.

Im Augenblick gibt die Versicherung mit 17 Milliarden Euro pro Jahr nur unwesentlich mehr aus, als der Staat durch die Tabaksteuer (inklusive Mehrwertsteuer) einnimmt.

Richtig ist, dass diese Ausgaben steigen werden, wenn die geburtenstarken 1960er-Jahrgänge ins Pflegealter kommen, also um das Jahr 2030. Gleichzeitig gibt es dann auch deutlich weniger Berufstätige – sprich Beitragszahler – als heute.

Von Unbezahlbarkeit kann aber nicht die Rede sein, zumal unser Gemeinwesen durch demographische Veränderungen auch sehr viel spart: Weniger Kinder bedeuten weniger Kindergärten, Schulen und Universitäten.

Wichtigster Untergangs-Prophet bei der Pflegeversicherung ist der Freiburger Finanzwissenschaftler Bernd Raffelhüschen. Im Zusammenhang mit der jüngsten Reform rechnete er vor, dass spätestens im Jahr 2045 Arbeitnehmer rund 7 Prozent ihres Einkommens für die Pflegeversicherung abführen müssten.[156]

Eine Sprecherin des Bundesgesundheitsministeriums sagte im Sommer 2007 dazu: »Die Langzeitprognose von Herrn Raffelhüschen wird diesmal ebensowenig zutreffend sein wie in der Vergangenheit. Es gibt keinen seriösen Experten, der uns bekannt ist, der bisher eine solche Prognose angestellt hätte.«[157]

Die ungewöhnliche Deutlichkeit dieser Replik hat möglicherweise einen pikanten Hintergrund: Bernd Raffelhüschen ist Mitglied im Aufsichtsrat der Ergo-Versicherungsgruppe sowie wissenschaftlicher Berater der Victoria Versicherung AG (Stand: August 2007). Er sieht sich deshalb immer wieder dem Vorwurf zu großer Nähe zur privaten Versicherungswirtschaft ausgesetzt.

Diese würde profitieren, sollten Raffelhüschens Vorschläge zur »Reform« der Pflegeversicherung Wirklichkeit werden. Der Professor in einem Interview: »Das derzeit umlagefinanzierte System muss zu einer steuerfinanzierten Minimalversorgung umgebaut werden. Nur finanziell Bedürftige bekommen künftig noch Geld. Mehr ist nicht drin. Gleichzeitig muss der Gesetzgeber von jedem Bürger verlangen, privat vorzusorgen.«[158]

Eine »steuerfinanzierte Minimalversorgung« gibt es in Deutschland aber bereits, es ist die Sozialhilfe. Wenn mehr »nicht drin« ist, dann läuft das Ganze de facto auf eine Abschaffung der Pflegeversicherung hinaus – auch wenn Raffelhüschen das so im erwähnten Interview nicht verlangt. Und wenn dann noch der Gesetzgeber die Privatvorsorge fördert, dann haben wir eine Situation, von der Versicherungsunternehmen nur träumen können ...

Keine Trennung von gesetzlicher und privater Versicherung

Dieses Modell macht sich die FDP zwar nicht komplett zu eigen, dennoch plädiert auch sie für ein privat finanziertes Modell, um Arbeitnehmer und vor allem die Wirtschaft – Stichwort Lohnnebenkosten – vor ausufernden Belastungen zu bewahren.

Ob damit die Pflegeversicherung automatisch und dauerhaft zukunftssicher zu machen ist, darf allerdings bezweifelt werden. Das System privat zu finanzieren, bedeutet einfach gesagt, dass jeder für sich selber sorgt und nicht für andere. Geld wird also gewinnbringend angelegt, um in vielen Jahren damit die eigene Pflege zu bezahlen. Doch auch dieses Geld wächst nicht aus dem Boden, es will verdient werden, entweder von Arbeitnehmern oder von Unternehmen. Zudem ist jede Geldanlage den normalen Risiken der Finanzmärkte ausgesetzt. Jetzt in die Privatisierung – sprich Kapitaldeckung – einzusteigen, bedeutet außerdem, dass unzählige Menschen mittleren Alters jahrelang in beide Systeme einzahlen müssen. In das private, um für sich vorzubeugen, und in das öffentliche, damit die jetzt Pflegebedürftigen etwas bekommen können.

Die fairste Lösung zur Finanzierung der Pflege wäre eine so genannte Bürgerversicherung, ein Umlagesystem, in das jeder einzahlt, egal, ob angestellt, selbstständig oder beamtet. Außerdem sind mit diesem Modell die Zukunftsrisiken für alle am leichtesten zu schultern.

Die aktuelle Trennung zwischen gesetzlicher und privater Versicherung sorgt bei der Pflege für eine besonders drastische Ungleichbehandlung: Anders als bei anderen Sozialkassen bekommen hier viele Menschen hohe Leistungen, die selber fast nichts in die Kasse eingezahlt haben. Das System lässt kein anderes Vorgehen zu; wir können einem alten Menschen, der jetzt pflegebedürftig ist, nicht sagen: »Zahlen Sie erst einmal etwas ein, dann bekommen Sie auch Hilfe.« Die Pflegeversicherung leistet de facto – ähnlich wie die Sozialämter – Hilfe für Bedürftige. Warum aber sollten für diese Hilfe in erster Linie abhängig Beschäftigte und Rentner bezahlen?

Und in der Pflegeversicherung, wie sie jetzt ist, gibt es noch eine andere Gerechtigkeitslücke, die wir schließen sollten: Oft profitieren von ihren Leistungen Menschen, denen das Geld nicht zusteht, weil sie gar nicht pflegebedürftig sind, und die es auch nicht brauchen.

Gemeint sind die Erben des Pflegebedürftigen. Natürlich ist es richtig, dass bei einer Versicherung jeder Anspruch auf Leistungen hat, der Beiträge bezahlt. Egal, ob er arm ist oder reich. Die Folge ist nur, dass durch das Geld der Pflegekasse der Empfänger seine Ersparnisse schont. Es ist also am Ende mehr übrig, um es den Kindern zu vererben, somit profitieren de facto die Falschen.

Die beiden Kasseler Professoren Andreas Hänlein und Jochen Michaelis haben einen interessanten Vorschlag gemacht, um dieses Dilemma aufzulösen: Ist ein entsprechendes Erbe vorhanden, dann bezahlt die Pflegekasse nur eine Zeitlang, beispielsweise drei Jahre. Danach müsste die Familie eigene Mittel einsetzen.[159] Mit Hilfe dieser Idee ließe sich auch das Prinzip »ambulant vor stationär« fördern, indem die Pflegeversicherung sagt: »Wer zu Hause pflegt, dem bleibt der Rückgriff auf das Erbe erspart«.

Geeignete Heimträger sind die Städte

Pflegeheime brauchen Pflegebedürftige. Menschen, denen es deutlich und auf Dauer zu schlecht geht, um alleine zurechtzukommen, und zu gut, um sofort zu sterben. Ausschließliche Gewinnorientierung von Heimen fördert Gewalt gegen alte Menschen, weil man ihnen nicht gleichzeitig einen möglichst schönen Lebensabend schenken und möglichst viel an ihnen verdienen kann.

Für eine integrierte Versorgung nach dem Prinzip »ambulant vor stationär« werden sich nur Heime konsequent einsetzen, die sozialpolitische Aufgaben und Ziele über Gewinnmaximierung stellen. Geeignete Träger sind die Städte. Die letzten Einrichtungen, die noch in ihren Händen sind, auch zu privatisieren, wäre deshalb ein großer Fehler. Wie es überhaupt Unsinn ist, Altenpflege denselben privatwirtschaftlichen Regeln zu unterwerfen, wie sie für die Reinigung von Büroräumen gelten. Dass wir den Umgang mit unseren Alten unbedingt messbar, kalkulierbar und rationalisierbar machen wollten, ist eine Ursache für »Die Pflege-Schande!« in den Heimen, welche die BILD-Zeitung noch am 31. August 2007 in fünf Zentimeter großen Lettern beklagte.

Vernachlässigung und Misshandlungen passieren sowohl in privaten Heimen als auch in Einrichtungen der Wohlfahrtsverbände oder der Kommunen. Das Problem an den Privaten ist nur, dass sie das Land zupflastern mit immer neuen Einrichtungen und so folgenschwere Fakten schaffen.

Die Politik muss das endlich erkennen und gegensteuern. Der Schlüssel dazu ist die Pflegeversicherung: Zahlt sie weniger für die Heimunterbringung, landen weniger Menschen in stationären Einrichtungen. Auch weil dann die Kommunen über die Sozialhilfe mehr bezahlen müssen. Das zwingt die Städte, mehr ambulante Alternativen zu entwickeln und konsequent umzusetzen.

Am Schluss bleibt eine Frage: Warum eigentlich gibt es in Deutschland zwar Aktiengesellschaften, die Pflegeheimketten betreiben, aber keine großen Kindergarten- und Krippenkonzerne? Warum gibt es keine börsennotierten Unternehmen, die mit einer effizienten und kostengünstigen Abwicklung von Kinderbetreuung ihr Geld verdienen?

Ausblick: Dänemark, du hast es besser!

Eindrücke aus einer anderen (Pflege-)Welt

Die Gemeinde Broager im Südosten Dänemarks liegt auf einer Halbinsel in der Flensburger Förde, die hier die Grenze zum Nachbarn bildet. Ein geübter Schwimmer könnte es leicht hinüberschaffen nach Deutschland, und nicht nur geographisch sind sich beide Länder sehr nah. Eine fühlbare Grenze mit Uniformierten und Kontrollen gibt es nicht, irgendwann sehen einfach nur die Straßenschilder anders aus. Südschleswig und Nordschleswig, wie die Gegenden diesseits und jenseits der unsichtbaren Grenze heißen, arbeiten in vielfältiger Weise zusammen. Und die Bäckerin in Broager akzeptiert natürlich Euros, wenn der Kunde keine Dänischen Kronen in der Tasche hat. Ein bisschen Deutsch spricht sie auch, wie fast jeder hier.

Rote Häuser, endloser Himmel, das für den Norden so typische Licht, die weite, nur hier und da leicht gewellte Landschaft: All das sieht ein paar Kilometer südlich nicht anders aus. Und doch liegen zwischen beiden Ländern Welten ...

Seit 1987 wurde kein konventionelles Heim mehr gebaut

Die modernen, hellbraunen Bungalows mit großen Fenstern sind zu Fuß nur ein paar Minuten von Broagers Ortsmitte entfernt. Sie bilden ein Viereck, breite, gepflasterte Wege durchschneiden die weite Rasenfläche zwischen ihnen. Es gibt niedrige Hecken und ein paar kleine Bäume.

An den Ecken des Vierecks liegen große Aufenthaltsräume mit offenen Küchen. In einem davon sitzen sechs alte Menschen an einem langen Tisch beim Essen, zwischen ihnen drei jüngere Frauen. Von Hektik ist hier nichts zu spüren. Eine Mitarbeiterin hat ihre etwa dreijährige Tochter mitgebracht, die vor einem großen Aquarium steht und mit ausgestrecktem Finger auf einen leuchtend roten Fisch zeigt.

Die alten Menschen hier leben in Pflegewohnungen; sie sind in Dänemark Standard für alle, die nicht mehr alleine zu Hause zurechtkommen. Broager mit seinen 6300 Einwohnern hat 43, vier davon sind für Gäste von außerhalb und Kurzzeitbewohner reserviert. Jede Wohnung besteht aus ein bis zwei Zimmern mit Bad. Eingerichtet sind sie ganz unterschiedlich, weil jede(r) seine eigenen Möbel mitbringt. Konventionelle Heime wie in Deutschland gibt es in Dänemark fast gar nicht mehr. Seit 1987 wurde kein einziges gebaut, und Doppelzimmer sind in denen, die noch bestehen, unbekannt.

Vermieter ist eine Wohnungsbaugesellschaft, allerdings bestimmt die Kommune, wer einzieht. Jede Pflegewohnung kostet 560 Euro im Monat plus 420 Euro für den Service. Der Personalschlüssel ist großzügig, rechnerisch kommt auf jeden Bewohner ein Mitarbeiter.

Im ambulanten Bereich betreuen 50 Kräfte in Broager 150 Menschen. Koordiniert wird alles – häusliche Versorgung und Wohnungen – vom städtischen Pflegezentrum. Und die Kommune kommt auch finanziell für alle Leistungen auf, die notwendig sind beziehungsweise, die die Pflegebedürftigen nicht selber bezahlen können. Dafür gibt es Zuschüsse vom Staat und aus der Krankenkasse.

Vorbeugung und Rehabilitation sind erklärte Ziele

Entscheidend ist aber, dass in Dänemark so ziemlich alles, auch die Krankenversicherung, aus Steuermitteln finanziert wird. Abgrenzungsprobleme, das Hin- und Herschieben von Kosten zwischen Sozialhilfe-, Krankenkassen- und Pflegeetats, kurz der ganze sündteure, für die Betroffenen schädliche Wahnsinn der Altenhilfe in Deutschland, fällt deshalb bei unseren Nachbarn im Norden weg.

Mehr noch: Ein erklärtes Ziel der großen Verwaltungsreform, die zum 1. Januar 2007 in Kraft trat, ist es, die verschiedenen Aufgaben noch enger miteinander zu verzahnen. Für die Altenpflege waren die Kommunen schon immer zuständig, seit Beginn des vergangenen Jahres spielen sie darüber hinaus die zentrale Rolle für die gesamte Gesundheitsversorgung der Bürger.

Vorbeugung und Rehabilitation stehen ausdrücklich im Vordergrund, wobei jede Leistung »in enger Zusammenarbeit mit ihrem Empfänger« erfolgen muss, wie die dänische Regierung in einem Papier über die Aufgaben der Kommunen schreibt.[160] Und: »Die Unterstützung sollte darauf abzielen, die Menschen zu aktivieren. Ihr wichtigstes Ziel ist es, die Betroffenen in die Lage zu versetzen, alleine zurechtzukommen, oder, wenn das nicht möglich ist, sie zumindest an möglichst vielen Aufgaben aktiv zu beteiligen.«[161] Dieses Prinzip gilt sogar für Menschen mit Demenz. »Wir hatten einen Abschnitt des Hauses für Demenzkranke reserviert, dort gab es auch mehr Betreuung als für die übrigen Bewohner«, erzählt Lis Falkenhagen. »Dann stellten wir aber fest, dass die Menschen dadurch sehr passiv wurden, deshalb gibt es diese speziellen Bereiche jetzt nicht mehr.«[162]

Falkenhagen leitet das Pflegezentrum von Broager mit seinen 110 Mitarbeitern, hier laufen alle Fäden für Betreuung und Hilfe zusammen. Auch der ambulante Pflegedienst ist kommunal, wobei sich in anderen Gemeinden Dänemarks auf diesem Gebiet schon private Unternehmen etabliert haben. Nur: Die Kontrolle bleibt immer in den Händen der städtischen Pflegezentren, die dadurch sicherstellen, dass sämtliche Maßnahmen dem Ziel dienen, die Bürger gesünder, fitter und selbstständiger zu machen und nicht hilfloser und pflegebedürftiger.

Lis Falkenhagen ist davon überzeugt, dass dieser Grundsatz besser ist für den Einzelnen und zudem deutlich billiger für die Gemeinschaft der Steuerzahler, die das alles finanziert: »Es zahlt sich aus, die jungen Alten gesundheitsmäßig besser zu versorgen. Dann brauchen sie später nicht so viele teure Leistungen.«[163]

Hinzu kommt: Jeder Krankenhausaufenthalt wird teilweise aus dem kommunalen Etat bezahlt, die dänischen Städte haben also auch ein ökonomisches Interesse an der Gesundheit ihrer Bürger. –

Dänemark fehlen Arbeitskräfte

Das gelobte Land also, mit einem Sozialsystem ohne Fehler? Natürlich nicht wirklich. Fast nirgendwo sonst auf der Welt zahlen die Bürger so hohe Steuern und Abgaben wie in Dänemark. Der Mehrwertsteuersatz beträgt 25 Prozent (Deutschland: 19 Prozent), und er ist anders als bei uns auch für Bücher und Lebensmittel in voller Höhe zu bezahlen.[164] Arm werden die Dänen dadurch nicht; ihr Land gehört zu den wohlhabendsten der Erde, mit einer Wirtschaftsleistung pro Kopf, die deutlich höher ist als die der Deutschen.

Massenarbeitslosigkeit kennt man zwischen Nord- und Ostsee schon lange nicht mehr. Stattdessen leiden die meisten Branchen unter einem »Rekrutierungsproblem«, wie die Dänen sagen: Es herrscht Arbeitskräftemangel.

Den Gesundheitsbereich trifft das besonders hart. Ärzte sind schon lange knapp, und auch die Altenpflege bleibt nicht verschont. Lis Falkenhagen, die Leiterin des Pflegezentrums von Broager, weiß, dass sie zukünftig mehr als bisher wird bezahlen müssen, um Mitarbeiter zu bekommen.

Das müssen nicht unbedingt Dänen sein. Falkenhagen: »Wir haben eine Projektgruppe für die Suche nach Bewerbern gegründet und arbeiten dabei auch intensiv mit Deutschland zusammen.«

Hoffentlich nicht zu intensiv. Schließlich wird der große Nachbar im Süden seine Pflegekräfte in Zukunft selber dringend brauchen …

Nachwort

Sämtliche in diesem Buch geschilderten Fälle und persönlichen Geschichten beruhen auf Tatsachen. Sie sind – wie beschrieben – von den handelnden Personen mitgeteilt worden.

In einzelnen Fällen war es allerdings notwendig, zu ihrem Schutz nicht nur Namen oder Orte, sondern auch biographische Details zu verändern. Sinn und Ziel dieses Vorgehens war es, eine Erkennbarkeit der Handelnden für Außenstehende in jedem Fall zu vermeiden.

Abbitte leisten möchte ich an dieser Stelle bei all jenen, die in der Pflege arbeiten und sich durch Inhalte dieses Buches angegriffen fühlen. Es war und ist nie meine Absicht gewesen, die Leistungen von Pflegerinnen und Pflegern oder von pflegenden Angehörigen zu diskreditieren. Wer Pflegebedürftige abfertigt, tut das – von unrühmlichen Ausnahmen abgesehen – nur, weil ein menschenunwürdiges System ihn oder sie dazu zwingt.

Unter Zeitdruck und überbordender Bürokratie leidet das Pflegepersonal mindestens so sehr wie die Gepflegten. Auch deshalb sollten wir die geschilderten Missstände unbedingt abstellen. Denn Menschen, die bereit sind, in der Pflege zu arbeiten, werden wir in den kommenden Jahren mehr denn je benötigen.

Christoph Lixenfeld, im April 2009

Danksagung

Zunächst möchte ich all jenen danken, die bereit waren, mir ihre Geschichte zu erzählen oder mich mit Hintergrundinformationen zu versorgen, die aber namentlich – aus unterschiedlichen Gründen – nicht in diesem Buch auftauchen wollen oder dürfen.

Ich habe insgesamt sehr viel Unterstützung erfahren. Menschen, die mich bis dahin nicht kannten, waren spontan bereit, sich mit mir zu treffen, boten mir alle nur erdenkliche Hilfe an.

Mein besonderer Dank gilt den folgenden Personen (in alphabetischer Reihenfolge):
Bernd Anders, Kirsten Arthecker, Prof. Dr. Johannes Baltzer, Martin Behmenburg, Robert Bongen, Theresia Brechmann, Dr. Gerhard Dahlhoff, Dr. Joachim Drescher, Peter Dürrmann, Klaus Dultz, Lis Falkenhagen, Prof. Dr. Volker Großkopf, Gudrun Hirche, Jürgen Höpfner, Dr. Heinz Michael Horst, Katharina Jakob (†), Ruth Jakob, Dr. Brigitte Jammer, Karl Jung (†), Prof. Dr. Thomas Klie, Frank Lehmann, Prof. Dr. Jochen Michaelis, Dr. Elke Mohr, Inga Niermann, Anni Ohlerich, Gisela Ohlerich, Gertraud Pfeifer, Aurelia Römer-Kirchner, Norbert Schmelter, Prof. Dr. Friedrich Schneider, Dr. Katrin Schumacher, Prof. Dr. Michael Simon, Werner Stede, Kirsten Thöne, Klaus Thoer, Dr. Ingo Uhlig, Hans Zakel.

Außerdem:

Simon Wenz, Doris Wenz und der gesamten Familie für ihre Offenheit und ihr Vertrauen.

Christine und Lothar Uhlig für ihre unkomplizierte und gar nicht selbstverständliche Gastfreundschaft.

Erika Weidhaas für ihre hervorragende vogtländische Küche.

Gudrun Jänisch und dem Team vom Econ Verlag sowie Katrin Mackowiak für ihre geduldige und genaue Arbeit am Manuskript.

Heike Wilhelmi, ohne die das Buch nicht entstanden wäre.

Und Magdalena Lixenfeld, meiner Mutter, für ihre effiziente Recherche.

Christoph Lixenfeld

Anhang

Aktuelle Rechtslage für die Beschäftigung von Osteuropäerinnen in der häuslichen Pflege (Stand: März 2009)

Viele Vermittler von Pflegekräften werben auf ihrer Internetseite damit, ihr Geschäftsmodell – und nur ihres – sei hundertprozentig legal. Doch die juristischen Abgrenzungen bereiten »den Straf-, Arbeits- und Sozialgerichten erhebliche Schwierigkeiten«, wie ein Richter einmal in einer Entscheidung zum Thema schrieb. Und wenn es schon die Richter nicht so genau wissen, wie können sich dann die Vermittler ihrer Sache so sicher sein?

Gerichtsfest und garantiert, das heißt offiziell abgesegnet, legal ist nur die Vermittlung von »Haushaltshilfen« über die Arbeitsagenturen. Was aber nicht bedeutet, dass andere Lösungen notwendigerweise illegal sind …

Das »Entsendegesetz«

Im Wesentlichen gibt es – abgesehen vom Arbeitsagentur-Modell – drei Konstruktionen, wie Pflegekräfte aus Osteuropa in deutsche Familien vermittelt werden.

Erstens: Die betreffende Person ist in ihrem Heimatland – beispielsweise Polen – bei einem Unternehmen angestellt, zahlt dort ihre Sozialabgaben und Steuern. Dieses Unternehmen entsendet sie dann nach Deutschland, wo die Frauen eine »grenzüberschreitende Dienstleistung« erbringen.

Der deutsche Vermittler besorgt die Aufträge und managt das ganze Geschäft.

Um Angestellte nach Deutschland entsenden zu dürfen, müssen osteuropäische Firmen eine Reihe von Bedingungen erfüllen, die in einem entsprechenden »Handbuch« des Bundesfinanzministeriums aufgelistet sind (in Auszügen):

- »Die Erzielung von 25 % des Gesamtumsatzes im Entsendestaat reicht ... grundsätzlich aus. Bei Erzielung eines Anteils von unter 25 % des Umsatzes im Entsendestaat erfolgt eine Einzelfallprüfung.«
- »Tatsächliche Geschäftstätigkeit im Entsendestaat in der Regel seit mindestens vier Monaten.«
- »Das Dienstleistungsunternehmen muss mit der Wirtschaft seines Herkunftslandes verbunden bleiben. Die ausschließliche Erbringung von Dienstleistungen in einem anderen Mitgliedstaat darf nicht Unternehmenszweck sein.«
- »Briefkastenfirmen«, d. h. Firmen, die an ihrem (angeblichen) Sitzort im Entsendestaat keine unternehmerische Tätigkeit erbringen und bei denen es sich beispielsweise lediglich um Anwerbebüros handelt, können keine grenzüberschreitenden Dienstleistungen erbringen und deshalb auch keine Arbeitnehmer entsenden.«
- »Befristung der Entsendung: In der Regel nicht länger als 12 Monate, ggf. Verlängerung um weitere 12 Monate.«
- »Keine Ablösung eines Arbeitnehmers, dessen Entsendezeit abgelaufen ist.«[165]

Die E-101-Bescheinigung – Ein kleines Formular wirkt Wunder

Was mit »in der Regel« genau gemeint ist, bleibt unklar, und das ist nicht die einzige Ungereimtheit dieser juristischen Konstruktion: Damit eine »Entsendung« im Sinne der Bestimmungen vorliegt, darf die Familie ihrer Pflegekraft keinerlei Anweisungen geben; dazu ist nur deren Arbeitgeber im Heimatland berechtigt. Sich an diese Regel zu halten, ist natürlich unmöglich; die Hilfskraft wird kaum zu Hause anrufen, um zu erfragen, was sie – tausend Kilometer entfernt – am nächsten Tag genau tun soll ...

Und genau aus diesem Grund ist es zumindest gewagt, die Entsendekonstruktion als legal zu bezeichnen, findet Heinz Michael Horst von der Finanzkontrolle Schwarzarbeit in Köln, die für solche Fälle zuständig ist. »Wenn Personen der Familie, bei der die Betreffende arbeitet, ihr die Arbeitsanweisungen erteilen, ist dies ein erstes Indiz dafür, dass diese Personen faktisch Arbeitgeber der Haushaltshilfe sind.«[166]

Der nächste Fallstrick: Die Sache kollidiert mit dem Steuerrecht. Wer mehr als 183 Tage pro Jahr in Deutschland arbeitet, muss hier Steuern bezahlen, und das wollen die entsendenden Firmen um jeden Preis vermeiden. Also tauschen ihre deutschen Vermittler – auch wenn sie ihren Kunden anderes versprechen – die Pflegekräfte ständig aus, damit keine von ihnen pro Jahr mehr als 183 Tage in Deutschland ist.

Zum Glück müssen Pflegebedürftige nicht im Detail kontrollieren, ob und in welchem Maße sich Entsendefirma und Vermittler an die Regeln halten – sie könnten es ohnehin nicht.

Alles, was zählt, um Ärger zu vermeiden, ist die so genannte E-101-Bescheinigung. Hilfskräfte aus Osteuropa, die diesen Wisch vorzeigen, beweisen damit, dass sie in ihrem Heimatland sozialversichert sind. Die deutschen Sozialversicherungsvorschriften dürfen dann nicht mehr angewandt, die Familie also nicht wegen illegaler Beschäftigung belangt werden. Das gilt sogar dann, wenn die E-101-Bescheinigung durch Manipulation oder Täuschung erschlichen wurde, wie der Bundesgerichtshof in einem Aufsehen erregenden Urteil festgestellt hat.[167]

Wer bezahlt, wenn die Pflegekraft krank wird?

Das zweite Konstrukt: Die Vermittlung von Menschen, die in Osteuropa als Einzelunternehmer(innen) selbstständig sind und als solche auch in Deutschland Aufträge ausführen dürfen. Allerdings trifft sie häufig der Vorwurf der Scheinselbstständigkeit: Ermittlungsrichter und Staatsanwaltschaften gehen hier gerne davon aus, dass die Pflegerin nur einen Auftraggeber hat – die Familie, bei der sie wohnt – und folglich keine »echte« Unternehmerin ist, die ihre Leistungen frei auf dem Markt anbietet. Sondern de jure eine Angestellte, für die die betreffende Familie Lohnsteuer und Sozialabgaben zu zahlen hätte.

Johannes Baltzer, Rechtsanwalt und ehemaliger Vorsitzender Richter am Bundessozialgericht, hält die meisten Begründungen für eine angeblich vorliegende Scheinselbstständigkeit allerdings für wenig stichhaltig. Und das gilt auch für das Argument, die osteuropäischen Kräfte hätten nur einen Auftraggeber. »Wenn ein Autozulieferer 100 Prozent seiner Produkte an einen einzigen Kunden liefert, dann würde doch auch niemand behaupten, es handele sich hier gar nicht um ein eigenständiges Unternehmen«, so Baltzer. »Das am ehesten überzeugende Kriterium für eine echte Selbstständigkeit ist für mich die Frage, ob jemand das wirtschaftliche Risiko seiner Tätigkeit tragen muss oder nicht. Und dieses Risiko tragen die Kräfte aus Osteuropa, um die es hier geht, ganz eindeutig.«[168]

Außerdem weist Johannes Baltzer darauf hin, dass unser Sozialversicherungsrecht gar nicht klar definiert, was ein Beschäftigungsverhältnis ist, und dass die juristische Abgrenzung zwischen »nichtselbstständiger Arbeit« und »selbstständiger Tätigkeit« auch deshalb schwerfällt.[169]

Das Wichtigste aber ist: Auch hier hilft das »Wundermittel« aus der Klemme. In einigen osteuropäischen Ländern – zum Beispiel in Polen – zahlen auch Selbstständige in die gesetzliche Sozialversicherung ein – und können deshalb die E-101-Bescheinigung bekommen. Ärger haben Pflegebedürftige also nicht zu erwarten – jedenfalls nicht von Seiten des Zolls, der für die Verfolgung von Schwarzarbeit zuständig ist.

Was aber passiert – und darüber sollten sich Pflegebedürftige und ihre Familien unbedingt Gedanken machen –, wenn ihre osteuropäische Hilfe krank wird und sich dabei herausstellt, dass das E-101-Papier gefälscht und die Betreffende gar nicht versichert war? Wer bezahlt bei einem Unfall? Den tatsächlichen Status dieser Selbstständigen kann der Pflegebedürftige kaum kontrollieren, und der Vermittler will es in der Regel nicht.

Deutlich empfehlenswerter ist deshalb Variante drei: Familien beauftragen eine Helferin, die sowohl in Deutschland als Selbstständige angemeldet ist als auch in ihrer Heimat. Die sowohl das schützende E-101-Formular als auch eine deutsche Kranken- und Unfallversicherung hat.

Razzien sind sehr selten

Das Skizzierte heißt mitnichten, dass sich die deutschen Behörden kampflos einem kleinen, tückischen Formular geschlagen geben wollen: Im März 2005 wurde die »Task Force zur Bekämpfung des Missbrauchs der Dienstleistungs- und Niederlassungsfreiheit« gegründet. Sie soll den »Partnerschaftlichen Dialog mit den neuen (EU-)Mitgliedstaaten« fördern und für eine »Kritische Überprüfung und Änderung bestehender Rechtsvorschriften« sorgen, wie ein Tätigkeitsbericht der Task Force vom Oktober 2006 die Aufgaben beschreibt.[170] Die Task Force beschäftigt sich nicht vorrangig mit dem Pflegebereich, schließlich gilt in anderen Branchen – etwa der Bauwirtschaft – das Ausmaß der illegalen Beschäftigung als weitaus größer. Außerdem ist die

Fahndung bei der Pflege besonders schwierig: Privatwohnungen sind ein geschützter Bereich, in dem Kontrollen nur mit richterlichem Beschluss und großem Aufwand möglich sind. Genau aus diesem Grund dürfte die Strategie gegen vielleicht legale Beschäftigung in der heimischen Pflege vorgezeichnet sein. Die Familien kann oder will man nicht belangen. Dadurch aber, dass über vielen Konstruktionen das Damoklesschwert der möglichen Illegalität hängt, wird den Vermittlern das Wasser abgegraben.

Wenn aber die Politik und die von ihr beauftragten Zollbehörden Wege zu einer legalen 24-Stunden-Betreuung verbauen, dann fördert sie damit genau das, was sie offiziell verhindern soll: die steuerhinterziehende Schwarzarbeit. Zumal hierbei denjenigen, die die Sache schlau angehen, wenig passieren kann. Natürlich drohen theoretisch Strafen und die Nachzahlung von Steuern und Sozialabgaben. Praktisch können Familien bei einer Razzia aber behaupten, die angetroffene Osteuropäerin sei gestern angekommen. Das Gegenteil lässt sich bei einer der seltenen Razzien schwer beweisen, wenn es nichts Schriftliches gibt, weder Unterlagen noch Quittungen. Die Verfahren werden dann in der Regel eingestellt.

Gänzlich illegal jemanden zu beschäftigen, ist allerdings auch dann gefährlich, wenn sich der Staatsanwalt niemals blicken lässt: Verunglückt eine unangemeldete, unversicherte Kraft im Haushalt des Pflegebedürftigen, können die rechtlichen und finanziellen Folgen für die Familie gravierend sein. Auch deshalb sind die skizzierten Wege, eine Pflegekraft offiziell zu engagieren, eher angeraten.

Darüber hinaus sollten Familien unter den vielen Vermittlern einen auswählen, der

- seine Kalkulation offen legt. Es muss klar erkennbar sein, wie viel von der Gesamtsumme die Hilfskraft bekommt

und wie viel der Vermittler. Bei Unternehmen, die mit den Zahlen hinter dem Berg halten, ist Vorsicht geboten.
- für eine Unfallversicherung sorgt oder zumindest einen Weg aufzeigt, eine solche Versicherung abzuschließen. Schließlich können Menschen beim Fensterputzen von der Leiter fallen oder auf einem glatten Badezimmerboden ausrutschen.
- eine Art Probezeit akzeptiert und sich erst an deren Ende die volle Vermittlungsgebühr auszahlen lässt.

Es gibt keine Vorschrift, nach der nur Ausgebildete pflegen dürfen

In der Abwägung zwischen entsendet angestellten und einfach beziehungsweise doppelt selbstständigen Kräften halte ich die Lösung der doppelten Selbstständigkeit – in Deutschland und im Heimatland – für die beste und zudem für die »legalste« (wobei dieses Wort eigentlich unsinnig ist).

Das Modell der Nur-in-der-Heimat-Selbstständigen kann für die Familie riskant sein.

Und die Lösung der entsendeten Angestellten hat allein schon den Nachteil, dass hieran nicht zwei Parteien – Hilfskraft und Vermittler – verdienen wollen, sondern drei. Denn es gibt ja auch noch ein entsendendes Unternehmen. Deshalb muss diese Lösung entweder für die Familien teurer sein oder die Pflegerinnen bekommen weniger oder beides.

Außerdem fällt bei der Vermittlung einer »Entsendeten« meist eine vergleichsweise hohe Einmalgebühr an, die den Einsatz verteuert, wenn er bereits nach zwei Monaten wieder beendet ist.

Das Geschäft mit den Privaten boomt auch deshalb, weil die – offiziell legale – Arbeitsagentur-Lösung unflexibel und extrem bürokratisch ist und sie deshalb nur sehr wenige Menschen in Anspruch nehmen. Außerdem schreiben die

Ämter den Kräften Arbeitszeiten und die Art der Tätigkeit genau vor. Haushaltshilfe ist erlaubt, Pflege nicht. Ein trennscharfe Unterscheidung ist allerdings gar nicht möglich, und das bedeutet, dass sich die Arbeitsamts-Lösung in der Praxis am Rande der Legalität bewegt. Ihr Status als Haushaltshilfen verbietet es den Frauen aus Osteuropa zu pflegen. Die Frage ist allerdings: Auf welche Rechtsgrundlage stützt sich dieses Verbot? Eine Vorschrift oder ein Gesetz, nach dem nur ausgebildete Kräfte alte Menschen pflegen dürfen, gibt es in Deutschland nicht.

Adressen

Anbieter einer Rund-um-die-Uhr-Betreuung zu Hause
(Auswahl, der keine qualitative Bewertung zugrunde liegt.)

Ambulanter Kranken- und Altenpflegedienst Medicor
Inhaber: Roman Wolf
Staatsstraße 4
67480 Edenkoben
Tel.: 063 23-98 90 06 / Fax: 063 23-98 90 08
E-Mail: kontakt@medicorhome.eu
www.akad-pflege.de/

GKT-SERWIS Sp.zo. o.
Vermittlungs- und Beratungsagentur
Ul. 1 Maja 7
47–100 Strzelce Opolskie, Polen
Tel. aus Deutschland:
0180 5-77 44 33 (24 h erreichbar 0,14 €/min)
E-Mail: wtigges@weti.de
www.haushaltshilfen-polen.de/

Die Hausengel
Büroservice- Beratungs- und Vermittlungs-GmbH
Geschäftsführer: Simon Wenz
Heskemerstraße 35
35085 Ebsdorfergrund-Heskem
Tel.: 06424-92 83 70 / Fax: 064 24/9 28 37 70
E-Mail: info@hausengel-online.de
www.hausengel-online.de

Helfende Hand GmbH
Ambulanter Pflege- und Betreuungsdienst
Geschäftsführerin: Renate Lengyel
Fachkrankenschwester für ambulante Pflege
Am Storrenacker 1 a
76139 Karlsruhe
Tel.: 0721-68 18 82 / Fax: 0721-9 68 49 02
E-Mail: Helfende_Hand@web.de
www.helfende-hand-gmbh.de

Humanis GmbH
Mozartstraße 1
76133 Karlsruhe
Tel.: 0721-271 11 / Fax: 0721-244 03
E-Mail: humanis@hmnet.de
www.humanis-gmbh.de

Pflegeagentur 24 GmbH
Dumberger Straße 16
45289 Essen
Tel.: 0201-436 00 10 / Fax: 0201-478 71 47
E-Mail: info@pflegeagentur24.de
www.pflegeagentur24.de

Pflege-Institut.de
Inhaberin: Dorota Weindl
Südallee 65
94060 Pocking
Tel.: 08531-91 05 64 / Fax: 08531-91 05 68
E-Mail: info@pflege-institut.de
www.pflege-institut.de

Seniocare24 e. K.
Inhaber: R. Föry
Reisigstraße 54 a

76768 Berg
Tel.: 07273-899 74 25 / Fax: 07273-899 74 26
E-Mail: info@seniocare24.de
www.seniocare24.de

Verbände und Organisationen

Alzheimer Angehörigen-Initiative e. V.
Reinickendorfer Straße 61
13347 Berlin
Tel.: 030-47 37 89 95
www.alzheimerforum.de

Deutsche Alzheimer Gesellschaft e. V.
Selbsthilfe Demenz
Friedrichstraße 236
10969 Berlin
Tel.: 030-25 93 79 50
www.deutsche-alzheimer.de

Arbeiter-Samariter-Bund Deutschland e. V.
ASB-Bundesgeschäftsstelle
Sülzburgstraße 140
50937 Köln
Tel.: 0221-476 05-0 / Fax: 0221-476 05-288
www.asb.de

AWO Arbeiterwohlfahrt Bundesverband e. V.
Marie-Juchacz-Haus
Oppelner Straße 130
53119 Bonn (Hausanschrift)
Postfach 41 01 63
53023 Bonn (Postanschrift)
Tel.: 0228-66 85-0 / Fax: 0228-66 85-322 25

E-Mail: info@awo.org
www.awo.org

Bundesarbeitsgemeinschaft der Alten- und
Angehörigenberatungsstellen – BAGA e. V.
Lisa Berk
Berliner Platz 8
97080 Würzburg
Tel.: 0931-28 43 57
E-Mail: info@baga.de
www.baga.de

Bundesarbeitsgemeinschaft der Freien Wohlfahrtspflege
(BAGFW) e. V.
Oranienburger Straße 13–14
10178 Berlin
Tel.: 030-240 89-0 / Fax: 030-240 89-134
E-Mail: info@bag-wohlfahrt.de
www.bagfw.de

Bundesverband Ambulante Dienste
und Stationäre Einrichtungen (bad) e. V.
Krablerstraße136
45326 Essen
Tel.: 0201-35 40 01 / Fax: 0201-35 79 80
E-Mail: info@bad-ev.de
www.bad-ev.de

bpa – Bundesverband privater Anbieter
sozialer Dienste e. V., Bundesgeschäftsstelle
Friedrichstraße 148
10117 Berlin
Tel.: 030-30 87 88-60 / Fax: 030-30 87 88-89
E-Mail: bund@bpa.de
www.bpa.de

Deutscher Paritätischer Wohlfahrtsverband e. V.
Oranienburger Straße 13–14
10178 Berlin
Tel.: 030-246 36-0 / Fax: 030-246 36-110
www.paritaet.org

Deutsche Malteser gGmbH
Kalker Hauptstraße 22–24
51103 Köln
Tel.: 0221-98 22-01 / Fax: 0221-98 22-399
E-Mail: malteser@maltanet.de
www.malteser.de

Deutscher Caritasverband e. V.
Karlstraße 40
79104 Freiburg
Tel.: 0761-20 04 18
www.caritas.de

Deutsches Netzwerk für Qualitätsentwicklung
in der Pflege (DNQP)
Caprivistraße 30 a
49076 Osnabrück
Tel.: 0541 969-20 04 / Fax: 0541 969-29 71
E-Mail: dnqp@fh-osnabrueck.de
www.dnqp.de

Deutsches Rotes Kreuz e. V.
Carstennstraße 58
12205 Berlin
Tel.: 030-854 04-0
www.drk.de

Diakonisches Werk der Evangelischen Kirche in
Deutschland e. V.
Reichensteiner Weg 24
14195 Berlin-Dahlem
Tel.: 030-8 30 01-0 / Fax: 030-8 30 01-222
www.diakonie.de

Kuratorium Deutsche Altershilfe
Wilhelmine-Lübke-Stiftung e. V.
An der Pauluskirche 3
50677 Köln
Tel.: 0221-93 18 47-0
www.kda.de

Medizinischer Dienst der Spitzenverbände der
Krankenkassen e. V. (MDS)
Lützowstraße 53
45141 Essen
Tel.: 02 01-83 27-0 / Fax: 02 01-83 27-31 00
E-Mail: office@mds-ev.de
www.mds-ev.org

Sozialverband Deutschland e. V.
Stralauer Straße 63
10179 Berlin
Tel.: 030-72 62 22-0 / Fax: 030-72 62 22-311
E-Mail: contact@sozialverband.de
www.sovd.de

Volkssolidarität Bundesverband e. V.
Alte Schönhauser Straße 16
10119 Berlin
Tel.: 030-27 89 70 / Fax: 030-27 59 39 59
E-Mail: bundesverband@volkssolidaritaet.de
www.volkssolidaritaet.de

*Internetrecherche für die Suche nach
stationären Einrichtungen oder Pflegediensten*

www.altenheimadressen.de
www.haeusliche-pflege-adressen.de
www.pflegedienstsuche.info
www.pflege-partner.de
www.seniorplace.de

Selbsthilfe und Ehrenamt

Bundesarbeitsgemeinschaft der
Senioren-Organisationen BAGSO e. V.
Eifelstraße 9
53119 Bonn
Tel.: 0228-24 99 93-0
www.bagso.de

Bundesarbeitsgemeinschaft Selbsthilfe e. V.
Kirchfeldstraße 149
40215 Düsseldorf
Tel.: 0211-31 00 60
www.bag-selbsthilfe.de

Bundesarbeitsgemeinschaft Seniorenbüros e. V. (BaS)
Graurheindorfer Straße 79
53111 Bonn
Tel.: 0228-61 40 74
www.seniorenbueros.org

NAKOS
Nationale Kontakt- und Informationsstelle
Zur Anregung und Unterstützung von Selbsthilfegruppen
Wilmersdorfer Straße 39

10627 Berlin
Tel.: 030-31 01 89 60
www.nakos.de

Pflege-Selbsthilfeverband e. V.
Initiative für menschenwürdige Pflege
Adelheid von Stösser
Am Ginsterhahn 16
53562 St. Katharinen
Tel.: 02644-36 86 / Fax: 02644-804 40
E-Mail: info@pflege-shv.de
www.pflege-shv.de

*Organisationen, Beratungsstellen und Initiativen
zum Thema Wohnen im Alter*

Bielefelder Modell
Wohnprojektberatung e. V.
Huchzermeierstraße 7
33611 Bielefeld
Tel.: 05 21-8 01 63 23
www.wohnpro.org

Bundesarbeitsgemeinschaft »Demenz-WGs«
Freunde alter Menschen e. V.
Hornstraße 21
10963 Berlin
Tel.: 030-691 18 83
www.freunde-alter-menschen.de

Bundesarbeitsgemeinschaft Wohnungsanpassung e. V.
c/o Koordinierungsstelle rund ums Alter
Mühlenstraße 48
13187 Berlin

Tel.: 030-47 53 17 19 / Fax: 030-47 53 18 92
Ansprechpartner: Sabine Grabow
E-Mail: info@wohnungsanpassung.de

Community Care
Holsteinische Straße 30
12161 Berlin (Friedenau)
Tel.: 030-85 99 51-18 / Fax: 030-85 99 51-11
E-Mail: community-care@nachbarschaftsheim-schoeneberg.de
www.nachbarschaftsheim-schoeneberg.de

Institut für Neues Wohnen e. V.
Thomas Fürst
Willy-Brandt-Allee 31d
23554 Lübeck
Tel.: 0451-28 03 76 09
E-Mail: tf@inw-sh.de
www.inw-sh.de

In der Heimat wohnen
Ein Wohnprojekt der Caritas und der Joseph-Stiftung
Dr. Klemens Deinzer
Vorstand Joseph-Stiftung, Kirchliches Wohnungsunternehmen
Hans-Birkmayr-Straße 65
96050 Bamberg
Tel.: 0951-914 41 30
E-Mail: Klemens.Deinzer@Joseph-Stiftung.de
www.in-der-heimat.de

Miteinander Wohnen e. V.
Volkradstraße 8
10319 Berlin
Veit-Rainer Schmidt, Öffentlichkeitsarbeit

Tel.: 030-51 65 94 10
E-Mail: kontakt@miteinanderwohnen.de
www.miteinanderwohnen.de

Pflege LebensNah
Norbert Schmelter
Prinzenstraße 8
24768 Rendsburg
Tel.: 04331-338 94-0 / Fax: 04331-338 94-13
E-Mail: info@pln-netz.de
www.pflege-lebensnah.de

Selbstbestimmtes Wohnen im Alter
SWA e. V.
c/o Annette Schwarzenau
Grunewaldstraße 56
10825 Berlin
Tel.: 030-85 40 77 18 / Fax: 030-85 07 17 73
E-Mail: verein@swa-berlin.de
www.swa-berlin.de

Informationen zum Pflegebudget

Kontaktstelle für praxisorientierte Forschung e. V.
Bugginger Straße 38
79114 Freiburg
Prof. Dr. Thomas Klie
Tel.: 0761-47 81 26 38 / Fax: 0761-47 81 26 99
E-Mail: agp-efh@pflegebudget.de
www.pflegebudget.de

Anmerkungen

1 zitiert nach: Ärztezeitung, 24.8.2006
2 Quelle: Amt für Stadtentwicklung, Stadtforschung und Statistik der Stadt Mülheim an der Ruhr
3 s. o.
4 s. o.
5 Quelle: Institut für Arbeitsmarkt und Berufsforschung, IAB Kurzbericht Nr. 19, 28.10.2005, Seite 1
6 Quelle: Statistisches Bundesamt, Pressemitteilung Nr. 122 vom 17.3.2006
7 vergleiche dazu: Die deformierte Gesellschaft – die Entwicklung der Bevölkerung und ihre Auswirkungen auf Wirtschaft und Gesellschaft. Redemanuskript von Meinhard Miegel zum Vereinsmeeting des Industrieverein Sachsen am 23.3.2006.
8 Quelle: Sommerhof-Prospekt. Stand: Ende Mai 2007
9 Quelle: Webseite des Anbieters. Stand: 10. Oktober 2007
10 Quelle: Prospekt des Anbieters. Stand: Ende Mai 2007
11 Quelle: www.muelheim-ruhr.de
12 Quelle: www.sankt-engelbertus-stift.de/wohnpark.html
13 vergleiche dazu: Die deformierte Gesellschaft – die Entwicklung der Bevölkerung und ihre Auswirkungen auf Wirtschaft und Gesellschaft. Redemanuskript von Meinhard Miegel zum Vereinsmeeting des Industrieverein Sachsen am 23.3.2006.
14 Quelle: James W. Vaupel. Zitiert nach: Gesundheitsnachrichten 10/2006, Seite 5
15 Quelle: Amt für Stadtentwicklung, Stadtforschung und Statistik der Stadt Mülheim an der Ruhr
16 Quelle: James W. Vaupel. Zitiert nach: Gesundheitsnachrichten 10/2006, Seite 5
17 s. o.
18 vergleiche dazu: Die deformierte Gesellschaft – die Entwick-

lung der Bevölkerung und ihre Auswirkungen auf Wirtschaft und Gesellschaft. Redemanuskript von Meinhard Miegel zum Vereinsmeeting des Industrieverein Sachsen am 23.3.2006.

19 s.o.
20 s.o.
21 s.o.
22 Quelle: Statistisches Bundesamt, Pressemeldung vom 5.6.2007
23 siehe Anmerkung 18
24 zitiert nach: Gesundheitsnachrichten 10/2006, Seite 5
25 Quelle: Statistisches Bundesamt, Pressemitteilung Nr. 046 vom 1.2.2007
26 Quelle: Verbraucherzentrale Bundesverband, Pflege: Die fünfte Säule der Sozialversicherung – Daten, Fakten und Gesetzesgrundlagen, 19.5.2006
27 Quelle: Sachverständigenrat zur Begutachtung der gesamtwirtschaftlichen Entwicklung. Auszug aus dem Jahresgutachten 2004/05. Pflegeversicherung im Jahr 2004: Der Reformdruck wächst (Ziffern 340 bis 341), Seite 262
28 zitiert nach: www.wissenschaft.de, 11.6.2007
29 vergleiche dazu: Die deformierte Gesellschaft – die Entwicklung der Bevölkerung und ihre Auswirkungen auf Wirtschaft und Gesellschaft. Redemanuskript von Meinhard Miegel zum Vereinsmeeting des Industrieverein Sachsen am 23.3.2006.
30 Quelle: DAK-BGW Gesundheitsreport 2006. Arbeitsbedingungen und Gesundheit in ambulanten Pflegediensten.
31 Quelle: E-Mail an den Autor vom 6.10.2007
32 zitiert nach: Das Elend, alt zu werden. TV-Dokumentation von Dörte Schipper und Gregor Petersen, Redaktion: Werner Grave. NDR 2001
33 s. o.
34 Quelle: Reform zur nachhaltigen Weiterentwicklung der Pflegeversicherung. Referentenentwurf, Stand: 17. Juni 2007
35 s. o.
36 vergleiche dazu: Die wahre Unterschicht. Der Spiegel, 2.4.2007
37 s. o.
38 s. o.

39 Quelle: Michael Simon im Interview mit dem Autor
40 Quelle: Thomas Klie im Interview mit dem Autor
41 Quelle: Statistisches Bundesamt. Pflegestatistik 2005
42 Berechnung des Autors. Quelle für die Zahlen der privaten Pflegeversicherung: PKV – Verband der privaten Krankenversicherung e.V.
43 Von den Überschüssen werden Altersrückstellungen gebildet. Diesen Rückstellungen stehen Ansprüche der Versicherten gegenüber.
44 Quelle: Karl Jung im Interview mit dem Autor
45 zitiert nach: Ronald Richter: Neues Gesetz, neue Chancen. In: Altenheim 4/2007, Seite 21
46 s.o.
47 s.o.
48 zitiert nach: Frankfurter Rundschau, 28.6.2003, Seite 7
49 Quelle: BSG Urteil vom 22.7.2004 (Az: B 3 KR 5/03 R). Seit einer Gesetzesänderung im Zusammenhang mit der jüngsten Gesundheitsreform vom vergangenen Jahr kann das BSG-Urteil keine uneingeschränkte Geltung mehr beanspruchen.
50 zitiert nach: s.o.
51 Quelle: BSG Urteil vom 22.7.2004 (Az: B 3 KR 5/03 R)
52 s. o.
53 s. o.
54 zitiert nach: Ronald Richter: Neues Gesetz, neue Chancen. In: Altenheim 4/2007, Seite 21
55 s. o.
56 s. o.
57 Quelle: Reform zur nachhaltigen Weiterentwicklung der Pflegeversicherung. Referentenentwurf, Stand: 17. Juni 2007
58 Quelle: Sozialgericht Hannover, Urteil vom 10.3.2005 (Az: S 39 KN 33/04 KR)
59 Quelle: dpa. zitiert nach: Faz.net, 15.8.2006
60 s. o.
61 s. o.
62 zitiert nach: Süddeutsche Zeitung, 20.4.2007
63 Quelle: Dr. med. Mabuse – Zeitschrift für alle Gesundheitsberufe, Nr.162 – Juli/August 2006, Seite 8
64 Quelle: Gemeinsame Presseinformation des BKK Landesver-

bandes Bayern und der Kassenärztlichen Vereinigung Bayerns (KVB), 10.9.2007
65 Quelle: Gemeinsame Presseinformation des BKK Landesverbandes Bayern und der KVB, 20.4.2007
66 Quelle: dpa. Zitiert nach: mz-web.de, 3.9.2006
67 Quelle: Telefoninterview mit dem Autor vom 24.5.2007
68 Quelle: Pflegestatistik des Statistischen Bundesamtes, Zahlen beziehen sich auf Ende 2005.
69 Quelle: Verbraucherzentrale Bundesverband, Pflege: Die fünfte Säule der Sozialversicherung – Daten, Fakten und Gesetzesgrundlagen, 19.5.2006
70 siehe dazu auch: Teure Pflege. In: Frankfurter Allgemeine Zeitung, Nr. 186, 12.8.2006
71 Quelle: Statistisches Bundesamt
72 Quelle: Unternehmensangaben, Wikipedia
73 Quelle: Berechnung des Autors
74 zitiert nach: www.polixea-portal.de, 22.2.2007
75 Quelle: eigene Berechnung nach Unternehmensangaben, Stand: 13.10.2007
76 Quelle: Ulrich Marseilles laut Ankündigung zur Sendung Hart aber fair, WDR Fernsehen, 6.12.2006, siehe dazu auch www.wdr. de/tv/hartaberfair05/20061206/experten.phtml
77 siehe dazu auch: Marseille auf Aldis Pfaden. In: Boerse.ARD.de, 30.11.2006
78 Quelle: Studie von Deutsche Bank Research zu Pflegeimmobilien, 6.4.2006
79 Quelle: DCM ZukunftsWerte, Prospekt der DCM AG
80 Quelle: Rheinisch-Westfälisches Institut für Wirtschaftsforschung. RWI-Materialien, Heft 26. (Executive Summary) Pflegeversicherung, Ratings und Demographie: Herausforderungen für deutsche Pflegeheime, Seite 9
81 Quelle: Reform zur nachhaltigen Weiterentwicklung der Pflegeversicherung. Referentenentwurf, Stand: 17. Juni 2007.
82 siehe Anmerkung 84, Seite 8
83 Quelle: Kurzzeitpflege nach Krankenhausaufenthalt: Einflussfaktoren auf die Entlassung in die eigene Häuslichkeit. In: Zeitschrift für Gereontologie und Geriatrie Nr. 37/2004, S.231–239

84 zitiert nach: Westdeutscher Rundfunk: Servicezeit, 22.1.2003
85 zitiert nach: Sozialimmobilien, Handelsblatt, 20.4.2007
86 Quelle: Pressemitteilung der Paul Hartmann AG vom 4.4.2005
87 Ideal Versicherungsgruppe: Die Spezialisierung auf das Seniorengeschäft und ihre kritischen Erfolgsfaktoren. Präsentation für das 1. Kolloquium der Deutschen Rückversicherung in Düsseldorf am 15.11.2005
88 Quelle: Internetseite der Ideal Versicherungsgruppe
89 Quelle: Branchenstudie zu Pflegeheimen der HSH Nordbank, Oktober 2006
90 Quelle: bpa-Pressemitteilung vom 3.5.2007
91 s. o.
92 s. o.
93 Quelle: bpa-Pressemitteilung vom 6.10.2006
94 Quelle: Rheinisch-Westfälisches Institut für Wirtschaftsforschung. RWI-Materialien, Heft 26. (Executive Summary) Pflegeversicherung, Ratings und Demographie: Herausforderungen für deutsche Pflegeheime, Seite 9
95 Quelle: bpa-Pressemitteilung vom 3.5.2007
96 Quelle: bpa-Pressemitteilung vom 14.5.2007
97 Quelle: www.bpa.de. Stand: 2.11.2007
98 Quelle für diese Zahlen: bpa
99 Etwa 2650 Einrichtungen repräsentieren laut bpa 170 000 Heimplätze, daraus ergibt sich eine Durchschnittsgröße von 64,15 Plätzen.
100 Quelle für diese Zahlen: bpa
101 Quelle: www.bpa.de
102 Quelle: bpa-Pressemitteilung vom 6.10.2006
103 Quelle: bpa-Pressemitteilung vom 28.11.2006
104 s.o.
105 s.o.
106 s.o.
107 Quelle: Telefoninterview mit dem Autor am 1.6.2007
108 Quelle: bpa-Pressemitteilung vom 22.6.2007
109 zitiert nach: www.tagesschau.de, 19.6.2007
110 zitiert nach: Bayernkurier, 22.6.2007
111 Quelle: bpa-Pressemitteilung vom 15.11.2006

112 Quelle: Interview mit dem Norddeutschen Rundfunk vom 25.8.2006
113 Quelle: Diskussionspapier des Fachforums des Deutschen Caritasverbandes zum persönlichen Pflegebudget vom 28.11.06
114 Quelle: Pressemitteilung des ABVP vom 5.11.2005
115 Quelle: Positionen und Perspektiven in der häuslichen Versorgung von Pflegebedürftigen: Legale Beschäftigungsverhältnisse fördern – schärfere Sanktionen gegen Schwarzarbeit und Schleuserbanden (Positionspapier des bpa vom 26.5.2005)
116 Quelle: Bundesministerium für Gesundheit und Soziale Sicherung. Nachhaltigkeit in der Finanzierung der sozialen Sicherungssysteme – Bericht der Kommission, August 2003
117 s. o.
118 zitiert nach: bpa-Pressemitteilung vom 19.3.2004
119 zitiert nach: bpa-Pressemitteilung vom 30.5.2006
120 Quelle: Interview mit dem Autor
121 s.o.
122 Interview mit dem Norddeutschen Rundfunk vom 25.8.2006
123 s.o.
124 Quelle: Interview mit dem Autor
125 Interview mit dem Norddeutschen Rundfunk vom 25.8.2006
126 Quelle: bpa-Pressemitteilung vom 26.7.2006
127 Quelle: bpa-Pressemitteilung vom 12.2.2007
128 Quelle: bpa-Pressemitteilung vom 5.6.2007
129 zitiert nach: Frankfurter Rundschau, 11.10.2006
130 s. o.
131 Quelle der geschilderten Fakten und Ereignisse: Ermittlungsakte des Falls
132 Die kenntlich gemachten Auslassungen dienen vor allem der Anonymisierung von Beteiligten.
133 Quelle der geschilderten Fakten und Zitate: persönliche und telefonische Interviews mit dem Autor
134 Quelle: ZAV, Internationale Arbeitsvermittlung, Bonn
135 Quelle: telefonische Interviews mit dem Autor.
136 zitiert nach: Vereinbarkeit von Beruf und Pflege. DGB: Positionen und Hintergründe. Ausgabe 6/2006

137 Quelle: Erste bundesweite TNS Emnid-Studie zur Pflegesituation in Deutschland im Auftrag der Marseille-Kliniken AG. Präsentiert am 21.3.2007
138 vergleiche hierzu: Vierter Bericht zur Lage der älteren Generation in der Bundesrepublik Deutschland. BMFSFJ, April 2002
139 Quelle: Interview mit dem Norddeutschen Rundfunk vom 25.8.2006
140 Quelle: Ich werbe für Ehe und Familie. Die Zeit im Gespräch mit Paul Kirchhof, 8.9.2005
141 Quelle: Bundesvereinigung der Deutschen Arbeitgeberverbände. Leistungsausweitungen verschärfen die ungelösten Finanzierungsprobleme der Pflegeversicherung: Stel-lungnahme zum Referentenentwurf des Pflege-Weiterentwicklungsgesetzes (PfWG) vom 10. September 2007, 17.9.2007
142 Quelle: Berlin-Institut für Bevölkerung und Entwicklung, zitiert nach: Süddeutsche Zeitung, 29.11.2006, S. 5
Die Zahlen stammen aus dem Buch: Die demografische Lage der Nation, dtv, München, 2004
143 Quelle für sämtliche Zitate in diesem Text: persönliche Interviews mit dem Autor am 23.7.2007. Alle Namen sind Klarnamen.
144 Quelle für sämtliche Zitate in diesem Text: persönliches Interview mit dem Autor am 13.7.2007
145 Quelle für sämtliche Zitate in diesem Text: persönliches Interview mit dem Autor am 18.7.2007
146 Quelle: persönliches Interview mit dem Autor am 30.5.2007
147 Quelle für sämtliche Zitate in diesem Text: persönliches Interview mit dem Autor am 18.7.2007. Alle Namen sind Klarnamen.
148 Quelle für sämtliche Zitate in diesem Text: persönliches Interview mit dem Autor am 18.7.2007. Alle Namen sind Klarnamen.
149 Quelle: persönliches Interview mit dem Autor am 12.7.2007
150 Quelle: telefonisches Interview mit dem Autor am 30.7.2007
151 Quelle: telefonisches Interview mit dem Autor am 11.7.2007
152 Quelle: telefonisches Interview mit dem Autor am 6.8.2007

153 Quelle: Branchenstudie zu Pflegeheimen der HSH Nordbank, »Pflegeheime in Deutschland – eine neue Investmentklasse für Portfolioinvestoren.«, Oktober 2006
154 s.o.
155 Quelle: Im hohen Alter zu Hause leben – Redemanuskript von Ulla Schmidt zur Veranstaltung »Berliner Gesundheitspreis 2007« am 8. Mai 2007
156 zitiert nach: FAZ.net, 29.7.2007
157 zitiert nach: www.sueddeutsche.de 28.7.2007
158 Quelle: Interview mit der Zeitschrift Capital, Ausgabe 13/2007
159 vergleiche hierzu: NDV – Nachrichtendienst des Deutschen Vereins für öffentliche und private Fürsorge, Mai 2006, Seiten 250ff.
160 Quelle: Ministry of the Interior and Health – Ministry of Social Affairs: Report on health and long-term care in Denmark, April 2005
161 Quelle: persönliches Interview mit dem Autor am 16.8.2007
162 s. o.
163 s. o.
164 Quelle: Wikipedia
165 Quelle: Handbuch – Vorschriften für die Erbringung von Dienst- oder Werkleistungen im Bereich der EU-Dienstleistungs- und Niederlassungsfreiheit. Bundesministerium der Finanzen (Zoll). Berlin, Oktober 2006
166 Quelle: telefonisches Interview mit dem Autor am 20.9.2007
167 Quelle: Pressemeldung des BGH, Nr. 143 vom 24.10.2006 (Az 1 StR 44/06)
168 Quelle: telefonisches Interview mit dem Autor am 19.9.2007
169 s.o.
170 Quelle: BMF/BMAS: Bericht zu den Aktivitäten der Task Force zur Bekämpfung des Missbrauchs der Dienstleistungs- und Niederlassungsfreiheit. Oktober 2006

Alle in diesem Buch mit * gekennzeichneten Namen von Personen, Orten oder Einrichtungen sind geändert. Ähnlichkeiten oder Übereinstimmungen mit der Realität wären rein zufällig.

Markus Breitscheidel

Abgezockt und totgepflegt

Alltag in deutschen Pflegeheimen

ISBN 978-3-548-36901-3
www.ullstein-buchverlage.de

Dahinsiechende Bewohner, ausgebeutete Arbeitskräfte, fragwürdig verwendete öffentliche und private Gelder – das, was Markus Breitscheidel während seiner Tätigkeit in verschiedenen Alters- und Pflegeheimen erlebte, sprengte nicht selten die Grenze der Menschenwürde und Rechtschaffenheit. Sein Buch ist ein erschütterndes Protokoll der katastrophalen Zustände in unserem Pflegesystem.

»Über die Reform des Pflegesystems wird seit langem diskutiert. Wie notwendig sie wirklich ist, zeigt dieses Buch.« *Welt am Sonntag*

»Dieses Buch schockiert Deutschland.«
TV Hören und Sehen

Ilse Biberti

Hilfe, meine Eltern sind alt!

Wie ich lernte, Vater und Mutter mit Respekt und Humor zu begleiten

ISBN 978-3-548-36980-8
www.ullstein-buchverlage.de

Hilfe, meine Eltern sind alt ist der bewegende Erlebnisbericht einer Tochter, die ohne zu zögern die Verantwortung für ihre Eltern übernimmt, statt sie an andere abzugeben. In ihrem vielgelobten Buch gibt Ilse Biberti einen sehr persönlichen Einblick in Erlebtes und ermöglicht dem Leser eine gleichzeitig spannende und unterhaltsame Annäherung an ein Tabuthema. Der praktische und ausführliche Serviceteil ist echte Lebenshilfe.

»Dieses Buch gehört in jede Familie!«
Henning Scherf

»Ein bewegendes Buch« *Bunte*

»Spannend, ergreifend, schonungslos offen«
Emotion

Dr. Hartmut Wewetzer
Der Brokkoli-Faktor
… und andere gute Nachrichten aus der Medizin
Originalausgabe

ISBN 978-3-548-36997-6
www.ullstein-buchverlage.de

Täglich stoßen Mediziner in aller Welt auf neue Erkenntnisse, Medikamente und Behandlungsmethoden, die unser Leben verbessern und helfen, unsere Gesundheit zu bewahren. Wussten Sie, dass Schokolade vor Herz-Kreislauf-Erkrankungen schützt? Dass man manchen Krebsarten mit Brokkoli vorbeugen kann? Warum Kaffee der neue Gesundheitsdrink ist? Fundiert und unterhaltsam berichtet Hartmut Wewetzer über die neuesten Errungenschaften der Medizin.

Jörg Zittlau

Warum Robben kein Blau sehen und Elche ins Altersheim gehen

Pleiten und Pannen im Bauplan der Natur

ISBN 978-3-548-37222-8
www.ullstein-buchverlage.de

Wir leben keineswegs in der »besten aller Welten«, sondern in einer Welt voll unzulänglicher Wesen. Viele Tiergattungen haben skurrile Eigenarten entwickelt, die nicht gerade dazu dienen, ihr Überleben zu sichern. Da lieben Nattern Speisen, mit denen sie sich vergiften; Robben sind ausgerechnet für das Blau des Meeres farbenblind und Schwäne verlieben sich in Tretboote. Alle diese Arten sind trotz ihrer Handicaps der natürlichen Auslese entgangen und Jörg Zittlau erklärt uns, weshalb.